Aufsätze zur serbokroatischen Dialektologie

Bibliografische Information der Deutschen Nationalbibliothek:
Die Deutsche Nationalbibliothek verzeichnet diese Publikation
in der Deutschen Nationalbibliografie; detaillierte bibliografische
Daten sind im Internet über dnb.dnb.de abrufbar.

Verlag:
BoD · Books on Demand GmbH, Überseering 33,
22297 Hamburg, bod@bod.de
Druck:
Libri Plureos GmbH, Friedensallee 273, 22763 Hamburg
ISBN: 978-3-8192-6309-5

Im Gedenken an meine serbischen Vorväter

Neđeljko Mitrović   (1864 – 1909)
Božidar Mitrović   (1880 – 1954)
Vitomir Mitrović   (1910 – 1984)

Inhaltsverzeichnis

Vorwort

Bei den vorliegenden Arbeiten handelt es sich um drei Aufsätze sowie die Arbeit zur Erlangung des Magister Artium an der Universität Hamburg. Letztere wurde 1982 eingereicht, die Aufsätze entstanden in der ersten Hälfte der 90er Jahre des letzten Jahrhunderts. Zwei von ihnen fielen mehr oder weniger den Wirren um die Auflösung des Staates Jugoslawien zum Opfer. Der Aufsatz über die Mundart der Heimatregion meines Vaters, Užice in Westserbien, war bereits vom Užički Zbornik angenommen worden. Im 24. Band 1995 wird auf Seite 4 unter „Saradnici u ovom broju" notiert: "Mihajlo Mitrović, profesor iz Bremena", der Aufsatz jedoch nicht abgedruckt, vermutlich aus technischen Gründen. Der Aufsatz über die serbokroatischen Dialekte wurde dem Wiener Slawistischen Almanach eingereicht, der sich zwar sehr interessiert zeigte, dann wohl aber wegen der Kriegswirren einen Rückzieher machte.

Ist es gerechtfertigt, diese Abhandlungen nach so langer Zeit das Licht der wissenschaftlichen Welt erblicken zu lassen? Diese Frage meint der Verfasser aus mehreren Gründen bejahen zu können. Einmal zeigen sie den Stand der Dinge vor Ausbruch der kriegerischen Handlungen 1991, die letztlich zur Auflösung des jugoslawischen Staates führten. Dieser Stand wird noch heute zum Maßstab genommen, auch um die Dinge nicht über Gebühr zu komplizieren. Des Weiteren hat sich gezeigt, dass die serbokroatische Dialektologie jahrzehntelang mit nicht genügend aufgeklärten und diskutierten Missverständnissen lebte, die nach dem Beginn des Ausbaus der kroatischen Schriftsprache mit Gewalt aufbrachen. Dadurch geriet schließlich die serbische Dialektologie in einen Strudel von halbverdauten Wahrheiten und Fakten, vermischt mit politischen Ansprüchen, die ihrer großen Geschichte und ihrer Bedeutung innerhalb der Slawistik zuwider laufen. Häufige Umbenennungen der Hauptdialekte, unterschiedliche Gewichtung der Klassifikationskriterien sowie zweifelhafte Definitionen von „Serben" und „serbischen Dialekten" zeigen, wie stark dieser Zweig der Serbistik in Fluss geraten und wie groß die Gefahr ist, dass er seine Reputation verliert.

Nach wie vor gilt Pavle Ivić als wichtigste Instanz, wenngleich seine Rolle im Rahmen des Memorandums der SANU alles andere als wissenschaftlich neutral angesehen werden kann[1]. In seinen letzten, teils noch zu Lebzeiten veröffentlichten Ausführungen zur nun „serbischen Dialektologie" bemüht er sich verkrampft und forciert, die Dinge auf einen neuen Fuß zu stellen[2]. Dabei kann man sich des Eindrucks nicht erwehren, dass alle seine linguistischen Bemühungen zum Ziel haben, ein möglichst großes Areal als „serbisch" zu deklarieren, und zwar als „rein serbisch" oder wenigstens „ursprünglich serbisch". Im Einzelnen geht es um folgende Punkte:

1. Zugehörigkeit zur übergeordneten Schriftsprache: Streng genommen darf die Dialektologie darauf keine Rücksicht nehmen. Jedoch verlangt die Politik und Diplomatie ein anderes Vorgehen. Welchen Dialekt sprechen katholische oder atheistische Serben, die auf kroatischem Staatsgebiet leben? Kroatischen, weil sie staatsrechtlich Kroaten sind? Oder serbischen, weil sie serbischer Abstammung sind und ihre Vorfahren orthodox waren? Oder darf es solche SprecherInnen per definitionem nicht geben, weil nicht sein kann, was nicht sein darf? Linguistisch betrachtet kommt ausschließlich das Sprachsystem in Betracht, nicht die vermeintlich ethnische Zugehörigkeit.

2. Kajkavisch und Čakavisch: Selbstverständlich spielen beide Dialektuntergruppen für die Serbistik keine Rolle, das war allerdings schon immer so. Im serbokroatischen bzw. südslawischen Dialektkontinuum müssen sie dagegen berücksichtigt werden, um z. B. Begrenzungen der metanastasischen Bewegungen südlicher Dialekte erklären zu können.

3. Štokavisch: Ivić erklärt den Begriff für die Serbistik für obsolet. Alle serbischen Dialekte seien ja štokavisch. Das waren sie in der Tat schon immer. Nur gehören die serbischen Dialekte eben gemeinsam mit einem Teil der kroatischen Dialekte der štokavischen Dialektgruppe an, was automatisch die Differenzierung zu den kroatischen Mundarten aufzuklären verlangt. Der Begriff „štokavisch" bleibt somit weiterhin ein zentrales Kriterium. Ihn auszumerzen deutet auf ein verkrampftes Bemühen hin, die serbischen Dialekte neu zu erfinden.

4. Die štokavischen serbischen Dialekte: Nach Ivić gehören zu den serbischen Dialekten alle štokavischen, außer den ikavski, stari slavonski sowie istočnobosanski govori. Dies entspricht seiner serbozentrierten Sichtweise. Nun handelt es sich freilich bei den Mundarten außerhalb des serbischen Staatsgebietes um Aussiedlermundarten. Innerhalb Serbiens befinden sich die ekavischen Dialekte sowie in West- und Südwestserbien Relikte ijekavischer Mundarten. Aus kroatozentrierter Sichtweise haben sich (i)jekavische Mundarten serbischer Provenienz nach Nordwesten vorgeschoben. Will Ivić auf der einen Seite das Areal der „typisch serbischen" Mundarten möglichst groß

erscheinen lassen, muss er andererseits selbstverständlich erwähnen, dass sich ein großer Teil dieser Mundarten außerhalb des faktischen serbischen Staatsgebietes befindet und sich unter je anderen Bedingungen weiterentwickelt. Es leuchtet auch keineswegs ein, dass er zwar Mundarten wie diejenigen von Rekaš, Karaševo in Rumänien oder Pehčevo in Nordmazedonien als Aussiedlermundarten („iseljenički govori") bezeichnet, die gleiche Prozedur jedoch den Varietäten der Krajina und Lika sowie Slawoniens verwehrt.

5. In diesen Rahmen passt der unheilvolle Versuch, auch im 21. Jahrhundert den „typischen Serben" als orthodox, den Kroaten als katholisch sowie den Bosnier als „islamisierten Serben" zu betrachten. Das hat nämlich den großen Vorteil, die moslemischen Mundarten im Sandžak, in Bosnien und der Hercegovina, im zetsko-sjenički dijalekat sowie in Đakovica und Prizren weiterhin als serbisch deklarieren zu können. Und ebenso werden die torlakischen Mundarten leichtfertig in die Reihe der (typischen?) serbischen Dialekte eingereiht, was arealtypologisch keinesfalls einleuchtet. Natürlich beantwortet Ivić nicht die Frage, welche Mundart ein Atheist oder sich als Jugoslawe bezeichnender Mensch spricht!

6. Wenn eine Staatsgrenze ein Dialektkontinuum durchschneidet, wie das auf dem Balkan häufig der Fall ist, entsteht die Frage, wie wir die jeweilige Varietät diesseits und jenseits der Grenze benennen. Aus chauvinistischen Gründen ist kein Staat bereit, zu konzedieren, dass auf seinem Territorium ein Dialekt oder gar eine Sprache des Nachbarlandes gesprochen wird, wie es z.B. Österreich und die Schweiz in Bezug auf die deutsche Sprache kein Bedenken haben zu tun. Torlakische Mundarten in Bulgarien haben bulgarisch zu sein, solche in Serbien serbisch. Darüber hinaus wurden in der Vergangenheit gerne ostserbische Mundarten als westbulgarische Dialekte oder gar das Nordmazedonische gleich ganz als bulgarisch deklariert.

7. Die Autonomiebestrebungen der ehemaligen jugoslawischen Republiken scheinen nun dahin zu führen, dass Serbien die Kontrolle über „seine" Aussiedlermundarten, denn so muss man sie heute politisch korrekt bezeichnen, in den früheren Republiken Kroatien, Bosnien und Hercegovina, Montenegro sowie der autonomen Provinz Kosovo und Nordmazedonien nach und nach verliert. Plötzlich gib es bosniakische Mundarten, nordmazedonische Übergangsmundarten, ja, bald auch wohl nordmontenegrinische Mundarten.

8. Umso mehr versucht Ivić mit aller Gewalt, die auf dem Territorium Serbiens befindlichen Dialekte in eine idealtypische serbische Schablone zu pressen. Mit immer neuen Begriffen wie staroštokavski, srednjoštokavski und novoštokavski dijalekti versucht er zu kaschieren, dass die torlakische Dialektgruppe keineswegs logisch zur serbischen štokavischen Dialektgruppe gehört. Offenbar darf heute nicht mehr sein, was jahrhundertelang eine Tatsache war: die östlichsten serbischen Mundarten unterscheiden sich fundamental von der übrigen Masse West- und Zentralserbiens sowie von der Schriftsprache. Sie haben mehr gemeinsam mit den sog. westbulgarischen und nordmazedonischen Mundarten. Nur sind es dann eben keineswegs „typische" serbische Mundarten mehr, womöglich gar Übergangsmundarten, die mit gleichem Recht von jenseits der Grenze beansprucht werden können. Dialektologie ist eben weitaus politischer, als es Linguisten wahrhaben wollen. Nicht zufällig werden Steitthemen eingekapselt: serbische Dialektologen befinden über „ihre" Dialekte und solche, die sie dafür halten. Die Meinung neutraler, nichtserbischer Wissenschaftler wird nicht gern gesehen, kritisch verworfen. Es gibt auf dem Balkan keine objektive Dialektologie!
   In diesem Zusammenhang ist interessant, dass die Bunjevcen im Raum Subotica – Sombor in Ivić letzter Übersicht nicht mehr auftauchen, obwohl er vom Vorkriegsstand ausgehen will. Bei den Bunjevcen handelt es sich überwiegend um katholische ikavische SprecherInnen.

Die serbische Dialektologie kommt nicht zur Ruhe. Durch die Abspaltung vom serbokroatischen bzw. südslawischen Dialektkontinuum hat sie bisher nur verloren. Eingebürgerte Begriffe werden geändert, wobei politische Absichten nicht auszuschließen sind. So plädiert Ivić für eine Umbenennung des Osthercegovina-Dialekts, in dem sich die Heimatmundart des Vuk Karadžić befindet, in hercegovačko-krajiški dijalekat. Nur befinden sich beide Regionen, sowohl die Hercegovina als auch die Krajina außerhalb des serbischen Staatsgebietes. Das südöstliche Areal der Hercegovina gehört zum Kontinuum mit Südwestserbien und dem nördlichen Teil der Crna Gora. Das nordwestliche Areal der Krajina stellt Aussiedlermundarten dar. Von allen sechs von Ivić postulierten Dialekten bzw. Dialektzonen (hercegovačko-krajiški d., šumadijsko-vojvođanski d., zetsko-raški / -sjenički d., kosovsko-resavski d., smederevsko-vršački d., prizrensko-timočka dijalekatska oblast) führt nur der hercegovačko-krajiški zwei geografische Bezeichnungen im Namen, die sich außerhalb Serbiens befinden. Wie darf man das auffassen?

Gehässiger als P. Milosavljević kann man einem Volk (Staat, Republik) kaum politische Absichten durch Sprachplanung unterstellen: "Pitanje: zašto su Hrvati i pored sopstvenih narečja prihvatili štokavsko za književni jezik, koje će ih čvršće povezati sa Srbima, političke je prirode. Tačan odgovor na to pitanje je: da bi proširili svoj jezički i etnički prostor."[3]

Solange die Diskussion innerhalb der serbokroatischen (serbischen) Dialektologie auf solcher Ebene geführt wird, fällt sie schnell ins Bodenlose und kann auf internationaler Ebene nicht ernst genommen werden.
In diesem Sinne gebe ich meine Arbeiten nach so langer Zeit an die Öffentlichkeit.

Bremen, im März 2025

Anmerkungen:

1 Siehe hierzu den Aufsatz von Olivera Milosavljević: Der Missbrauch der Autorität der Wissenschaft, in: Th. Bremer, N. Popov, H.-G. Stobbe (Hrsg.): Serbiens Weg in den Krieg, S. 159-182, Berlin 1998

2 P. Ivić: Srpski dijalekti i njihova klasifikacija (I –III), ZbFL XLI / 2, S. 113-132; ZbFL XLII, S. 303-354; ZbFL XLIV / 1-2, S. 175-209; Srpski dijalekti i njihova klasifikacija, Sremski Karlovci i Novi Sad, 2009

3 P. Milosavljević: Dijalektološke karte srpskohrvatskog, hrvatskog i srpskog jezika, in: Srbistika br. 2-3, S. 51-70, Priština. Wiederabdruck in: B. Tošović, A. Wonisch (ur.): Srpski pogledi na odnose između srpskog, hrvatskog i bošnjačkog jezika, knj. I/4: 1990-2004, S.209-222, Graz, Beograd. Zitat S. 216.

Eine strukturelle Klassifikation der Dialekte des Serbokroatischen

1. Die strukturelle Methode in der Dialektologie

Die Dialekte einer Sprache lassen sich auf zweierlei Weise klassifizieren:

1) Die genealogische Klassifikation basiert auf den Isoglossen der älteren dialekt-differenzierenden Züge und geht von einem gemeinsamen – meist rekonstruierten – sprachlichen Ursprung aller Dialekte der betreffenden Sprache aus. Die Auswahl der Klassifikationskriterien ist genealogisch motiviert, d.h. es werden verwandte, sich jeweils entsprechende Spracheinheiten verglichen. In der Vergangenheit wurde diese Methode meist mehr intuitiv als systematisch angewandt, vor allem, wenn auf der Grundlage genealogischer Kriterien eine Dialektklassifizierung auf synchroner Ebene angestrebt wurde.

2) Die typologische Klassifikation entgeht diesen Schwierigkeiten, indem sie die verschiedenen sprachlichen Systeme und Subsysteme als Ganzheiten betrachtet und keine Vorauswahl (z.B. genealogisch determiniert) unter den zu untersuchenden Einheiten trifft. Besondere Aufmerksamkeit kommt der Erforschung der inneren Struktur der einzelnen Systeme zu, d.h. den Beziehungen zwischen den einzelnen Elementen untereinander. Diese Methode basiert auf den Isoglossen der heutigen dialektdifferenzierenden Züge. Gemeinsame sprachliche Ursprünge drücken sich als (diachron bedingte) Ähnlichkeiten der grammatischen Struktur aus.

Während die genealogische Methode implizit diachron ausgerichtet ist, kann die strukturelle Methode sowohl synchron als auch diachron angewandt werden[1].

Nach Ivić kann die Dialektologie „auf dreierlei Weise strukturell sein:
1) wenn sie die sprachlichen Systeme in den Dialekten als linguistische Strukturen betrachtet;
2) wenn sie die soziale und stilistische Struktur der Differenzierung innerhalb der einzelnen Lokalmundarten behandelt;
3) wenn sie die Struktur der territorialen sprachlichen Differenzierung erforscht."[2]

Während unter 3) die territoriale Aufgliederung der Dialekte anhand von Isoglossenkoeffizienten ermittelt wird, geht es bei 1) und 2) um die linguistische bzw. soziolinguistisch- stilistische Struktur einer gegebenen Dialekteinheit. Um nun die Dialektklassifikation auf eine objektiv überprüfbare Basis zu stellen, muss „das wahre Kriterium für die Klassifizierung statistisch sein".[3]

Die intuitive Auswahl und Hierarchie der Kriterien muss ersetzt werden durch die Operationalisierung aller verfügbarer Daten sowie durch die Bestimmung ihres jeweiligen Stellenwertes im System. Dann nämlich ermöglichen es „die Zahlenindizes, definitive Lösungen in Streitfällen der Dialektklassifizierung zu geben. Die Hierarchie der Dialektgruppen und -untergruppen kann durch Zahlen ausgedrückt werden."[4]

Die Erforschung der territorialen sprachlichen Differenzierung ist die exakteste Methode, die areale Struktur der Dialekte anhand aller möglichen Isoglossen festzustellen. Sie wird am ehesten dem Dialektkontinuum gerecht, d.h. dem allmählichen Übergang zweier benachbarter Dialekte. Freilich ist sie auch die aufwendigste und wird erst in Zukunft ihre Möglichkeiten voll ausschöpfen können. Andererseits hat es sich in der Dialektologie als nützlich erwiesen, größere abstrakte Dialekteinheiten anzunehmen, denen notwendigerweise nur einige wichtige Isoglossen zugeordnet werden, nach unserer Meinung eben die strukturell wichtigsten. Auf diese Weise ergänzen sich für Ivić die drei Möglichkeiten der strukturellen Dialektologie.

2. Genetisch-strukturelle Klassifikationsversuche in der serbokroatischen Dialektologie

2.1. Terminologie Der Beginn der Forschungstätigkeit von Milan Rešetar und Aleksandar Belić am Anfang unseres Jahrhunderts kann als eine neue Epoche in der Entwicklung der skr. Dialektologie bezeichnet werden. Durch eine Reihe wegweisender Untersuchungen[5] konnte die Grundlage für eine Klassifikation der skr. Dialekte gelegt werden, die in groben Zügen bis heute gilt. Unbestritten ist seitdem die Einteilung in eine štokavische, eine čakavische und eine kajkavische Gruppe, jedoch hat sich bis heute keine befriedigende Terminologie für die Phänomene auf den einzelnen dialektologischen Ebenen durchgesetzt.

Rešetar und Belić noch benutzen unkritisch den Begriff „Dialekt", wie folgendes Zitat zeigt: "Belić lässt nämlich die kajkavischen Dialekte in Kroatien und Istrien nicht als serbokroatisch gelten... Nach Belić ist nämlich der kajkavische

Dialekt ‚ein gemischter slovenisch-serbischer Dialekt, dem der slovenische Dialekt als Grundlage dient‘ “.[6] Hier wird „Dialekt" für drei verschiedene dialektologische Dimensionen verwendet, die wir heute mit „Sprache" (Slovenisch), „Dialektgruppe" (Kajkavisch) und „Dialekt" (Kajkavische Dialekte) bezeichnen würden. An anderer Stelle spricht auch Rešetar von der „štokavischen Dialektgruppe", die er in „drei Mundarten – die ekavische, jekavische und ikavische" bzw. in „Mundarten mit älterer Betonung" und „Mundarten mit neuerer Betonung" unterteilt. Die Kombination beider Kriterien führt zu einiger Verwirrung, wenn bei der Klassifikation der štokavischen Dialekte Bezeichnungen auftauchen wie: „ekavische Dialektgruppe", „šumadijaner-syrmischer Mundarten", „Banater Dialekt", „Kosovo-Resavaer Gruppe".[7]

Belić (1927) spricht vom „štokavski dijalekat" im Unterschied zum „čakavski" bzw. „kajkavski dijalekat", aber auch vom „najarhaičniji štokavski dijalekat ... u Slavoniji", „staroštokavski dijalekat", „staroštokavska grupa govora", „staroštokavski govor", „govorni tip".[8] Hier werden laufend identische Termini für unterschiedliche Phänomene bzw. unterschiedliche Termini für identische Phänomene gebraucht.

Stevanović (1960) verwendet lediglich zwei Begriffe: dijalekat/govor: „štokavski dijalekat", „stariji štokavski govori", „Prizrensko-timočki govori";[9] desgleichen Popović (1960): „Dialektgruppe" und „Dialekt".[10] Wenn auch die verwendeten Termini konsequent durchgehalten werden, so fehlt beiden doch die Möglichkeit einer exakten terminologischen Subkategorisierung.

Erst Pavle Ivić (1956/58) führte ein brauchbares Begriffssystem in die skr. Dialektologie ein. Er unterteilte die štokavische Dialektgruppe in Dialekte (z.B. Osthercegovina-Dialekt), die Dialekte in Mundartengruppen (an anderer Stelle als Unterdialekte bezeichnet; z.B. die Osthercegovina-Mundartengruppe), diese wiederum gegebenenfalls in Mundartenuntergruppen (z.B. die südöstliche Mundartenuntergruppe der Osthercegovina-Mundartengruppe) und in Mundarten. Eine Schwierigkeit bilden die „Mundarten mit nichtersetztem ě", denen er den Status eines Dialektes zubilligt.[11]

Brozović (1960) führt eine Terminologie ein, die, sollte sie allgemein akzeptiert werden, eine gute Grundlage für die Lösung der meisten Schwierigkeiten wäre. Seine dialektologischen Kategorien sehen folgendermaßen aus:

„I grupa dijalekata;   Ia. podgrupa dijalekata;   II dijalekt;   IIa. poddijalekt;
III grupa govorâ;   IIIa. podgrupa govorâ;   IV govor;   IVa. podgovor." [12]

Diese Terminologie deckt sich im Wesentlichen mit derjenigen Ivić'; die Unterkategorien Ia. – IVa. werden nur bei Bedarf ausgenutzt.
Moguš (1977) ersetzt den Begriff „grupa dijalekata" durch „narječje":
„1. Mjesni govor   2. grupa govora   3. dijalekti   4. narječje" [13],
was den Vorteil hat, unterschiedliche Phänomene auch durch unterschiedliche
Termini zu bezeichnen.

Ist in der Vergangenheit der Begriff „Dialekt" meist übermäßig strapaziert worden für verschiedene Dimensionen, so muss bei Peco (1978) gleiches für den
Begriff „govor" beklagt werden. Sein „Gružanski govorni tip" z. B. gehört, hier-
archisch angeordnet, zu: „Šumadijski govori", „Šumadijski-Vojvođanski govori",
„ekavski govori" bzw. „ekavsko narječje" und „štokavski dijalekat".[14]

Wir werden im Folgenden die Terminologie Brozović' bzw. mit Einschränkung
diejenige Ivić' 1958 benutzen. Am Beispiel einer westserbischen ijekavischen
Lokalmundart soll kurz die Funktionsweise der Begriffssysteme Brozović/Ivić
in Bezug auf die realen Phänomene gezeigt werden:

Brozović	Ivić	Beispiel
grupa dijalekata	Dialektgruppe	štokavisch
podgrupa dijalekata	ijekav. Dial.gruppe	ijekavisch
dijalekt	Dialekt	Osthercegovina-Dialekt
poddijalekt	Mda.gr/Unterdialekt	Osthercegovina (vs. Ost-bosnien)
grupa govora	Mda.untergruppe	südöstl. Osthercegovina
podgrupa govora	-	Westserbien
govor	Mundart	Dörfer X,Y,Z...
podgovor	-	Dorf X

Auf der Ebene des „poddijalekt" ist bei Ivić unbedingt der Begriff „Unterdialekt"
der „Mundartengruppe" vorzuziehen, während jener für „grupa govora" stehen
sollte, „Mundartenuntergruppe" für „podgrupa govora", so dass auf diese Weise
die wichtigste Lücke in Ivić' System geschlossen werden kann. Was die konkre-

ten Bezeichnungen der einzelnen Dialekte/Unterdialekte sowie die Mundarten betrifft, so sind auch sie von Autor zu Autor verschieden. Wir werden in einem späteren Kapitel darauf zurückkommen.

2.2 Genealogie versus Strukturalismus

In die skr. Dialektologie ist die strukturelle Methode erst in Ansätzen eingeführt worden. Die noch immer gültige Lehrmeinung wird durch ein Zitat Brozović' veranschaulicht: „svaki je genetski kriterij bio jednom samo strukturalan i svaki zadržava bar minimalno strukturalno značenje. Isto tako: svaki strukturalni kriterij ima šansu da se pod uvjetom normalnog i kontinuiranog razvitka pretvori u genetski...U praksi svi dijalektolozi doziraju genetske i strukturalne klasifikacione kriterije – problem je samo u tome kako ih doziraju."[15]

Genetische und strukturelle Kriterien sind demnach also gleichberechtigt, die konkrete Auswahl bleibt dem Forscher überlassen. Besonders warnt Brozović vor der Anwendung ausschließlich eines der beiden Kriterien, was seiner Meinung nach zu falschen Ergebnissen führt. Wählt man ausschließlich strukturelle Kriterien, so müsse man das skr. Sprachgebiet in lediglich zwei Untergruppen einteilen: 1) die torlakische Zone; 2) das gesamte übrige Gebiet mit der što-, ča- und kajkavischen Gruppe. Unter ausschließlich genetischen Gesichtspunkten müsse man das skr. Sprachgebiet in eine östliche (Torlak und größerer Teil der štokavischen Gruppe) und eine westliche Zone (čakavisch, kajkavisch, ein kleinerer Teil der štokavischen Gruppe) einteilen.

Dieser Auffassung lassen sich einige Argumente entgegenhalten: 1) Strukturell betrachtet ist die skr. Zone im äußersten Westen (ča-, kajkavisch) wohl ebenso exzentrisch in Bezug auf die Standardsprache wie die torlakische Zone. Hat die torlakische Zone in der Tat einige Besonderheiten, die nur ihr zukommen (Verlust der Quantität und des Tonverlaufs, Zerfall des Kasussystems, postpositiver Artikel, pleonastische Verwendung der Personalpronomina), so gilt dies in gleichem Maße auch für die westliche Zone (metatonischer Akut, keine verschobenen Akzente, alte Deklination, Schwund des Imperfekts, oft auch des Aorist).

2) Sollte die strukturelle Zweiteilung in Torlak und übrige Zone wirklich ernsthaft in Erwägung gezogen werden, so müsste die alte Frage neu gestellt werden, ob der Torlak überhaupt zum skr. Sprachgebiet gehört und nicht etwa zum bulgarischen. Genau dieses Problem sieht auch Brozović, aber: die Exzentrizität einer Dialektzone muss nicht notwendigerweise die Opposition zu allen übri-

gen Dialekten bedeuten. Dass der Torlak eben doch nicht so stark in Opposition zu den anderen Dialektgruppen treten kann, zeigen die strukturellen (und auch genetischen) Übereinstimmungen mit der štokavischen Gruppe.[16]

3) Ausschlaggebend für die Unterteilung in Untergruppen ist – strukturell gesehen – nicht nur die Anwesenheit bzw. Abwesenheit bestimmter Merkmale in der einen Zone (hier: Torlak), sondern der Vergleich aller konkreten und abstrakten Subsysteme untereinander. Dann nämlich ist es offensichtlich, dass neben der torlakischen Zone gleichwertig stehen eine štokavische, eine čakavische und eine kajkavische, jede mit bestimmten Merkmalen, die keiner anderen Zone zukommen.

4) Unter genetischen Gesichtspunkten betrachtet ist keineswegs logisch, dass wir eine östliche und eine westliche Gruppe erhalten. Da wir bei der Beurteilung dieser Frage von einem meist konstruierten sprachlichen Ursprung ausgehen, bleibt an der Auswahl der Kriterien immer eine Unsicherheit haften.[17] Nehmen wir die Isoglossen der sog. urslavischen Jotierung oder die Akzentuierung zum Maßstab, haben wir es in der Tat mit einer östlichen und einer westlichen Gruppe zu tun. Anders dagegen ist das Ergebnis beim Reflex der Halbvokale: hier bilden štokavisch und čakavisch eine Gruppe, kajkavisch eine zweite sowie torlakisch eine dritte. Völlig unübersichtlich gestaltet sich das Problem beim Ersatz des ‚jat': štokavisch und čakavisch sind in sich jeweils differenziert, torlakisch lässt sich in die ekavische Gruppe des Štokavischen einordnen, aber kajkavisch geht wieder einen besonderen Weg.[18]

Wir gehen deshalb so ausführlich auf Brozović' Aufsatz ein, weil es der einzige größere Beitrag ist, der die Frage der Methodik der skr. Dialektologie in einer modernen erkenntnistheoretischen Weise behandelt. Denn in der Tat handelt es sich hier um das fundamentale Problem in der Dialektklassifizierung, von dessen Lösung nicht nur die Auswahl der Kriterien, sondern auch deren Hierarchie sowie terminologische Fragen abhängen. Ivić (1958) z. B. lässt bei der Klassifizierung der Hauptdialektzonen Kaj – Ča – Što strukturelle Charakteristika außer Acht „und berücksichtigt mehr die Gesamtheit der Eigenschaften (…) Die strukturellen Kriterien, obwohl im Prinzip sehr bedeutsam, sind in vielen Fällen doch für eine Charakterisierung geeigneter als für eine Klassifizierung der Dialekte."[19]

Was aber ist die „Gesamtheit der Eigenschaften" im Verhältnis zur Struktur aller Eigenschaften?

Wir meinen, dass vor jeder Klassifizierung eine Charakterisierung der Dialekte erfolgen muss, und zwar auf rein synchroner/deskriptiver Basis. Dabei sollen möglichst alle wichtigen Subsysteme berücksichtigt werden: Phonologie, Morphonologie, Morphologie, Syntax, Semantik. Das ist bis jetzt noch kaum in Ansätzen realisiert worden. Wenn die Anzahl der skr. Dialekte und Mundarten unter streng strukturellen Gesichtspunkten beschrieben sein wird, wird man die für die dialektologische Klassifikation wichtigsten Strukturmerkmale leicht erkennen. Denn wenn sich genetische und strukturelle Kriterien wirklich wechselseitig auseinander ergeben – und daran ist unserer Meinung nach nicht zu zweifeln, sollte man sich auf synchroner Ebene eindeutig für die strukturelle Methode entscheiden. Es bleibt dann noch das Problem der Gewichtung der einzelnen Kriterien.

2.3 Die traditionelle Klassifikation der serbokroatischen Dialekte

2.3.1. Auswahl und Hierarchie der Klassifizierungskriterien

Prinzipiell und auch genetisch betrachtet hat die äußere Form des Fragepronomens „was" (što, ča, kaj) als einzelnes Kriterium geringe Aussagekraft. Strukturell gesehen ist es eines unter vielen Kriterien, bei weitem nicht das wichtigste, eher wohl das auffälligste. Auch der Reflex des ‚jat' hat für sich genommen nur beschränkte Aussagekraft, handelt es sich doch in den meisten Fällen lediglich um die Distribution einzelner Laute (e, i) in identischen Lautsystemen.[20] Auf der anderen Seite ist nicht leicht einzusehen, weshalb gerade dem Akzentsystem eine so hervorragende Wichtigkeit eingeräumt wird, denn geht man vom Kriterium der interdialektalen Verständigungsmöglichkeit aus,[21] so ist das Akzentsystem sicher eines der weniger wichtigen Subsysteme, zumindest in den weitaus meisten Fällen.

In der skr. Dialektologie ist es üblich, jeder Dialekteinheit eine bestimmte Anzahl typischer Charakteristika zuzuordnen. Man muss sich darüber im Klaren sein, dass dies nur auf einer abstrakten Ebene möglich ist. Je größer der Abstraktionsgrad ist, desto allgemeiner werden die Kriterien formuliert werden müssen, desto geringer ihre Anzahl und desto übersichtlicher ihre Hierarchie. Aber: Desto geringer die Aussagekraft für die einzelnen Lokalmundarten.[22] Wir wollen dies an einigen konkreten Beispielen demonstrieren.

Ivić führt für die štokavische Dialektgruppe insgesamt 36 Eigentümlichkeiten an, davon 22, die in „fast allen", nämlich über 95% der štok. Mundarten vertreten sind; die übrigen 14 kommen in 60-95% vor.[23] Es hat seinen guten Grund, dass er keine Kriterien nennt, die alle (100%) štok. Mundarten kennen, denn diese

Vollständigkeit müsste erkauft werden mit der Reduzierung und Fragwürdigkeit der Kriterien. Die wichtigsten Kriterien, die die štokavische Dialektgruppe von der kajkavischen und čakavischen unterscheidet, betreffen einige diachrone Lautumwandlungen (ǫ zu u; ъ,ь zu a; ḷ zu u; -l zu –o; v(ъ)-, v(ь)- zu u-; *dʿ zu đ; v(ь)s- zu sv-; čr- zu cr-; -jt- zu –ć-; neue Jotierung; ursl. Jotierung; -jd- zu -đ-; h zu Ø; ć,đ), Akzentbesonderheiten (Schwund des metat. Akut; neuštokavische Akzentverschiebung) sowie morphologische Markierungen (Pronomen „što"; Deklinationsendungen; Aorist). In den meisten Fällen handelt es sich um sehr allgemeine Sprachentwicklungen, deren Verbreitungsgebiete sich obendrein oft auf torlakischem bzw. čakavisch-kajkavischem Gebiete fortsetzen, nämlich allein 20 von Ivić' 22 wichtigsten Eigentümlichkeiten. Er betont denn auch ausdrücklich, „dass sich keine einzige dieser Isoglossen vollkommen mit den Grenzen der Hauptdialektzonen deckt"[24], und weiterhin, „dass in der angeführten Einteilung des skr. Sprachraums /gemeint ist die Dreiteilung in čak., štok. und kajk.; d.V./ die Rolle des grundsätzlichen Kriteriums nicht den einzelnen typischen Merkmalen zukommt, sondern den scharfen Grenzen auf dem Terrain."[24a] Scharfe Grenzen auf dem Terrain müssen sich jedoch auch sprachlich formulieren lassen. Wenn wir von der „štok. Dialektgruppe" im Gegensatz zu einer čakavischen, kajkavischen und torlakischen reden, ist es notwendig, sie linguistisch einwandfrei zu definieren, was nach unserer Meinung die strukturelle Beschreibung der Dialektgruppen leistet.[25]

Peco führt 14 Isoglossen für die štok. Dialektgruppe an, darunter keine von Ivić verschiedenen, jedoch fehlt unter anderem die neuštokavische Akzentverschiebung.[26] Acht Merkmale betreffen historische Lautwandlungen, fünf sind morphologischer, eines akzentologischer Art.

Auch von den für die čakavische bzw. kajkavische Dialektgruppe angegebenen Merkmalen lässt sich sagen, dass auch sie in den Nachbarmundarten der angrenzenden Dialektgruppen anzutreffen sind und daher kaum als Charakterisierungs-, geschweige denn als Klassifizierungskriterien zu gebrauchen sind.[27]

Es ist auch versucht worden, eine Klassifizierung auf der Grundlage der Reflexe der urslavischen Jotierung vorzunehmen, die ganz offensichtlich keinen Schritt weiter führte.[28] Brozović glaubt, in der Akzentuierung, dem ‚jat'-Reflex und ebenfalls den Reflexen der urslavischen Jotierung die maßgebenden Kriterien zu sehen.[29] Ebenso verfahren schon Rešetar[30] und Belić[31] und neuerdings wieder Peco.[32]

Es ist nun aber schlichtweg unmöglich, zwei oder drei Kriterien anzuführen, eben „die wichtigsten", die in der Lage wären, einer Drei- oder Vierteilung des skr. Sprachraumes zu rechtfertigen; dies beweisen wohl alle vorgenommenen Klassifikationsversuche.[33] Wenn die Aufzählung von „typischen Merkmalen" auch zu keinem befriedigenden Ergebnis führt, so liegt das daran, dass nicht einzelne Sprachzüge aneinander gereiht, sondern einzelne sprachliche Subsysteme, wenn nicht sogar das Gesamtsystem die Dialektgruppen scheiden. Wir werden darauf in einem späteren Kapitel zurückkommen. Hier ist festzuhalten, dass es bis jetzt noch keine befriedigende Charakterisierung bzw. Klassifizierung der skr. Hauptdialektzonen (Dialektgruppen) auf synchron-struktureller Basis gibt. So schwierig sich dieses Problem auch gestalten mag, so wichtig ist seine Lösung bei der Bestimmung der Zugehörigkeit der sog. Mischdialekte oder Übergangsmundarten.[34] Ist eine čakavische Mundart mit ‚što' oder ‚kaj' für „was" (aber mit dem metatonischen Akut; -l; Konditionalformen ‚bim, biš...; usw.) štokavisch bzw. kajkavisch zu nennen?[35] Ist der slavonische Dialekt, oder wenigstens ein Teil davon mit dem metat. Akut und ść, žđ für št, žd, aber mit ‚što' für „was" kajkavisch oder štokavisch?[36]

Besondere Beachtung findet seit jeher die Klassifikation der štokavischen Dialekte. Seit den Zeiten Rešetars und Belić' ist es üblich, zunächst in die ijekavische, ekavische und ikavische Gruppe zu unterteilen, diese wiederum in Mundarten mit älterer und solche mit neuerer Akzentuierung. Auf diese Weise ergeben sich sechs Untergruppen: 1) Ijekavisch: a)ältere, b)neuere Akzentuierung; 2) Ekavisch: a)ältere, b) neuere Akzentuierung; 3) Ikavisch: a)ältere, b)neuere Akzentuierung. So kommt Ivić auf sieben štokavische Dialekte; allerdings führt er die Kategorie „älteste Akzentuierung" speziell für den slavonischen Dialekt ein, wobei er die Meinung vertritt, „dass die Akzentunterschiede zwischen den štok. Mundarten eine weit größere strukturelle Bedeutung haben als jene hinsichtlich der Vertretung des ě".[37]

Nun gibt es aber auch noch eine Reihe anderer wichtiger struktureller Merkmale, z.B. die An- oder Abwesenheit morphologischer Kategorien (etwa Aorist, Imperfekt, Deklinationsmuster), Besonderheiten des Phonemsystems (zwei oder drei Vokalklassen; drei oder vier Öffnungsgrade; Abwesenheit bestimmter Affrikaten; usw.) oder lexikalische Unterschiede. Für eine vorläufige Klassifizierung mag es genügen, die Akzentuierung, den ‚jat'-Reflex und noch das eine oder andere Merkmal in Betracht zu ziehen. Nur allzu leicht läuft man jedoch Gefahr, demjenigen Merkmal in der Hierarchie den höchsten Rang zuzuordnen, das auf dem Terrain des betreffenden Dialekts die größte Variation zeigt, in der skr. Dialektklassifikation traditionell der Akzentuierung. Es ist offensichtlich, dass das štok. Sprachgebiet bezüglich des Vokalismus, Konsonantismus, Morphologie und Syntax eine erstaunliche Einheitlichkeit zeigt,[38] auf dem Gebiet der Prosodie aber wohl an die 200 verschiedene Akzentsysteme bekannt sind.[39] Muss nicht aber eine Abweichung vom Standard in einem der anderen Subsysteme mindestens ebenso so hoch bewertet werden wie die akzentologische Differenzierung?

Um bei einem konkreten Beispiel zu bleiben: Der Zeta-Lovćen-Dialekt und der Kosovo-Resava-Dialekt[40] gehören zum gleichen strukturellen Akzentsystemtyp, freilich unterscheiden sie sich durch kleinere Nuancen (im Kosovo-Resava-Dialekt etwa wird der kurzfallende Akzent von offener Endsilbe verschoben, im Zeta-Lovćen-Dialekt meist erhalten).[41] In der Mehrzahl der Mundarten des Zeta-Lovćen-Dialektes (und damit auf der abstrakten Dialekt-Ebene überhaupt) haben wir es aber mit einem viereckigen Vokalsystem zu tun (/a/, /ä/, bzw. /ɛ/), und zwar in diesem Falle im Gegensatz zu allen übrigen štokavischen Dialekten, die nur einen tiefen Vokal /a/ kennen.[42] Nach dem Vokalismus zu urteilen kommt dem Zeta-Lovćen-Dialekt im gesamten štokavischen Raum eine Sonderstellung zu. Andererseits beinhaltet die Verschiebung des kurzfallenden Akzentes von offener Endsilbe im Kosovo-Resava-Gebiet das Auftreten – wenn auch begrenzt – des neuštokavischen langsteigenden Akzentes. Dieser tritt jedoch nur in der vorletzten Silbe auf und nur in den Positionen 1a und 2a.[43] Richten wir uns nur nach akzentologischen Gesichtspunkten, so müsste dieser minimale strukturelle Unterschied für die Klassifizierung prinzipiell ausreichen, jedoch durch die Einbeziehung auch der übrigen sprachlichen Systeme gewinnen wir eine bedeutend festere Grundlage dafür.[44]

Dass die akzentologischen Merkmale – trotz der Bedeutung, die sie innehaben – für sich alleine genommen keineswegs immer den höchsten Rang in der Hierachie der Klassifikationskriterien einnehmen, bezeugen die oft sehr starken Abweichungen vom Akzentsystemtyp, die wir in fast jedem Dialekt antreffen; mit anderen Worten: kaum ein Dialekt ist in sich so homogen, dass das Material es zuließe, einen Idealtyp zu abstrahieren, der für alle Lokalmundarten zuträfe. Wir greifen nur ein Beispiel zur Demonstration heraus: Der Osthercegovina-Dialekt ist unter anderem durch die vollständig vollzogene neuštokavische Akzentverschiebung definiert.[45] Das Akzentsystem von Kreševo in Ostbosnien jedoch zeichnet sich dadurch aus, dass nur der kurzfallende Akzent von allen Positionen verschoben wurde, der langfallende hat in allen Fällen seine alte Stelle behalten.[46] Noch komplizierter wird die Situation, wenn wir feststellen, dass ein ähnliches oder gar identisches Akzentsystem wie in Kreševo auch in der Mundart der Vasojevići (Zeta-Lovćen-Dialekt), in vielen Mundarten des Kosovo-Resava-Dialektes, in Rovinj (istrisch ikavischer Dialekt) usw. besteht,[47] kurz gesagt: in jedem Dialekt finden wir mindestens eine Mundart, oft ganze Mundartgruppen bei beträchtlicher arealer Ausdehnung, die das gleiche Akzentsystem wie Kreševo aufweisen. Um nun die Mundart von Kreševo dennoch als zum Osthercegovina-Dialekt zugehörig zu erkennen, genügt es, einen Blick auf die übrigen strukturellen Merkmale zu werfen.[48] Selbstverständlich ist die geografische Lage mit in Betracht zu ziehen: gerade auf skr. Sprachgebiet haben wir es häufig mit Sprachinseln (Oasen) zu tun.

Aus allen bisher genannten Gründen lehnen wir auch die akzentologische Klassifikation von Moguš ab, der entsprechend den Entwicklungsphasen vom urserbokroatischen Akzentsystem bis zum neuštokavischen Vierakzentsystem bzw. torlakischen Einakzentsystem vier Unterkategorien einführt: "smatrat ćemo

1) s t a r o m akcentuacijom onu koja se po mjestu, broju i vrsti akcenata slaže s prasistemom,

2) s t a r i j o m onu u kojoj je došlo do bilo kojih akcenatskih promjena na tim istim mjestima,

3) n o v i j o m onu u kojoj je došlo do djelomičnog pomicanja akcenatskog mjesta i

4) n o v o m onu s potpuno pomaknutim akcenatskim mjestom."[49]

Sie ist genealogisch ausgerichtet und gibt anderen sprachlichen Systemen nicht genügend Geltung.

In neuerer Zeit wird auch die Morphologie bei der Klassifizierung der skr. Dialekte stärker berücksichtigt. Auf die Schwächen und Unzulänglichkeiten der Dialektologie im gesamten südslavischen Raum weist Panzer hin.[50] Er ordnet bei der Hierarchie der Klassifizierungskriterien den prosodischen Merkmalen keinen besonderen Platz zu, den höchsten Rang nehmen vielmehr Morphologie und Syntax ein, erst danach kommen Phonologie und Phonetik. Auch Naylor geht von der Morphologie aus bei seiner Klassifikation der čakavischen Dialekte[51] bzw. der südslavischen Dialekte insgesamt.[52]

2.3.2 Die Dialektgruppen der serbokroatischen Sprache

In der skr. Dialektologie ist es üblich, von drei Dialektgruppen zu sprechen: der štokavischen, čakavischen und kajkavischen. Noch immer nicht völlig geklärt ist der Status des Torlak sowie der šćakavischen Mundarten. So variiert die Einteilung des skr. Sprachraumes von drei bis zu fünf Dialektgruppen, sie ist abhängig von den Klassifikationskriterien bzw. der wissenschaftstheoretischen Definition der Begriffe „Dialekt/Dialektgruppe".

1. Die štokavische Dialektgruppe: P. Ivić führt 36 Eigentümlichkeiten auf, die in mindestens 60%, die ersten 22 sogar in über 95% aller štok. Mundarten auftreten:[53]

1) Der Wandel des metat. Akut zum langfallenden Akzent;

2) das Zurückziehen des kurzfallenden Akzentes von offener (gewöhnlich auch geschlossener) Endsilbe;

3) ǫ > u;

4) ъ,ь > a;

5) ḷ > u;

6) l wird am Wort- oder Silbenende zu o;

7) v(ъ)-, v(ь)- > u-;

8) *dʼ > đ oder dž;

9) v(ь)s- > sv-;

10) čr- > cr-;

11) jt > ć in den Formen der Komposita von „iti" ‚gehen';

12) die sog. neue Jotierung der dentalen Verschlusslaute;

13) die Endung –u im Lok. sg. der Subst. I. Klasse;

14) die Erweiterung -ov-(-ev-) im Pl. der meisten einsilbigen Subst. I. Klasse;

15) die Endung –a Gen. pl. der Subst. I. und II. Klasse;

16) die Endung –om im Instr. sg. der Subst. II. Klasse;

17) die Bewahrung der Endung –og(a) im Gen.(-Akk.) sg. Mask. und neutr. der pronominal-adjektivischen Deklination;

18) eine besondere Neutrumform mit der Endung –a im Nom.-Akk.pl. der pronom.-adjekt. Dekl.;

19) das pronomen „što" bzw. „šta" für ‚was';

20) stärkere oder schwächere Bewahrung des Aorist;

21) besondere Zahlkonstruktionen bei den Zahlen von 2 bis 4 mit der Form auf –a für mask. und neutr.;

22) Nichtkennen der Metatonie in einer Reihe von morphologischen Fällen;

23) die sog. neuštokavische Akzentverschiebung, d.h. das Zurückziehen der fallenden Akzente von der letzten oder einer inneren Silbe um eine Silbe zum Wortanfang hin, wobei man in der Regel auf der neuen Akzentstelle steigende Intonationen erhält;

24) das Kennen der Quantitätsgegensätze in unbetonten Silben;

25) *skʼ = *stʼ bzw. *zgʼ = *zdʼ > št bzw. žd;

26) die sog. neue Jotierung auch labialer Konsonanten;

27) jd > đ in den Formen der Komposita von „iti";

28) Verlust des h;

29) Kennen der Phoneme ć und đ (mit empfindlichem Reibungsgeräusch und doch verschieden von č und dž);

30) cr- > tr- im Worte trěšňa < crěšňa < črěšňa;

31) Gleichheit der Formen des Dat., Instr. und oft auch des Lok.pl.;

32) Verbreitung der Formen auf –ma (und nicht –m oder –mi) in diesen Fällen;

33) Nichtkennen von Akzentwechsel zwischen den Formen Nom.sg.neutr. und fem. bei den Adjektiven vom Typ: mlâd;

34) kurzfallender Akzent auf der Anfangssilbe in den Formen des l-Partizips vom Typ: kȕpovao;

35) patronymische Ortsnamen mit dem Suffix –ić;

36) verschiedene lexikalische Eigentümlichkeiten.

Am wichtigsten bei der Abgrenzung zu den čakavischen und kajkavischen Mundarten hält Ivić die Punkte 6), 8), 10), 14), 15), 19), 20), 23), 25)-27), 29), 31) und 32). Andererseits betont er, „dass nur der kleinere Teil der angeführten Eigentümlichkeiten allein auf die štok. Mundarten begrenzt ist."[54] Dies ist in der Tat nur der Fall bei 6), 15), 23) und 26). Nicht zur Geltung kommen bei dieser Merkmalaufzählung die Beziehungen zu den anderen Dialektgruppen, die die Abwesenheit bestimmter Charakteristika beinhalten. So bemerkt denn Ivić: "Die Eigentümlichkeiten, welche eigentlich das Nichtkennen eines spezifischen Charakteristikums nur einer der vier skr. Dialektgruppen darstellen, sind in diesem Abschnitt nicht eingetragen."[55] Dadurch ergibt sich für ihn konsequenterweise die Notwendigkeit, auch noch „strukturelle Charakteristika der štokavischen Entwicklung"[56] anzuführen.

Unter den siebzehn Besonderheiten, die Peco für die štok. Dialektgruppe anführt, sind außer den von Ivić unter 1), 3), 5)-10), 12)-16), 19), 21), 29) genannten zusätzlich: *t' > ć und ę > e.[57] Popović zählt lediglich sieben Merkmale auf: Reflexe der ursl. Jotierung; Übergang des metat. Akut in langfallenden Akzent; -ojǫ im Instr. sg.; ǫ > u; ḷ > u; ę > e; h > Ø.[58]

Über die Bedeutung der einzelnen Merkmale lässt sich sagen, dass sie nicht immer gleich groß ist. So ist 30) auf nur ein Wort beschränkt, während die Unterschiede in der Lexik sicher bedeutsamer sind, als hier angedeutet werden kann.[59]

Sechzehn der insgesamt 38 genannten Charakteristika sind morphologischer, 22 dagegen phonologischer Art (einschließlich Prosodie).

2. Die kajkavische Dialektgruppe: Šojat, auf den sich auch Peco (Pregled S.171) beruft, zählt folgende charakteristische Merkmale auf:[60]

1) Die Vokalqualität ist abhängig von Akzentart und Quantität;

2) ъ, ь > ę;

3) iz > z;

4) teilweise Entsonorisierung am Wortende;

5) prothetisches v- vor u;

6) r' ist erhalten;

7) čr ist erhalten;

8) tvr >tr;

9) Dreiakzentsystem mit ˮ ˆ ˜;

10) Bildung des Futurs vom Präsens von ‚biti' + aktives Partizip;

11) Schwund des Aorist, Imperfekt und Partizip Perfekt;

12) alte Deklinationsformen sind erhalten;

13) Enklitika haben verhältnismäßig freie Stellung im Satz;

14) die Konstruktion: bil jâ pȯpē vàti?

15) der ethische Dativ mit ‚si';

16) Besonderheiten in der grammatischen Kongruenz;

17) das Fragepronomen kȅi̯, kȅ, kȁi̯, kâi̯ für /-lebendig/;

18) Verlust des Substantivsuffix –in.

Jakoby verzeichnet nicht die Merkmale 1), 6) und 14), aber eine ganze Reihe zusätzlicher:[61]

19) Eine geringere Amplitude in der Tonhöhenbewegung der einzelnen Akzente im Verhältnis zum Štokavischen;

20) Übergang des metat. Akut in finaler Position in den langfallenden;

21) ǫ = l > ǫ;

22) aj > ej; pro- > pre-;

23) *st' / sk' > šč;

24) -že > -re;

25) kt wird über ht zu št;

26) -l ist erhalten;

27) ļ wird zu l / ļ; ń zu n / jn;

28) Komposita von ‚iti' ohne Metathese;

29) v(ь)s- > vs- / s-;

30) Pluralerweiterung -ov- ist unbekannt;

31) Gen. pl. auf –ā ist unbekannt;

32) eine besondere Zahlendeklination ist erhalten (auch bei Zahlen über 5!);

33) Komparativbildung auf –ši / -eji / -eši;

34) Bewahrung des Supinums: kópat : kopàti;

35) 3. Pl. präs. auf –eju / -iju;
36) Imperativ auf –emo und –č;
37) hohe Frequenz von Deminutivbildungen;
38) Infinitivkonstruktionen.

Wir haben es hier mit 20 phonologischen sowie 18 morphologischen Merkmalen zu tun. Die gleichen Charakteristika, aber in jeweils geringerer Anzahl finden wir bei Belić, Hraste und Popović.[62] Einig sind sich die Dialektologen darin, dass sich die kajkavische Dialektgruppe durch eine besonders starke Ähnlichkeit - sowohl genetisch als auch strukturell – zur slovenischen Sprache bzw. deren Dialekten auszeichnet. So schrieb etwa noch Ramovš 1929: „Kajkavština je po svojoj osnovi slovenački dijalekat, koji je pod uticajem političkih i kulturnih prilika preuzeo i još preuzima štokavske crte".[63] Heute zweifelt man nicht mehr an der Zugehörigkeit des Kajkavischen zur skr. Sprache, billigt ihm aber immerhin zu, „most izmedju ostalih srpskohrvatskih dijalekata i slovenačkog jezika"[64] zu sein.

3. Die čakavische Dialektgruppe: Zu den für die čakavischen Mundarten gemeinsamen Merkmalen zählt Peco die folgenden:[65]

1) j für štok. đ;
2) žj für štok. žd;
3) čr für štok. cr;
4) va für štok. u;
5) šć für štok. št;
6) jt, jd für ć, đ;
7) t, d wurden von der neuen Jotierung nicht erfasst;
8) h ist in allen Positionen erhalten;
9) -l ist erhalten;
10) -m wird zu –n;
11) šk, sk für štok. čk, ck;
12) 'cakavizam': c für č;
13) Dreiakzentsystem mit ‟ ˆ ˜ ;
14) alte Deklination;
15) das Fragepronomen ‚was' und seine Komposita lauten: ča, poč, nač usw.;
16) ki, ka, ko für štok. koji, koja, koje / kojo;
17) verallgemeinertes –u, -du in der 3. Pl. präs.;
18) Konditional bim, biš, bi…;
19) Unterschiede in der Lexik.

Für besonders wichtig hält Peco folgende:

„zamenica ča, za koju idu i: zač, poč, nač, posebni refleksi vokala ě: od ikavskog preko ekavskog, ikavsko-ekavskog do jekavskog - sa jasnom teritorijalnom omeđenošću i fonetskom uslovljenošću, troakcenatski sistem; t', j < d', ča < če, bin, biš, nema dž“.[66]

Dazu kann man noch zählen:

20) nach den Zahlen 3 und 4 kann der Plural stehen;

21) ę > a, nach j, ž, č (siehe die Arbeiten von Hraste und Popović).[67]

P. Ivić hat versucht, der čakavischen Dialektgruppe eine genetisch begründete Individualität abzusprechen: "Tu je sama zamenica ča (jedna leksema!), zatim nekoliko formi pomoćnog glagola u kondicionalu (u najboljem slučaju četiri: bin, biš, bimo, bite) i promena ę > a iza palatala u ograničenom broju leksema... Sve je to savršeno nedovoljno da obezbedi čakavštini posebno mesto u klasifikaciji, na ravnoj nozi sa štokavštinom i kajkavštinom koje se obe odlikuje mnogobrojnim osobenostima prisutnim u svim ili gotovo svim govorima date dijelekatske grupe.“[68]

Diese Argumentation - er führt lediglich drei (!) Isoglossen an – reicht jedoch nicht aus für den Nachweis, die čakavische Dialektgruppe besitze keine genetische Individualität, ganz zu schweigen von strukturellen Besonderheiten. Der Einwand Ivić' ist allenfalls nützlich, erneut in die Diskussion über die Kriterien bei der Klassifizierung der skr. Dialektgruppen einzutreten.[69]

4. Die torlakische Dialektgruppe:[70]

Dieser Teil des skr. Sprachraumes richtete schon sehr früh die Aufmerksamkeit der Forscher auf sich, für Popović „ist dieses Problem sozusagen in der südslavischen Sprachwissenschaft ein Zentralproblem“, denn es stelle sich die Frage:"Stimmen nun der Šopluk und Mazedonien mit der westlichen (serbokroatisch-slovenischen) oder mit der östlichen (bulgarischen) Gruppe überein?“[71]

Darüber hinaus ist der Status des Torlak umstritten, nämlich ob es sich um einen - wenn auch exzentrischen – štokavischen Dialekt (vgl. Peco 1978) oder um eine Dialektgruppe auf der gleichen Ebene wie Štokavisch, Kajkavisch und Čakavisch handelt (vgl. Ivić 1956/58, Popović 1960, Brozović 1960). Strukturell besonders gewichtig sind zweifellos jene Merkmale im Torlak, die wir zu den sog. Balkanismen rechnen:[72]

1) Zerfall des slavischen Kasussystems und Reduzierung auf Nominativ und „casus generalis“ akkusativischer Herkunft;

2) pleonastische Verwendung der Pronomina (Vollform plus Kurzform bzw. Nomen plus Pronomen);

3) Schwund des Infinitivs und Ersatz durch die Konstruktion ‚da + Präsens‘;

4) postpositiver Artikel (auf den Osten des Torlak beschränkt);

5) Schwund des slavischen musikalischen Akzentes durch Reduktion auf den sog. expiratorischen Akzent;

6) partielle oder vollkommene Reduktion der unbetonten Vokale.

Weil diese (und andere, aber weniger schwerwiegende) Erscheinungen sowohl im Bulgarischen als auch im Mazedonischen (sowie in nichtslavischen Balkansprachen), nicht jedoch in anderen Slavinen bekannt sind, hat man oft versucht, den Torlak zur östlichen südslavischen Gruppe (Bulg., Maz.) zu rechnen. Dieser Versuch wurde gestützt durch die folgenden „Bulgarismen" im Torlakischen:[73]

1) die Pronominalform Akk. pl. ‚gi‘ (bulg. ‚gi‘, skr. ‚ih‘);

2) das beschränkt verbreitete „Akanje" in ‚taliko‘ (toliko), ‚vadenica‘ (vodenica);

3) lexikalische Elemente meist jüngeren Datums.

Muss man der torlakischen Zone aufgrund dieser Charakteristika auf der synchron-strukturellen Ebene einen besonderen Status zubilligen - etwa den einer Dialektgruppe -, so ist auf der diachronen Ebene die enge genetische Verwandtschaft zum Štokavischen ebenso unbestritten, wofür folgende Merkmale sprechen:[74]

1) *t‘, d‘ > ć, đ (k‘, g‘; č, dž);

2) ǫ > u;

3) Ausgleichung der Halbvokale in einen Halbvokal (bzw. in /a/);

4) die Endung –ga im Gen.-Akk. sg. der Pronomina und Adjektive;

5) die Endung –ę > -e im Nom. pl. der ā- und ŏ-Stämme;

6) die Erhaltung –m < -mь in der 1. sg. Präs. bei Erhaltung des Stammvokals -e-, -i-;

7) die Endung –mo in der 1. pl. Präs.;

8) der Schwund der Endung –t(ь) in der 3. Präs. sowohl sg. als auch pl.;

9) die Form ‚ja‘ des Personalpronomens ‚ich‘;

10) lexikalische Elemente.

Dem fügt Belić noch einige Gemeinsamkeiten hinzu:[75] epenthetisches l in pļ, vļ, mļ, bļ aus pj, vj, mj, bj; tl, dl > l; vъ > u; Beeinflussung der harten Stämme durch die weichen: ruke, noge; Subst. f. Instr. auf -om; 3. pl. Imperf. auf -hu; 3. pl. Aor. auf -še.

Weitere Charakteristika der „Prizrensko-timočki govori" finden wir bei Peco:[76] silbenbildendes l; /dz/ als Variante von /z/; h > Ø; f > v; Entsonorisierung am Wortende; -st > -s; -zd > -z; ps > pc; Kollektiva -ad > -ija; Personalpronomina mi, mije, vi, vije; Dat.-Akk. ni, vi, ne, ve; das Enklitikum si/se für alle Personen; Formen für den Dat.-Akk. des Personalpronomens ‚ona': jo, o, voj, vo/u, vu, gu, g'u; analytische Komparativbildung; Futurbildung von der Kurzform des Verbs ‚hteti' + Präsens; sowie Ivić[77]: Verlust der Quantitätsgegensätze; casus generalis der Personalpronomina; ‚kako mene' für ‚kao ja'; Vokativ auf –e in ‚Stojanke'; besondere Formen mask. Subst. bei allen Zahlen, nicht nur bei 2-4; Subst.-Suffixe auf –ička, -iče; iterative Verbbildungen vom Typ: ogribam; fehlender Konsonantenwechsel in ‚zagraden'; analogisches ‚u' im Aorist- bzw. Infinitivstamm der Verben vom Typ: kupu(j)em : kupuvala; Temporaladverbien auf –g: səg, təg für sad, tad; ‚i' in: jedinaes für jedanaest.

5. Das šćakavische Problem: Popović[78] versucht aufgrund der Reflexe der urslavischen Jotierung eine fünfte Dialektgruppe, das Šćakavische, zu belegen. Geographisch gesehen handelt es sich um drei deutlich voneinander geschiedene Areale sowie einer Reihe von Oasen. Die weitere Klassifizierung der šćakavischen Mundarten würde drei Dialekte ergeben, deren Existenz – mindestens auf der Ebene des „poddijalekat" (slavonisches Problem) – in der Fachliteratur unbestritten ist:
1) eine nordwestliche Zone (bei Ivić 1956: „slavonski ekavski dijalekat"),
2) eine mittlere Zone (Ivić' „posavski ikavski dijalekat"),
3) eine südliche dalmatinische Zone („mlađi ikavski dijalekat" bei Ivić).[79]

Aus mehreren Gründen ist eine solche Aufteilung in fünf Dialektgruppen problematisch:
1. Die šćakavische Gruppe ist in sich außerordentlich heterogen:
a. der Reflex des ‚jat' ist e / i / e, je / je, i;
b. die Akzentuierung variiert in den Mundarten von ältester (mit ˜) über ältere bis zu neuester (mit vier Akzenten).
2. Die Verwendung des Fragepronomens „što" für ‚was'.
3. Die südliche bosnisch-dalmatinische Zone hat eindeutig štokavischen Charakter, die nördliche slavonisch-posavische dagegen in vielerlei Hinsicht Übergangscharakter zwischen dem Štokavischen und Kajkavischen.
4. Von den übrigen Merkmalen, die Popović für die šćakavische Gruppe anführt, sind vom Štokavischen verschieden:
*d' > j in Resten; ę > a nach Palatalen; älteres čr in einigen Beispielen; mit ande-

ren Worten: es sind nur einige periphere Abweichungen vorhanden (natürlich außer /šć, žđ/.[80]

Selbst wenn wir also als Hauptklassifikationskriterien neben Akzentuierung und ‚jat'-Reflex den Reflex der urslavischen Jotierung anerkennen – wie es Brozović vorschlägt und Peco implizit ausführt,[81] folgt daraus nicht die Konsequenz, eine šćakavische Dialektgruppe zu postulieren. Die beste Lösung scheint zu sein, die nordwestliche und mittlere Zone in einen Dialekt zusammenzufassen (Ivić 1958: Slavonisch) und ihn ebenso wie die südliche Zone als zweiten „jüngeren ikavischen" der štokavischen Gruppe zuzurechnen, die Areale mit šć, žđ für št, žd aber jeweils als Unterdialekt oder als Oase zu werten.

2.3.3. Die štokavischen Dialekte

Stellvertretend für die anderen Dialektgruppen behandeln wir im Folgenden die Klassifizierung der štokavischen Dialekte.[82] Zunächst lässt sich die štokavische Dialektgruppe nach dem Reflex des ‚jat' in die drei Dialektuntergruppen Ekavisch, Jekavisch und Ikavisch unterteilen,[83] diese wiederum in Dialekte mit älterer sowie solche mit neuer Akzentuierung.

1. Die ekavische Dialektgruppe:[84] Zu ihr rechnen wir den Kosovo-Resava-Dialekt und den Šumadija-Vojvodina-Dialekt. Peco führt auch die torlakische Dialektgruppe als štokavischen Dialekt („Prizrensko-timočki govori") an.[85]

1a. Der Kosovo-Resava-Dialekt: Die wichtigsten Charakteristika: ältere Akzentuierung; Kürzung der nachtonigen sowie Erhaltung der vortonigen Längen; đ und ć sind in einigen Mundarten unbekannt; neue Jotierung durchgeführt; Metathese vom Typ: grojze (grožđe); zv- >dzv-; -st > -s; neue Deklination; Gen. pl. = Lok. pl.; Dat. pl. = Instr. pl.; die Alternation /K : C/ ist nur bei Subst. der I. Dekl. bewahrt; die Endungen der alten harten Stämme bei der adj.-pronom. Dekl.; das Imperfekt ist bekannt; der Dat.-Lok. sg. der f. Subst. auf -a lautet -e; der Instr. sg. der Subst. der I. Dekl. lautet -em; der Akk. wird sowohl für die Richtung als auch für die Bezeichnung des Ortes benutzt (statt Lok., Instr.). Ivić scheidet von der Hauptmasse der Mundarten dieses Dialekts die Smederevo-Vršac-Mundartengruppe[86] (es müsste besser heißen: Unterdialekt) wegen einer ganzen Reihe von Abweichungen. Peco unterscheidet folgende Mundarttypen (govorni tip): Kosovski, Župski, Trsteniki, Levački, Resavski, Đerdapski sowie Smederevsko-vršački govorni tip.[87]

1b. Der Šumadija-Vojvodina-Dialekt: Charakteristika: neue Akzentuierung; neue Jotierung ist durchgeführt; neue Deklination; Dat. pl. = Instr. pl. = Lok. pl.; die Endungen der alten weichen Stämme bei der adj.-pronom. Dekl.; das Imperfekt ist unbekannt.

Das Gebiet des Šumadija-Vojvodina-Dialekts wird nochmals unterteilt in zwei Unterdialekte: a)die serbischen Mundarten (Ivić: Mundarten auf dem Territorium Serbiens; Peco: Šumadijski govori), b)die Vojvodina-Mundarten (Peco: Vojvođanski govori). Letztere unterscheiden sich von den Šumadija-Mundarten durch eine ältere Deklination, ein instabiles Vokalsystem sowie einige weniger wichtige Merkmale.[88]

Peco unterteilt weiter die Šumadija-Mundarten in: Gružanski, Šumadijski, Kolubarski und Mačvanski govorni tip, die Vojvodina-Mundarten in: Sremski, Bački und Banatski govorni tip.[89]

2. Die ijekavische Dialektuntergruppe: Zu ihr rechnen wir den Osthercegovina-Dialekt und den Zeta-Lovćen-Dialekt (nach Ivić); Peco unterteilt in: Zetsko-južnosandžački govori, Ijekavski govori hercegovačkog tipa, Ijekavski govori hercegovačkog tipa van granica Hercegovine und Ijekavskošćakavski govorni tip.[90]

2a. Der Osthercegovina-Dialekt: Charakteristika: neuštokavisches Vierakzentsystem; neueste Jotierung durchgeführt; neue Deklination; Dat. pl. = Instr. pl. = Lok. pl.; die Endungen der alten harten Stämme bei der adj.-pronom. Dekl.; das Imperfekt ist bekannt.

Ivić teilt dieses Dialektgebiet in zwei Unterdialekte auf:[91]

a) die ursprünglichen Mundarten der Osthercegovina (mit einer südöstlichen und einer nordwestlichen Mundartengruppe sowie der Mundart von Dubrovnik auf der gleichen Rangstufe),

b) die ursprünglichen Mundarten Ostbosniens (vor allem bei den Mohammedanern und Katholiken) mit einigen schwerwiegenden Abweichungen vom Osthercegovina-Standard (šć, žđ; die neue und neueste Jotierung sind nicht vollständig vollzogen; đ > j in einigen Bspl.; die Akzentverschiebung ist nicht vollständig vollzogen), weshalb Peco sie zum „ijekavskošćakavski govorni tip" zusammenfasst.[92]

Zu den „ijekavski govori hercegovačkog tipa" zählt Peco folgende Mundartengruppen: Istočnohercegovački, centralnohercegovački und severnohercegovački govorni tip.[93] Unverständlich ist, weshalb er die „ijekavski govori hercegovačkog tipa van granica Hercegovine" gesondert behandelt (severozapadnocrnogorski, Dubrovački govorni tip, ijekavski govori u zapadnoj Srbiji, zapadnobosanski, Lički jekavski govorni tip, govor Banije i Korduna, govor Bukovice, slavonski ijekavski govorni tip, ijekavski govor Baranje),[94] nämlich entweder als vierten Unterdialekt des Osthercegovina-Dialekts oder als eigenen Dialekt. Für beide Lösungen fehlt jegliche Grundlage.

2b. Der Zeta-Lovćen-Dialekt: Charakteristika: ältere Akzentuierung; Erhaltung sowohl der nachtonigen als auch der vortonigen Längen; ъ, ь > ä und damit viereckiges Vokalsystem (in der Mehrheit der Mundarten); neueste Jotierung durchgeführt; ältere Deklination im Gen. pl. und Lok. pl.; Gen. pl. = Lok. pl.; Dat. pl. = Instr. pl.; das Imperfekt ist bekannt.
Die Klassifizierung des Zeta-Lovćen-Dialekts in Unterdialekte oder Mundartgruppen stößt auf erhebliche Schwierigkeiten:"Die Zersplitterung ist hier viel größer, so dass fast jeder Landstrich und zuweilen auch fast jeder Ort (wie z. B. in der Boka Kotorska) seine besonderen mundartlichen Charakteristika hat. Dennoch kann man von einem südwestlichen und einem nordöstlichen Typ sprechen."[95]

3. Die ikavische Dialektuntergruppe: Zu dieser Gruppe gehören nach Ivić: der jüngere ikavische Dialekt, der istrisch-ikavische Dialekt sowie ein Teil des slavonischen Dialektes, nämlich der posavisch-ikavische Unterdialekt. Peco zählt lediglich die ersten beiden dazu (ikavskoštakavski, ikavskośćakavski govori), während er den istrisch-ikavischen Dialekt (govori južne i jugozapadne Istre) offensichtlich als geographisch definiertes Gebilde zu den „govori Istre" rechnet, deren übrige lauten: kajkavsko-čakavski, severnočakavski und ikavsko-južnoča-kavski govorni tip.[96]

3a. Der jüngere ikavische Dialekt: Charakteristika: neue Akzentuierung; die neueste Jotierung ist nicht vollzogen; neue Deklination; Dat. pl. = Instr. pl. = Lok. pl.; die morphologische Alternation /K:C/ ist nicht bekannt; das Imperfekt ist unbekannt.
Ivić unterteilt in die beiden Unterdialekte der Westhercegovina und Westbosniens.[97] Peco, für den das Kriterium des Reflexes der urslavischen Jotierung weit mehr Gewicht hat, gliedert den Westbosnien-Unterdialekt in die „ikavskośćakavski govori" ein;[98] in den „ikavskoštakavski govori" (jüng.ik.D.) verbleiben so noch die Mundartgruppen: zapadnohercegovački govorni tip, ikavski govor zapadne Srbije – azbukovački govorni tip, Lički ikavski govori.[99]

3b. Der istrisch-ikavische Dialekt: Er heißt bei Ivić (1971) „Istarski štokavsko-čakavski ikavski". Charakteristika: ältere Akzentuierung; Kürzung der nachtonigen, Bewahrung eines Teils der vortonigen Längen; unverändertes jd, jt; h, f sind konsequent bewahrt; erhaltenes čr; -m > -n; die Affrikaten ć, đ, dž sind unbekannt; alte Deklination; Gen.pl. = Instr. pl. = Lok.pl.; Nom. pl. = Akk.pl.; die Alternation /K:C/ ist nur in Resten vorhanden; Imperfekt und Aorist sind unbekannt. Wegen der großen Unterschiede in diesem Gebiet ist bis heute keine brauchbare Klassifikation in Unterdialekte und Mundartengruppen geleistet worden.

4. Der slavonische Dialekt: Es ist der einzige Dialekt, der keine einheitliche Vertretung des ‚jat'-Reflexes zeigt. Die nördliche Zone ist ekavisch, die südliche ikavisch. Deshalb wertet Ivić noch 1956 beide Zonen als Dialekte, 1958 jedoch fasst er sie in den slavonischen Dialekt zusammen.[100] Für Peco stellen die beiden Zonen Unterdialekte der „ikavskošćakavski govori" dar.[101]
Charakteristika: älteste Akzentuierung (nach Ivić' Terminologie); metatonischer Akut; Bewahrung der vortonigen Längen; šć, žđ; ein an Affrikaten armes Konsonantensystem; jd, jt meist unverändert; alte Deklination; Gen. pl. = Lok. pl.; Dat.pl. = Instr.pl.; die Alternation /K:C/ ist nur in der I. Dekl. pl. bewahrt; das Imperfekt ist bekannt; der Akk. wird für die Bezeichnung sowohl der Richtung als auch des Ortes benutzt.

5. Mundarten mit nichtersetztem ‚jat': In diese Kategorie reiht Ivić verschiedene Mundarten in Rumänien und Mazedonien ein,[102] in denen der Reflex des ‚jat' als ein besonderes Phonem bewahrt wird. Es handelt sich durchweg um archaische Mundarten, die sich hinsichtlich der Akzentuierung und auch des Phonemsystems sehr stark voneinander unterscheiden,[103] weshalb z.B. Brozović hier mit der Kategorie der „Oasen" arbeitet.[104] Wir werden an dieser Stelle nicht näher auf die einzelnen Mundarten eingehen, wir halten aber auf jeden Fall die Zusammenfassung zu einer Dialekteinheit „Mundarten mit nichtersetztem ‚jat'" für unzutreffend aus linguistischen und geographischen Gründen.[105]
Den acht štokavischen Dialekten von Ivić (1958) stellt Brozović sieben gegenüber: Ivić' „Mundarten mit nichtersetztem ‚jat'" behandelt er als Oasen, während er den istrisch-ikavischen Dialekt zur čakavischen Dialektgruppe zählt. Dafür spaltet er vom Osthercegovina-Dialekt die ostbosnische Zone als separaten Dialekt ab. Genauso verfährt Peco, nur dass er die torlakische Zone ebenfalls als štokavischen Dialekt wertet:[106]

Ivić	Brozović[107]	Peco
Kosovo-Resava	kosovsko-velikomoravski (stariji ekavski)	kosovsko-resavski
Šumadija-Vojvodina	šumadijsko-vovođanski (mlađi ekavski)	šumadijsko-vojvođanski
Zeta-Lovćen	zetski (stariji ijekavski)	zetsko-južnosandžački
jüngeres Ikavisch	zapadni (ikavski)	ikavskoštakavski
Osthercegovina	istočnohercegovački (mlađi ijekavski)	ijekavski govori herc. tipa
Slavonisch	slavonski (arhaični šća-kavski)	ikavskošćakavski
-	istočnobosanski (ijekavs-košćakavski)	ijekavskošćakavski
Istrisch-Ikavisch	-	-
Mundarten mit nicht ersetztem ‚jat'	-	-
Torlakische Dialektgruppe	-	prizrensko-timočki

3. Strukturelle Charakteristika der serbokroatischen Dialekte

3.1. Prosodie

Die skr. Sprache gehört zusammen mit der slovenischen „zu den europäischen Sprachen mit dem kompliziertesten prosodischen System".[108] Unter den slavischen Sprachen sind sie die einzigen, die die ererbte urslavische Polytonie wenigstens zum Teil erhalten haben. Anders ist dagegen die Situation in den skr. Mundarten: es sind weit mehr als 150 strukturell verschiedene prosodische Systeme aus der Fachliteratur bekannt,[109] unter denen sich einige befinden, in denen die prosodischen Phänomene überhaupt keine distinktive Funktion haben.

Wir kennen drei Grundkategorien der prosodischen Phänomene: 1. die Akzentstelle, 2. die Quantität der Silbe bzw. der Vokale und 3. den Tonverlauf. In der skr. Schriftsprache haben alle drei distinktive Funktion. Durch die Kombination dieser Phänomene ergeben sich sechs Grundtypen der prosodischen Struktur in den skr. Mundarten:[110]

1. Mundarten ohne distinktive prosodische Gegensätze: in der Nähe von Prizren.

2. Mundarten mit Akzentstellengegensätzen: die torlakische Dialektgruppe.

3. Mundarten nur mit quantitativen Gegensätzen: kajkavische Mundarten.[111]

4. Mundarten mit Akzentstellen- und quantitativen Gegensätzen: Zeta-Lovćen-Dialekt, čakavische und kajkavische Mundarten.

5. Mundarten mit quantitativen und Tonverlaufsgegensätzen: kajkavische Mundarten.

6. Mundarten, in denen alle drei prosodischen Kategorien distinktive Funktion haben: die große Mehrheit der čakavischen, kajkavischen und štokavischen Mundarten.

Die Mundarten mit quantitativen Gegensätzen (3-6) lassen sich in zwei Untergruppen einteilen: a) Mundarten mit, b) solche ohne Tonverlaufsgegensätze. Beide Untergruppen lassen sich nochmals in je vier Typen scheiden:[112]

1) Mundarten mit quantitativen Gegensätzen nur in betonten Silben.

2) Mundarten mit quantitativen Gegensätzen in betonten und nachtonigen Silben.

3) Mundarten mit quantitativen Gegensätzen in betonten und vortonigen Silben.

4) Mundarten mit quantitativen Gegensätzen in betonten, nachtonigen und vortonigen Silben.

Die meisten Mundarten zeigen die Tendenz, nachtonige Längen in verschiedenen Stellungen zu kürzen. Dieser Prozess der Beseitigung der Quantitätsgegensätze vollzieht sich in verschiedenen Etappen:[113]

1) er erfasst in der Regel die Endsilbe vor den Innensilben,

2) er erfasst Silben unmittelbar nach langen Silben eher als solche nach kurzen,

3) er erfasst Silben unmittelbar nach fallend betonten oder unbetonten Silben eher als solche, denen steigende Akzente vorangehen.

Außerdem ist zu beobachten, dass die Quantitätsgegensätze in geschlossenen Endsilben besser bewahrt werden als in offenen. Die verschiedenen Etappen können folgendermaßen dargestellt werden:[114]

1a.	ļûbī > ļûbĭ	1.	nòsī > nòsĭ
2a.	pûtnīk > pûtnĭk	2.	gòlūb > gòlŭb
3a.	pûtnīka > pûtnĭka	3.	gòlūba > gòlŭba
4a.	tŕpī > tŕpĭ	4.	lèžī > lèžĭ
5a.	tŕpīm > tŕpĭm	5.	jùnāk > jùnăk
6a.	tŕpīmo > tŕpĭmo	6.	pòzlāćen > pòzlăćen

Die Längen in Position 1a. werden zuerst von Kürzungen betroffen, jene in Position 6. sind am beständigsten.

Die skr. Mundarten lassen sich weiterhin nach dem Umfang einteilen, in dem die sog. neuštokavische Akzentverschiebung durchgeführt ist: Bei dieser Verschiebung wurden die alten fallenden Akzente um eine Silbe gegen Wortanfang verschoben, wobei sie einen steigenden Tonverlauf erhielten und je nach der Quantität der vortonigen Silbe den neuštokavischen kurzsteigenden oder langsteigenden Akzent ergaben. Ähnlich wie bei der Kürzung der nachtonigen Längen verlief auch dieser Prozess in unterschiedlichen Etappen:[115]

1) der Akzent verschiebt sich leichter von der Endsilbe als von einer Innensilbe und wiederum leichter von der offenen als von der geschlossenen Endsilbe,

2) der kurzfallende wird leichter als der langfallende Akzent verschoben,

3) der Akzent wird leichter auf eine lange als auf eine kurze vortonige Silbe verschoben.

Wir können die verschiedenen Etappen in den einzelnen Stellungen auf folgende Weise veranschaulichen:

1a. glāvä > gláva   1. sesträ > sèstra

2a. nāröd > národ   2. jezïk > jèzik

3a. pītäla > pítala   3. lopäta > lòpata

4a. glāvê > glávē   4. sestrê > sèstrē

5a. glāvôm > glávōm   5. junâk > jùnāk

6a. tr̄ pîmo > tŕpīmo   6. pozlâćen > pòzlāćen

Die günstigste Position für die Akzentverschiebung ist also 1a., die ungünstigste 6. In manchen Mundarten kommt es bei der Akzentverschiebung von Position 1. und 2. zu einer Längung der vortonigen Silbe. Die auf diese Weise entstehenden langsteigenden Akzente werden als „Kanovacer" Akzent (kanovačko duljenje) bezeichnet: sesträ > séstra, jezïk > jézik.[116]

Andererseits gibt es auch Mundarten, in denen die fallenden Akzente bei der Verschiebung ihre Tonverlaufsart und Quantität beibehalten. Diese Erscheinung ist unter dem Begriff der „Metataxis" in der Fachliteratur bekannt: sesträ > sèstra, glāvôm > glâvōm.[117]

Eine weitere Klassifizierungsmöglichkeit ist durch die Anzahl der Akzente gegeben. Dabei können wir unterscheiden zwischen der Anzahl der kurzen und der langen Akzente sowie der Anzahl der möglichen Tonverläufe (steigend, fallend, neuakutiert). Schließlich unterscheiden sich die skr. Mundarten auch noch durch die Anzahl der Tonverläufe in den kurzen bzw. langen Silben sowie durch die Distribution der einzelnen Akzente.

Zusammen mit den diakritischen Zeichen für phonologische Länge und Kürze können wir die prosodischen Systeme, die in den skr. Mundarten existieren, darstellen; z. B.:[118]

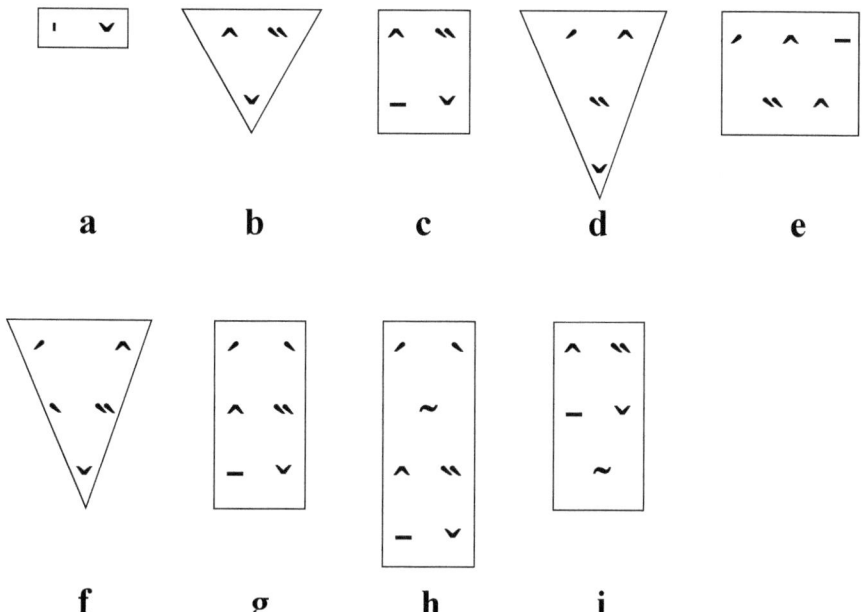

a   b   c   d   e

f   g   h   i

Eine andere Möglichkeit der Darstellung ist, sämtliche Vokalphoneme einer Mundart aufzuführen, z.B. für die skr. Schriftsprache: [119]

î	ï	í	ì	ī	ĭ
ê	ë	é	è	ē	ĕ
â	ä	á	à	ā	ă
ô	ö	ó	ò	ō	ŏ
û	ü	ú	ù	ū	ŭ
r̂	r̈	ŕ	r̀	r̄	ř

oder für die torlakische Dialektgruppe: [120]

i̇	e̊	å	o̊	u̇	r̊
ĭ	ĕ	ă	ŏ	ŭ	ř

41

Auf diese Weise kann man die Anzahl der Vokalphoneme für jeden Dialekt berechnen, wobei die Zahl der Vokale zehn nicht übersteigt,[121] während wir höchstens sieben prosodische Merkmale vorfinden. Allerdings zeigt sich, dass sich beide Systeme (Akzente und Vokale) gegenseitig beeinflussen, was die Gesamtzahl der Vokalphoneme betrifft: "A high number of accents cannot be combined with a high number of inherently defined vowels, so that the product of the two numbers never surpasses 47 (and usually remains under 37), although a multiplication of the maximums would give 70 (= 7x10)".[122] Während also die skr. Schriftsprache 6x6 = 36 Vokalphoneme kennt, finden wir in der torlakischen Dialektgruppe nur deren 12.

Die Anzahl und die Beschaffenheit der Akzente sagt noch nichts über deren Distribution aus. In Mundarten mit älterer Akzentuierung können die beiden fallenden Akzente in der Regel auf allen Silben außer der Endsilbe stehen. In der Schriftsprache können fallende Akzente nur auf der ersten oder einzigen Silbe, steigende Akzente auf allen außer der Endsilbe stehen; außerdem gibt es nur nachtonige Längen:

Silbe	einzige	erste	innere	letzte
	^ "	^ " ´ `	˘ ´ ` ˘ —	˘ —

Tonverlaufsgegensätze treten nur in der ersten Silbe auf. Ein Vierakzentsystem finden wir genauso z.B. in Dubrovnik wie in Sošice/Žumberak westl. Zagrebs, aber mit einer völlig anderen Distribution der Akzente:[123]

Silbe	einzige	erste	innere	vorletzte	letzte
Dubrovnik	^ " ˘	^ " ´ `	" ´ ` ˘ —	" ´ ` ˘ —	˘ —
Sošice	^ " ˘	^ " ´ `	^ " ´ ` ˘	^ " ´ ` ˘	^ ˘

Aus dem Schema lässt sich jedoch nicht entnehmen, dass in Dubrovnik Tonverlaufsgegensätze nur in der ersten Silbe, in Sošice dagegen auch in der vorletzten Silbe auftreten.[124] Um wirklich alle Informationen über die prosodischen Möglichkeiten einer Mundart zu bekommen, muss man sämtliche möglichen Worttypen angeben:[125]

Schriftsprache	Dubrovnik	Sošice
â ä	â ä	â ä
âa âā äa äā	âa âā äa äā	âa äa aâ
áa áā àa àā	áa áā àā	áa àa
âaa âāa âaā âāā	âaa âāa âaā âāā	âaa aâa aaâ
äaa äāa äaā äāā	äaa äāa äaā äāā aäa	äaa aäa
áaa áāa áaā áāā aáa aáā	áaa áāa áaā áāā aáa aáā	aáa
àaa àāa àaā àāā aàa aàā	àaa àāa àaā àāā aàā	aàa

Zum Vergleich die prosodischen Worttypen der čakavischen Mundart von Novi:[126]

â ã ä
âa âā ãa ãā äa äā
aâ āâ aã āã aä āä
âaa âāa âaā âāā aâa āâa aâā āâā aaâ aāâ
ãaa ãāa ãaā ãāā aãa āãa aãā āãā aaã aāã
äaa äāa äaā äāā aäa āäa aäā āäā aaä aāä āaä

In einem Koordinatensystem lässt sich die Anzahl der prosodischen Möglichkeiten folgendermaßen darstellen:[127]

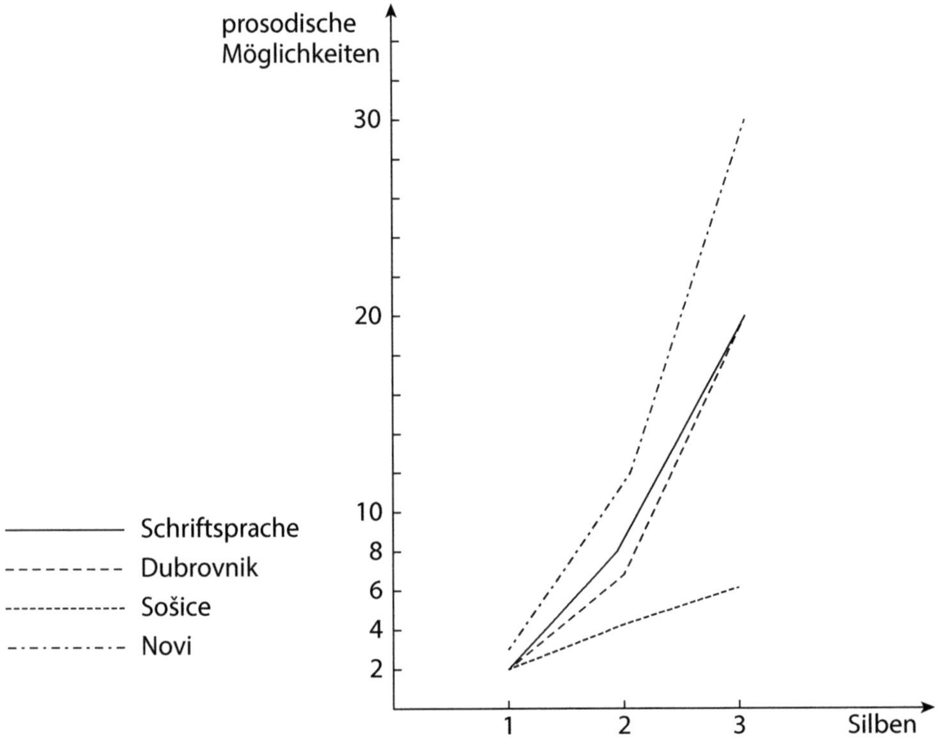

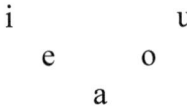

3.2. Vokalismus

Im Gegensatz zum prosodischen System zeichnen sich die skr. Mundarten durch eine geringe Variationsbreite im Vokalismus aus. Historisch gesehen sind es die Reflexe des ‚jat' sowie der Halbvokale, die für die Art des Vokalsystems ausschlaggebend sind.[128] Der weitaus größte Teil des skr. Sprachgebietes ist gekennzeichnet durch ein dreieckiges Fünf-Vokalsystem mit drei Öffnungsgraden:

i   u

e   o

a

Diese Anordnung der Vokale finden wir in der Mehrzahl der čakavischen und štokavischen Mundarten, während das kajkavische Vokalsystem einen vierten Öffnungsgrad kennt:[129]

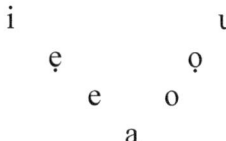

Die einzige bemerkenswerte Abweichung vom štokavischen Standardsystem weist der Zeta-Lovćen-Dialekt mit einem viereckigen Vokalsystem auf:[130]

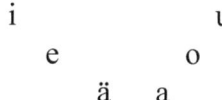

Ebenfalls dreistufig und viereckig ist das Vokalsystem in den Mundarten von Rekaš, der Banatska Crna Gora und einem Teil der Krašovani, während in der kajkavischen Mundart von Mraclin ein viereckiges Vokalsystem mit vier Öffnungsgraden vorliegt:

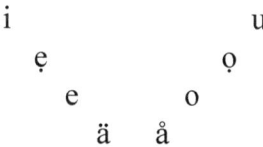

Eine besondere Stellung unter den skr. Mundarten nehmen jene ein, in denen „ein distinktives Merkmal nur hinsichtlich eines Phonems fungiert (oder, was im Wesentlichen dasselbe bedeutet, dass ein Öffnungsgrad im höheren oder mittleren Vokalbereich nur durch ein Phonem vertreten wird)".[131] Ein solches asymmetrisches dreieckiges Vokalsystem mit vier Öffnungsgraden finden wir z.B. in Gradište:

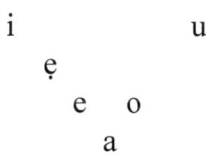

Allerdings zeigen diese Mundarten „eine ausgesprochene Tendenz zur Weiterentwicklung... infolge der Ökonomie der bedeutungsunterscheidenden Mittel".[132]
In der torlakischen Dialektgruppe sowie einigen anderen Mundarten existieren
neben vorderen und hinteren auch mittlere Vokale als dritte Vokalklasse:

i ə u	i ə u	i ü u
e o	ẹ ọ	e ə o
a	ɛ a	a
Torlak	Krašovani	Vučitrn

Die čakavische Mundart von Slum besitzt die größte Anzahl von Vokalphone-
men aller skr. Mundarten: sie hat ein dreieckiges Vokalsystem mit fünf (!) Öffnungsgraden und einem vorderen ungerundeten Mittelzungenvokal:

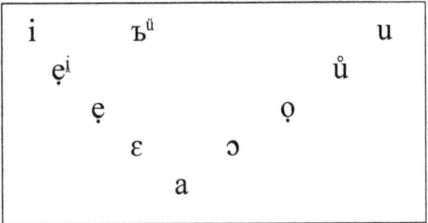

In manchen Mundarten werden unbetonte Vokale reduziert und fallen mit anderen zusammen, so dass sich das System der betonten von dem der unbetonten
Vokale unterscheidet. In der Mundart der Gallipoli-Serben kann auch noch zwischen vortonigen und nachtonigen kurzen Vokalen unterschieden werden:

i ə u	i ə u	i u
ẹ		e ə o
e o	a	a
a		
betonte Vokale	unbetonte kurze Vokale	
	vortonig	nachtonig

In einigen čakavischen Mundarten sind Diphthonge phonemisch distinktiv, z.B. in der Mundart von Hvar:

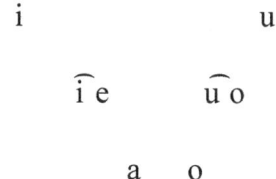

Umstritten ist die Frage, ob das silbenbildende /r̩/ phonemisch ist oder nur ein Allophon des /r/. Silbisches /r̩/ kommt nur unter Akzent oder in Alternation dazu vor, niemals dagegen in Flexions- und Derivationssuffixen, Präfixen, Enklitika und Proklitika. Außerdem kann es nur einmal in einem Wort vorkommen.[133] Während das silbische /r̩/ in fast allen skr. Mundarten bekannt ist, existiert das silbische /l̩/ nur in torlakischen Mundarten. Brozović schlägt vor, in jedem Fall /r, l/ und auch /i, j/ gleich zu behandeln, d.h. entweder die silbischen Vertreter als Allophone zu werten oder phonemische /r̩, l̩, i/ und /r, l, i̯/ anzunehmen.[134]
Ein anderes weitreichendes Problem stellt die ijekavische Variante der Aussprache des „jat‘ dar. Nach Brozović ist der ijekavische Reflex ein eigenständiges Phonem:"In fact, in Standard Ijekavian, (i̯ē) is the phoneme /ě/, and the sequence /ij̄ē/ is its rather infrequent stylistic variant… This sound… is in phonological opposition to each possible combination of S.-C. phonemes and to each phoneme."[135] Außerdem unterscheide sich das Phonem /i̯ē/ von /ē/ durch das distinktive Merkmal tension/laxness. Demgegenüber betont Ivić, „dass in keiner Mundart ein Gegensatz ē̌ : /jē/ unter entsprechendem Akzent vorhanden ist".[136] Demnach besitzt der Reflex des „jat‘ keine phonologische Individualität.

3.3 Konsonantismus

Die große Mehrheit aller skr. Mundarten besitzt folgendes Grundinventar an Konsonanten:[137]

p	t		k
b	d		g
	s	š	
v	z	ž	
	c	č	
m	n	ń	
	l		
	r		
		j	

Die Verteilung einiger weniger Phoneme kennzeichnen die Unterschiede zwischen den skr. Dialektgruppen: die čakavische Dialektgruppe kennt sowohl /f/ als auch /x/, die kajkavische lediglich /f/, während beide Phoneme unbekannt sind in der štokavischen und torlakischen Dialektgruppe.

Das Štokavische kennt die Affrikaten /ć/, /đ/ und /dž/; das Kajkavische nur /dž/, das Čakavische keines dieser Phoneme. Schließlich unterscheiden sich die Dialektgruppen auch hinsichtlich des palatalen /ļ/: nur im Štokavischen und im Torlak ist es bekannt.

Etwas größer ist die Variationsbreite innerhalb der štokavischen Dialektgruppe. Die Unterschiede zwischen den štokavischen Dialekten betreffen neben den schon erwähnten Bereichen der Affrikaten sowie der Phoneme /x, f, ļ/ auch die An- bzw. Abwesenheit der Phoneme /ś/, /ź/, /đ'/, /t'/.

3.4. Morphonologie

Nach Trubetzkoy versteht man unter Morphonologie
„1. die Lehre von der phonologischen Struktur der Morpheme;
2. die Lehre von den kombinatorischen Lautveränderungen, welche die Morpheme in den Morphemverbindungen erleiden;
3. die Lehre von den Lautwechselreihen, die eine morphologische Funktion erfüllen."[138]

Dieser Bereich ist bisher in der skr. Dialektologie nicht systematisch erforscht worden. Insbesondere ist es möglich, die Reflexe gewisser urslavischer Konsonanten bzw. –gruppen auf synchrone Art und Weise zu interpretieren, denn auch hier gilt der Grundsatz, dass jedes diachrone Merkmal einmal synchron-strukturellen Charakter trug.[139]

Besonders charakteristische Distributionsrestriktionen für die skr. Mundarten sind die folgenden:[140]

-st > -s	mast > mas	-mn- > -vn-	gumno > guvno
-zd > -z	grozd > groz	-mń- > -mļ-	sumńa > sumļa
-št > -š	vešt > veš	ml- > mn-	mlad > mnad
-žd > -ž	dažd > daž	-vn- > -mn-	davno > damno
gd- > d-	gde > de	-mļ- > -mń-	zemļa > zemńa
pt- > t-	ptica > tica	ps- > pc-	pseto > pceto
mn- > ml-	mnogo > mlogo	pš- > pč-	pšenica > pčenica
pč- > č-	pčela > čela	šk- > čk-	škola > čkola
-sc- > -c-	prasci > praci	-čk- > -šk-	mačka > maška
-šč- > -č-	gušče > guče	-'ao > -ō/-ā	čitao > čitō/čitā

Auf die gleiche Weise lassen sich viele diachrone Lautveränderungen bzw. deren nicht vollzogener Prozess beschreiben:[141]

-l > -o	-jd- > -đ-	*sk' > št/šć	čr- > cr
-l > -a	-jt- > -ć-	*zd' > žd/žđ	

neue Jotierung, z.B. brat'a > braća.

Auch hinsichtlich der morphonologischen Alternationen unterscheiden sich die skr. Dialekte ganz erheblich:"Die Alternation des letzten Stammeskonsonanten - in der skr. Sprache ziemlich verbreitet – zeigt in den štok. Mundarten in der Regel größere Widerstandsfähigkeit als in den čakavischen und kajkavischen."[142]
Die wichtigsten Alternationen in der štokavischen Dialektgruppe:[143]

/K : Č : C/	pečem : peku : peci (Imperativ)
/G : Ž : Z/	strižem : strigu : strizi
/X : Š : S/	vršem : vrhu : vrsi
/K : C/	ruka : ruci (Dat.-Lok.sg.)

/G : Z/   kńiga : kńizi
/X : S/   muha : musi

Während einige dieser Alternationen in manchen Mundarten beseitigt wurden, ist die Alternation /K : C/ im Nom.pl. der mask. Substantive I.Klasse fast immer bewahrt:
junak : junaci, bubreg : bubrezi, orah : orasi

3.5. Morphologie

Die Unterschiede zwischen den skr. Mundarten betreffen einmal den „Bestand morphologischer Kategorien", auf der anderen Seite den „Bestand an Mitteln zu ihrer Kennzeichnung".[144] Während die Mehrzahl der štokavischen Dialekte sowie der Torlak den Aorist kennen, ist er in der kajkavischen und čakavischen Dialektgruppe unbekannt. Das Imperfekt dagegen ist nur im Torlak sowie einigen štokavischen Dialekten bekannt. Die Deklinationsendungen sind im Štokavischen neuerer, im Čakavischen und Kajkavischen älterer Art, im Torlak zur analytischen Deklination mit nur einer Pluralform degeneriert. Sind die Deklinationsendungen im Singular größtenteils erhalten, so zeichnet sich die Pluraldeklination dadurch aus, dass verschiedene Kasus zusammenfallen können. Hinsichtlich der Anzahl der Kasus im Plural existieren auf skr. Sprachgebiet morphologische Systeme mit[145]

1) sechs Kasus: Nom.=Vok., z.B. die meisten kajkavischen Mundarten;
2) fünf Kasus: a) Nom.=Vok.=Akk., z.B. čakavische Mundarten; b)Nom.=Vok.; Instr.=Lok.; im Banat; c)Nom.=Vok.; Dat.=Instr.; čak. Mundarten;
3) vier Kasus: a)Nom.=Vok.; Dat.=Instr.=Lok.; neuštok. Mundarten; b)Gen.=Lok.; Dat.=Instr.; Zeta-Lovćen; c)Nom.=Vok.=Akk.; Gen.=Lok.; Krašovani; d)Nom.=Vok.=Akk.; Dat.=Instr.; Radojevo;
4) drei Kasus: Nom.=Vok.=Akk.; Dat.=Instr.; Gen.=Lok.; Nordserbien, Banat;
5) zwei Kasus: casus generalis, Dativ; Sretečka Župa;
6) einen Kasus: torlakische Dialektzone.

Zum Vergleich die Pluralparadigmen zweier Wörter im Štokavischen und Čakavischen:[146]

Čakavisch (alte Dekl.)		Štokavisch (neue Dekl.)	
vozi	duše	vozovi	duše
vozov/vozih	duš	vozova	duša
vozon	dušan	vozovima	dušama
voze/vozi	duše	vozove	duše
vozi	dušam	vozovima	dušama
vozih	dušah	vozovima	dušama

Die meisten kajkavischen Mundarten kennen den Vokativ weder im Plural noch im Singular, was sonst nur noch in der torlakischen Zone der Fall ist.

Besondere Zahlenkonstruktionen existieren in der torlakischen Zone für alle Zahlen außer jenen auf /-jedan/, im Štokavischen auf die Zahlen 2,3,4, im Čakavischen nur auf 2, im Kajkavischen sind sie gänzlich unbekannt.

Unterschiedlich in den Mundarten ist ferner die Behandlung maskuliner Eigennamen auf /-o/ bzw. /-a/ in der Deklination. In manchen Kategorien kommt es zur Beseitigung des Unterschiedes zwischen den alten harten und weichen Stämmen, z.B. in der adjektivisch-pronominalen Deklination.

In einem Teil der štokavischen Dialekte (Zeta-Lovćen, Kosovo-Resava) wird der Akkusativ sowohl für die Bezeichnung der Richtung als auch des Ortes verwendet.
Andere Abweichungen von der Schriftsprache kommen zwar in zahlreichen Variationen in den Mundarten vor, haben aber strukturell keine große Bedeutung für die skr. Dialektologie.[147]

4. Eine strukturelle Klassifikation der Dialekte des Serbokroatischen

4.1. Das Verfahren

In der skr. Dialektologie ist bisher wenig auf dem Gebiet der strukturellen Dialektklassifizierung getan worden.[148] Einer großen Zahl von Dialektmonographien stehen nur wenige Gesamtdarstellungen gegenüber, die in ausreichender Weise sowohl die Theoriebildung als auch das sprachliche Material vom Terrain berücksichtigen.[149] Die meisten vorliegenden Arbeiten sind eher als „vergleichende Charakteristiken" denn als „Klassifikationen" zu bezeichnen.[150]

Wir werden im Folgenden die quantitativen Entfernungen zwischen den skr. Dialektgruppen und Dialekten bestimmen.[151] Zu diesem Zweck werden die in Frage kommenden Daten in eine Anzahl von Entscheidungsfragen aufgelöst, die mit + (Anwesenheit des Merkmals), − (Abwesenheit des Merkmals), ± (Anwesenheit des Merkmals, aber geringe funktionelle Belastung) und 0 (Frage ist für den betreffenden Dialekt irrelevant) beantwortet werden können. Der Abstand zwischen + und − beträgt zwei Punkte, zwischen + und ± bzw. − und ± einen Punkt, zwischen zwei identischen Zeichen null Punkte. Anders als z.B. Ternes (1976)[151a] werten wir den Abstand zu 0 ebenfalls mit zwei Punkten, weil er einen strukturellen Unterschied ausdrückt. Sonst käme es zu der verwirrenden Situation, dass der Abstand zweier Dialektgruppen gering ist, nur auf Grund der Tatsache, dass die Mehrzahl der Fragen mit 0 beantwortet wurde. Die Summe der Einzelabstände für die verschiedenen Dialekte kann in einer Rangliste dargestellt werden, sie ist ein Maß für die Exzentrizität. Wir werden die grammatischen Subsysteme gesondert untersuchen und erst am Schluss eine Synthese versuchen.

Man sollte jedoch nicht vergessen, dass es sich auf der Ebene von „Dialektgruppen", „Dialekten" und „Mundartengruppen" immer um Abstraktionen handelt, die man letztlich nicht genügend klar definieren kann. Dennoch hat es sich in Theorie und Praxis als nützlich erwiesen, von „Štokavisch", „Osthercegovina-Dialekt" oder „Vojvodina-Mundarten" zu sprechen. Der erste Schritt für eine Klassifizierung muss also sein, das zugrunde liegende sprachliche System für die betreffende dialektologische Einheit festzulegen, d.h. aus der Gesamtheit der mundartlichen Daten zu abstrahieren.[152] Danach können Einheiten auf der gleichen Rangebene miteinander verglichen werden. Dabei ist es zweckmäßig, als Vergleichsgrundlage nicht diejenigen Parameter zu wählen, die die Einheiten intuitiv voneinander scheiden (z.B. historisch bedingte Unterschiede), sondern alle denkbaren Oppositionen und Korrelationen in den Subsystemen miteinzubeziehen.[152a] Je exakter und tiefgreifender die Systeme beschrieben werden, desto aussagekräftiger wird ein Vergleich zweier oder mehrerer Einheiten sein.[153] Dabei können Zahlenwerte nur eine Hilfsfunktion haben. Sie drücken einen komplizierten Sachverhalt durch ein einfaches Symbol aus, stellen also eine weitere Stufe der Abstraktion dar. Aus diesem Grunde halten wir komplizietere Berechnungsprozeduren, wie sie etwa Altmann vorschlägt[154], für nicht angemessen. Außerdem sind sie nur auf dem Gebiet der Phonologie anwendbar.

4.2. Die Klassifikation auf der Ebene der Dialektgruppen

4.2.1. Prosodie

Wir geben im Folgenden die Akzentsysteme und Distributionstabellen für die skr. Dialektgruppen:[155]

´ ` ^ ʺ – ˇ	ˈ ˇ	~ ^ ʺ – ˇ	~ ^ ʺ – ˇ
Štokavisch	Torlakisch	Čakavisch	Kajkavisch

Die möglichen prosodischen Worttypen:

Štokavisch:
â ä
âa âā äa äā
áa áā àa àā
âaa âāa âaā âāā
äaa äāa äaā äāā
áaa áāa áaā áāā aáa aáā
àaa àāa àaā àāā aàa aàā

Torlakisch:
ȧ
ȧa aȧ
ȧaa aȧa aaȧ

Čakavisch:
â ã ä
âa âā ãa ãā äa äā
aâ āâ aã āã aä āä
âaa âāa âaā âāā aâa āâa aâā āâā aaâ aāâ
ãaa ãāa ãaā ãāā aãa āãa aãā āãā aaã aāã
äaa äāa äaā äāā aäa āäa aäā āäā aaä aāä

Kajkavisch:[156]
â ã ä
âa ãa äa
aâ aã aä āä
âaa aâa aaâ

53

ãaa aãa aaã
ȁaa aȁa aaȁ āȁa aāȁ

In einigen Akzentkategorien kommen im Kajkavischen lange Akzente vor, im Čakavischen und Štokavischen der kurzfallende Akzent.[157] Es handelt sich dabei um den Reflex des sog. metatonischen kurzen Akzents (kajk.: sẽla, kõńi, dõbri – čak.-štok.: sȅla, kȍńi, dȍbrī) sowie des metatonischen Zirkumflex (kajk.: krâvo(m), korîta, jâgod, potôki, vîdim – čak.-štok.: krȁvōm, korȉta, jȁgōd, potȍci, vȉdīm); ebenso im Wortinneren: kajk.: hrûška, lisîčji – čak.-štok.: krȕška, lisȉčjī. Umgekehrt verlief die Entwicklung bei Sonantengruppen: kajk.: krãj - čak.-štok.: krȃj / krâj.

Frageliste:
1. Der Akzent kann auf die letzte Silbe fallen / kann nicht auf die letzte Silbe fallen.
2. Fallende Akzente treten außerhalb der Anfangssilbe auf / treten nur in der Anfangssilbe auf.
3. Die Vokalquantität ist phonemisch distinktiv / nicht distinktiv.
4. Vortonige Längen existieren / existieren nicht.
5. Nachtonige Längen existieren / existieren nicht.
6. Neuštokavische steigende Akzente existieren / existieren nicht.
7. Der Neoakut (˜) existiert / existiert nicht.
8. Der Tonverlauf ist phonemisch distinktiv / nicht distinktiv.
9. Tonverlaufsgegensätze in der ersten Silbe existieren / existieren nicht.
10. Tonverlaufsgegensätze in der vorletzten Silbe existieren / existieren nicht.
11. Der Akzent im Worttyp „sela, końi" ist kurz / lang.
12. Der Akzent im Worttyp „kravom, vidim" ist kurz / lang.
13. Der Akzent im Worttyp „kruška, lisičji" ist kurz / lang.
14. Der Akzent vom Typ „kraj" ist lang / kurz.

Matrix

Frage	Štokavisch	Torlakisch	Čakavisch	Kajkavisch
1.	-	+	+	+
2.	-	0	+	+
3.	+	-	+	+
4.	-	0	+	±
5.	+	0	+	-
6.	+	-	-	-
7.	-	-	+	+
8.	+	-	+	+
9.	+	0	+	+
10.	-	0	+	+
11.	+	0	+	-
12.	+	0	+	-
13.	+	0	+	-
14.	+	0	+	-

Tabelle (für die Fragen 1-10)

	Štok.	Torlak	Čak.	Kajk.
Štok.		18	12	13
Torlak			16	16
Čak.				3

Rangliste
1. Torlak   50
2. Štokavisch   43
3. Kajkavisch   32
4. Čakavisch   31

Tabelle (für die Fragen 1-14)

	Štok.	Torlak	Čak.	Kajk.
Štok.		26	12	21
Torlak			24	24
Čak.				11

Die Reihenfolge ist in beiden Ranglisten gleich, lediglich die Abstände verändern sich. Demnach ist das Torlakische die mit Abstand exzentrischste Dialektgruppe der skr. Sprache mit 15 Punkten mehr als das Štokavische. Es hat auch die größten Abstände in der Tabelle überhaupt: 26 zum Štokavischen, je 24 zum Čakavischen und Kajkavischen. Interessant ist der größere Abstand des Torlakischen zum Štokavischen als zu den beiden anderen Gruppen.[158] Die geringsten Abstände haben Čakavisch und Kajkavisch sowie Štokavisch und Čakavisch, letztere vor allem deswegen, weil die letzten vier Fragen Phänomene betreffen, die das Kajkavische vom Čakavischen abheben, trotz sonstiger Übereinstimmungen beider Systeme in den Grundzügen.

4.2.2. Vokalismus

Die Vokalsysteme:

Štokavisch	a	e		i	o		u	ṛ
Torlakisch	a	e		i	o		u ə ṛ ḷ
Čakavisch	a	e		i	o		u	ṛ
Kajkavisch	a	e	ę	i	o	ǫ	u	ṛ

Frageliste:
1. Das Vokalsystem ist dreistufig / vierstufig.
2. Zwei Vokalklassen / drei Vokalklassen existieren.
3. Silbenbildendes /ḷ/ existiert / existiert nicht.
4. Unbetonte kurze Vokale werden reduziert / werden nicht reduziert.

Frage	Štokavisch	Torlakisch	Čakavisch	Kajkavisch
1.	+	+	+	-
2.	+	-	+	+
3.	-	+	-	-
4.	-	+	-	+

Tabelle

	Štok.	Torlak	Čak.	Kajk.
Štok.		6	0	4
Torlak			6	6
Čak.				4

Rangliste
1. Torlakisch   18
2. Štokavisch   14
3. Kajkavisch   10
4. Čakavisch   10

Torlakisch und Kajkavisch heben sich eindeutig von den beiden anderen Gruppen ab, Torlakisch etwas mehr, weil es in zwei wesentlichen Dimensionen eine Sonderstellung einnimmt: es besitzt einen mittleren Vokal sowie silbisches /ḷ/. Štokavisch und Čakavisch haben identische Vokalsysteme.

4.2.3. Konsonantismus

Die Konsonantensysteme:

Štok.   p t k b d g   s š   v z ž c ć č   đ dž m n ń l ḷ r j

Torl.   p t k b d g   s š   v z ž c ć č dz đ dž m n ń l ḷ r j

Čak.   p t k b d g f s š x v z ž c   č   m n ń l   r j

Kajk.   p t k b d g f s š   v z ž c   č   dž m n ń l   r j

Frageliste:
1. Das Phonem /f/ existiert / existiert nicht.
2. Das Phonem /x/ existiert / existiert nicht.
3. Die Oppostion /č : ć/ existiert / exxistiert nicht.

4. Die Opposition /dž : đ/ existiert / existiert nicht.

5. Die Affrikate /dz/ existiert / existiert nicht.

6. Ein l-Phonem / zwei l-Phoneme.

7. Ein n-Phonem / zwei n-Phoneme.[159]

8. Das Phonem /dž/ existiert / existiert nicht.

Frage	Štokavisch	Torlakisch	Čakavisch	Kajkavisch
1.	-	-	+	+
2.	-	-	+	-
3.	+	+	-	-
4.	+	+	-	-
5.	-	+	-	-
6.	-	-	+	+
7.	-	-	±	±
8.	+	+	-	+

Tabelle

	Štok.	Torlak	Čak.	Kajk.
Štok.		2	13	9
Torlak			15	11
Čak.				4

Rangliste

1. Torlak   32
2. Štokavisch 28
3. Kajkavisch 24
4. Čakavisch   24

Čakavisch nimmt mit 32 Punkten den ersten Rang ein. Es besitzt als einzige Dialektgruppe keine einzige stimmhafte Affrikate, dafür aber sowohl das Phonem /f/ als auch /x/. Das torlakische Konsonantensystem unterscheidet sich vom štokavischen nur um ein Phonem, trotzdem hat es vier Punkte mehr. Das liegt daran, dass es die Affrikate /dz/ kennt, die den übrigen Gruppen unbekannt ist. Obwohl Čakavisch und Kajkavisch im direkten Vergleich nur vier Punkte trennen, liegen sie in der Rangliste auf dem ersten bzw. letzten Platz, denn in den

Punkten, in denen sie sich unterscheiden, nimmt das Čakavische jeweils eine Sonderstellung unter allen skr. Dialektgruppen ein. Es zeigt sich weiterhin, dass die Summe der Einzelabstände anders zu bewerten ist als die Ranglistensummen.

4.2.4. Morphonologie

Frageliste[160]

1. Auslautendes /l/ existiert / existiert nicht.
2. Die anlautende Gruppe /v/ + C (außer Liquiden) existiert / existiert nicht.[160a]
3. Die Gruppe /št/ existiert / existiert nicht.
4. Die Gruppe /žd/ existiert / existiert nicht.[161]
5. Die anlautende Gruppe /vs-/ existiert / existiert nicht.
6. Die anlautende Gruppe /čr-/ existiert / existiert nicht.
7. Die Pronominalform /iz/ existiert / existiert nicht.
8. Auslautendes /-m/ existiert / existiert nicht.
9. Die Gruppen /-jd-, -jt-/ existieren / existieren nicht.[161a]

Frage	Štokavisch	Torlakisch	Čakavisch	Kajkavisch
1.	-	-	+	+
2.	-	-	+	+
3.	+	+	-	-
4.	+	+	-	±
5.	-	-	+	+
6.	-	-	+	+
7.	+	+	-	-
8.	+	+	-	+
9.	-	-	+	+

Tabelle

	Štok.	Torlak	Čak.	Kajk.
Štok.		0	18	15
Torlak			18	15
Čak.				3

Rangliste
1. Torlak   39
2. Štokavisch 33
3. Kajkavisch 33
4. Čakavisch   33

Čakavisch zeigt den höchsten Grad an Exzentrizität, besonders bedingt durch die großen Abstände zu Torlakisch und Štokavisch, die ihrerseits das gleiche System aufweisen, sowie durch die Tatsache, dass auslautendes /-m/ zu /-n/ wird. Wie schon beim Konsonantismus – nicht aber bei Prosodie und Vokalismus – lässt sich deutlich eine östliche Gruppe mit Štokavisch und Torlakisch von einer westlichen mit Čakavisch und Kajkavisch unterscheiden.

4.2.5. Morphologie

Frageliste

1. Die Pluraldeklination ist alt / jung.
2. Der Dativ / Instrumental / Lokativ Plural sind ausgeglichen / nicht ausgeglichen.[162]
3. Besondere Zahlenkonstruktionen existieren / existieren nicht.[163]
4. Der Aorist ist erhalten / aufgegeben.
5. Das Imperfekt ist erhalten / aufgegeben.[164]
6. Der postpositive Artikel existiert / existiert nicht.
7. Der Vokativ ist erhalten / aufgegeben.
8. Der Infinitv existiert / existiert nicht.

Frage	Štokavisch	Torlakisch	Čakavisch	Kajkavisch
1.	-	0	+	+
2.	+	0	-	-
3.	+	+	±	-
4.	+	+	-	-
5.	±	+	-	-

Frage	Štokavisch	Torlakisch	Čakavisch	Kajkavisch
6.	-	+	-	-
7.	+	0	+	-
8.	+	-	+	+

Tabelle

	Štok.	Torlak	Čak.	Kajk.
Štok.		11	8	11
Torlak			15	16
Čak.				3

Rangliste
1. Torlak   42
2. Štokavisch   30
3. Kajkavisch   30
4. Čakavisch   26

Das Torlakische zeichnet sich durch große Abstände zu allen anderen Dialektgruppen aus, da nur fünf der acht Fragen relevant sind. Den geringsten Abstand haben Čakavisch und Kajkavisch.

4.2.6. Zusammenfassung

Alle Daten zusammen genommen ergeben folgende Tabelle und Rangliste:

Tabelle

	Štok.	Torlak	Čak.	Kajk.
Štok.		45	51	60
Torlak			78	72
Čak.				25

Rangliste
1. Torlak   205
2. Štokavisch   157
3. Kajkavisch   156
4. Čakavisch   154

Die Ranglisten für die einzelnen Dialektgruppen:

Štokavisch	Torlakisch	Čakavisch	Kajkavisch
1. Torlak 45	1. Štok. 45	1. Kajk. 25	1. Čak. 25
2. Čak. 51	2. Kajk. 72	2. Štok. 51	2. Štok. 60
3. Kajk. 60	3. Čak. 78	3. Torlak 78	3. Torlak 72

Den insgesamt geringsten Abstand haben Čakavisch und Kajkavisch, sie bilden zu Recht die sog. westliche skr. Gruppe. Das Torlakische hebt sich deutlich von den übrigen Dialektgruppen ab, bedingt hauptsächlich durch die Besonderheiten in der Prosodie und Morphologie. Im Konsonantismus sowie in der Morphonologie bildet es dagegen sogar eine feste Einheit mit dem Štokavischen. Dies drückt sich auch darin aus, dass der Torlak dem Štokavischen näher steht als Čakavisch und Kajkavisch. Aufgrund der Rangliste und dem bisher gesagten scheint es sinnvoll, den skr. Sprachbereich in drei große Areale einzuteilen:[165]

1. Die westliche Gruppe bestehend aus Čakavisch und Kajkavisch. Sie zeichnet sich aus durch ein besonderes Akzentsystem, ein reduziertes Konsonantensystem, bestimmten Phonemverbindungen, die anderswo nicht erlaubt sind sowie dem Schwund gewisser morphologischer Kategorien.
2. Die östliche oder štokavische Gruppe.
3. Die torlakische Gruppe mit dem völligen Schwund der Quantität, der Tonverlaufsgegensätze sowie der Deklinationsendungen.

Die Frage, ob man den Torlak sogar von der skr. Sprache abspalten und etwa dem Bulgarischen zurechnen sollte,[166] erübrigt sich indessen: In der Morphonologie stimmen der Torlak und das Štokavische völlig überein, im Konsonantismus haben sie den geringsten vorkommenden Abstand und diachron betrachtet bieten sich noch einige Vergleiche an, die zeigen, dass der Torlak früher auf jeden Fall eine noch engere Beziehung zur štokavischen Gruppe gehabt haben muss.[167]

Ein Vergleich südwestbulgarischer Mundarten mit den skr. Dialektgruppen ergibt folgende Punktzahlen:[168] 22 zum Torlakischen, 55 zum Kajkavischen, 58 zum Čakavischen und 63 zum Štokavischen. Die Abstände zu Štokavisch, Čakavisch und Kajkavisch liegen in der gleichen Größenordnung wie etwa Štokavisch: Kajkavisch mit 60, der geringe Abstand zum Torlakischen resultiert natürlich zum großen Teil aus den Balkanismen, aber auch aus der Art des südslavischen Dialektkontinuums.[169]

4.3. Die Klassifikation der štokavischen Dialekte[170]

4.3.1. Prosodie

Die Akzentsysteme der štokavischen Dialekte sehen folgendermaßen aus:

ˊ　ˋ ˆ　ˮ －　ˇ	ˆ　ˮ －　ˇ	ˊ ˆ　ˮ －　ˇ	ˊ ˆ　ˮ 　ˇ	ˆ　~ ˮ －　ˇ	ˊ　ˋ ˆ　~　ˮ －　ˇ
Osthercegovina	Zeta-Lovćen	Kosovo-Resava	Istrisch-ikavisch	nördliches	südliches
Šumadija-Vojvodina				Slavonisch	
jüngeres Ikavisch					
Osthercegovina					

Die Distributionstabellen der Akzentsysteme:

Silbe	einzige		erste			innere			letzte	
Osthercegovina	ˆ	ˮ	ˆ ˮ ˊ ˋ		ˇ	ˊ ˋ － ˇ				－ ˇ
Ostbosnien	ˆ	ˮ	ˆ ˮ ˊ ˋ － ˇ			ˆ ˊ ˋ － ˇ			ˆ	－ ˇ
Šumadija-Vojvodina	ˆ	ˮ	ˆ ˮ ˊ ˋ		ˇ	ˊ ˋ － ˇ				－ ˇ
jüngeres Ikavisch	ˆ	ˮ	ˆ ˮ ˊ ˋ		ˇ	ˊ ˋ － ˇ				－ ˇ
Zeta-Lovćen	ˆ	ˮ	ˆ ˮ		－ ˇ	ˆ ˮ － ˇ			ˆ ˮ	－ ˇ

Silbe	einzige	erste	innere	letzte
Kosovo-Resava	^ "	^ " — ∨	^ " ´ — ∨	^ — ∨
Istrisch-Ikavisch	^ "	^ " ´ ∨	^ " ´ ∨	^ " ∨
nördl. Slavonisch	^ "	^ " ~ — ∨	^ " ~ — ∨	^ — ∨
südl. Slavonisch	^ "	^ " ´ ` ~ — ∨	^ " ´ — ∨	^ ~ — ∨

Frageliste

1. Der Akzent kann auf die letzte Silbe fallen / kann nicht auf die letzte Silbe fallen.
2. Der kurzfallende Akzent tritt in der Endsilbe auf / tritt nicht in der Endsilbe auf.
3. Fallende Akzente treten außerhalb der Anfangssilbe auf / treten nur in der Anfangssilbe auf.
4. Metataxis existiert / existiert nicht.
5. Der Akzent ist von der alten Silbe verschoben in allen Positionen / nicht in allen Positionen.
6. Vortonige Längen existieren / existieren nicht.
7. Nachtonige Längen existieren / existieren nicht.
8. Der Tonverlauf ist phonematisch distinktiv / nicht distinktiv.
9. Es existieren zwei / drei Tonverlaufsarten.
10. Tonverlaufsgegensätze in der ersten Silbe existieren / existieren nicht.
11. Tonverlaufsgegensätze in der vorletzten Silbe existieren / existieren nicht.
12. Der langsteigende Akzent ist auf die vorletzte Silbe beschränkt / tritt auch in Anfangs- und Innensilben auf.
13. Ein kurzsteigender Akzent existiert / existiert nicht.
14. Der Neoakut existiert / existiert nicht.
15. Der Kanovacer Akzent existiert / existiert nicht.

Matrix[171]

Frage	Oh	Ob	ŠV	jIk	ZL	KR	IIk	nSl	sSl
1.	-	+	-	-	+	+	+	+	+
2.	0	-	0	0	+	-	+	-	-
3.	-	+	-	-	+	+	+	+	+
4.	-	-	-	-	-	+	-	+	-
5.	+	-	+	+	-	-	-	-	-
6.	-	+	-	-	+	+	-	+	+
7.	+	+	+	+	+	-	-	+	+
8.	+	+	+	+	-	+	+	+	+
9.	+	+	+	+	0	+	+	-	-
10.	+	+	+	+	0	-	+	+	+
11.	-	+	-	-	0	+	+	+	+
12.	-	-	-	-	0	+	-	0	-
13.	+	+	+	+	0	-	-	-	+
14.	-	-	-	-	0	-	-	+	+
15.	-	-	-	-	0	-	+	-	-

Tabelle

	Ob	ŠV	jIk	ZL	KR	IIk	nSl	sSl
Oh	12	0	0	26	22	16	22	16
Ob		12	12	18	10	10	10	4
ŠV			0	26	22	16	22	16
jIk				26	22	16	22	16
ZL					22	20	18	18
KR						12	10	14
IIk							16	14
nSl								6

Rangliste

1. Zeta-Lovćen 174
2. Kosovo-Resava 134
3. nördl. Slavonisch 126
4. Istrisch-Ikavisch 120
5. Osthercegovina 114
6. Šumadija-Vojvodina 114
   jüngeres Ikavisch 114
8. südl. Slavonisch 104
9. Ostbosnien 88

Größte Abstände:			Geringste Abstände:		
1. Oh – ZL	26		1. Oh – ZL	0
1. ŠV – ZL	26		1. Oh – jIk	0
1. jIk – ZL	26		1. ŠV – jIk	0
4. Oh – KR	22		4. Ob – sSl	4
4. ŠV – KR	22		5. nSl – sSl	6
4. jIk – KR	22		6. Ob – KR	10
4. ZL –KR	22		6. Ob – IIk	10
4. Oh – nSl	22		6. Ob – nSl	10
4. ŠV – nSl	22		6. KR – nSl	10
4. jIk – nSl	22			

Der Zeta-Lovćen-Dialekt ist von allen štokavischen Dialekten am exzentrischsten, da er als einziger keine Tonverlaufsgegensätze kennt, sondern nur fallende Akzente; dazu wurde die alte Akzentstelle ausnahmslos beibehalten. Somit gehört er zu den wenigen Dialekten, die den kurzfallenden Akzent auf der Endsilbe zulassen. Ihm am nächsten kommt der Kosovo-Resava-Dialekt, der den langsteigenden Akzent nur auf vorletzter Silbe kennt (Position 1a., 2a.) sowie Metataxis (1., 2.). Nördliches Slavonisch und Istrisch-Ikavisch besitzen Dreiakzentsysteme, in denen es zu verschiedenen Akzentverschiebungen kam, in einer Reihe von Positionen die alte Akzentstelle jedoch erhalten blieb. Die Basis der štokavischen Dialekte sowie der skr. Schriftsprache bilden die Vierakzentsysteme mit vollzogener Akzentverschiebung, in denen fallende Akzente nur in einsilbigen Wörtern oder auf der ersten Silbe, steigende dagegen auf allen Silben außer der Endsilbe in mehrsilbigen Wörtern vorkommen können: Osthercegovina-, Šumadija-Vojvodina-, jüngerer ikavischer Dialekt. Südliches Slavonisch und Ostbosnien (und auch nördliches Slavonisch in vielerlei Hinsicht) stehen sich sehr nahe (Abstand: 4): beide kennen Oxytonese, fallende Akzente auf Innensilben, unvollständige Akzentverschiebung, sowohl vortonige als auch nachtonige Längen, Tonverlaufsgegensätze auch in Innensilben. Nördliches Slavonisch weicht von beiden insofern ab, als es Metataxis kennt, dafür aber keine neuštokavischen steigenden Akzente. Südliches Slavonisch nimmt unter den štokavischen Dialekten eine Sonderstellung ein durch die Existenz von drei Tonverlaufsarten. Schematisch lassen sich die Beziehungen zwischen den einzelnen Dialekten darstellen, indem wir die geringsten Abstände einzeichnen:

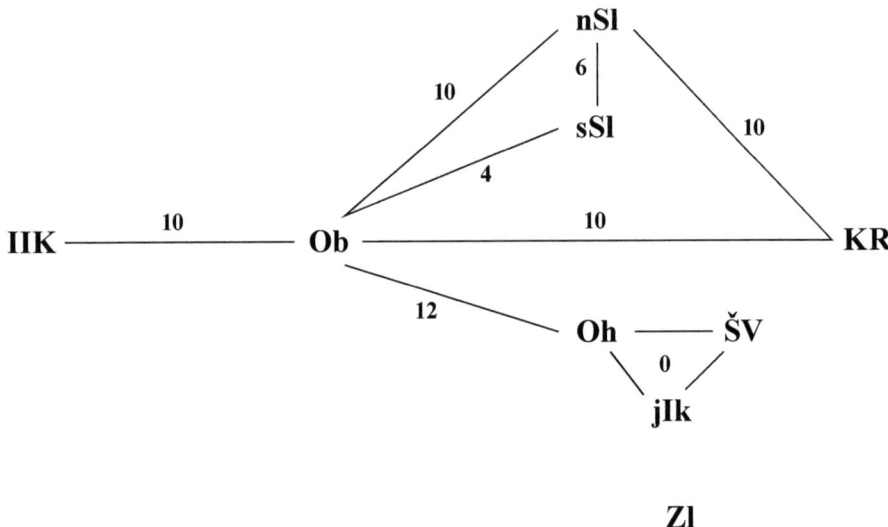

4.3.2. Vokalismus

Die Variationsbreite innerhalb des Vokalsystems ist sehr begrenzt:

Zeta-Lovćen-Dialekt	a	ɛ	e	i	o	u	ṛ
alle übrigen Dialekte	a		e	i	o	u	ṛ

Während demnach alle übrigen Dialekte 2 Punkte bekommen, hat der Zeta-Lovćen-Dialekt 16.

Wenn wir wie Brozović den ‚jat'-Reflex in den ijekavischen Mundarten als Phonem betrachten, ergibt sich folgende Rangliste: 1. ZL 28, 2. Oh, Ob beide 14, alle übrigen 8.

4.3.3. Konsonantismus

Die Konsonantensysteme lauten:

Osthercegovina	p	t		k	b	d		g		s	š	ś		v	z
Ostbosnien	p	t		k	b	d		g		s	š	ś		v	z
Šumadija-Vojvodina	p	t		k	b	d		g		s	š			v	z
jüngeres Ikavisch	p	t		k	b	d		g		s	š			v	z
Zeta-Lovćen	p	t		k	b	d		g	f	s	š	ś		v	z
Kosovo-Resava	p	t		k	b	d		g		s	š			v	z
Istrisch-Ikavisch	p	t	tʻ	k	b	d	dʻ	g	f	s	š		x	v	z
nördl. Slavonisch	p	t		k	b	d		g	f	s	š			v	z
südl. Slavonisch	p	t		k	b	d		g	f	s	š			v	z

Osthercegovina	ž	ź	c	č	ć		dž	đ	m	n	ń	l	ļ	r	j
Ostbosnien	ž	ź	c	č	ć		dž	đ	m	n	ń	l	ļ	r	j
Šumadija-Vojvodina	ž		c	č	ć		dž	đ	m	n	ń	l	ļ	r	j
jüngeres Ikavisch	ž		c	č	ć		dž	đ	m	n	ń	l	ļ	r	j
Zeta-Lovćen	ž	ź	c	č	ć		dž	đ	m	n	ń	l	ļ	r	j
Kosovo-Resava	ž		c	č	ć	dz	dž	đ	m	n	ń	l	ļ	r	j
Istrisch-Ikavisch	ž		c	č					m	n	ń	l	ļ	r	j
nördl. Slavonisch	ž		c	č	ć		dž	đ	m	n	ń	l	ļ	r	j
südl. Slavonisch	ž		c	č	ć		dž	đ	m	n	ń	l	ļ	r	j

Frageliste

1. Palatalisierte /t', d'/ existieren / existieren nicht.
2. Das Phonem /f/ existiert / existiert nicht.
3. Das Phonem /x/ existiert / existiert nicht.
4. Palatalisierte /ś, ź/ existieren / existieren nicht.
5. Das Phonem /dz/ existiert / existiert nicht.
6. Die Phoneme /ć, đ/ existieren / existieren nicht.

Matrix

Frage	Oh	Ob	ŠV	jIk	ZL	KR	IIk	nSl	sSl
1.	-	-	-	-	-	-	+	-	-
2.	-	-	-	-	+	-	+	+	+
3.	-	-	-	-	-	-	+	-	-
4.	+	+	-	-	+	-	-	-	-
5.	-	-	-	-	-	+	-	-	-
6.	+	+	+	+	+	+	-	+	+

	Ob	ŠV	jIk	ZL	KR	IIk	nSl	sSl
Oh	0	2	2	2	4	10	4	4
Ob		2	2	2	4	10	4	4
ŠV			0	4	2	8	2	2
jIk				4	2	8	2	2
ZL					6	8	2	2
KR						10	4	4
IIk							6	6
nSl								0

Istrisch-Ikavisch ist mit Abstand der exzentrischste Dialekt der štokavischen Gruppe im Konsonantismus. Als einziger kennt er sowohl /x/ als auch /f/ sowie die palatalisierten /t', d'/. Genau wie das Čakavische besitzt er an Affrikaten nur /c ,č/, nicht aber /ć, đ, dž/ wie alle übrigen štokavischen Dialekte. Der Kosovo-Resava-Dialekt hat deswegen eine hohe Punktzahl, weil er als einziger Dialekt das Phonem /dz/ besitzt. Der Šumadija-Vojvodina-Dialekt sowie das jüngere Ikavisch erreichen die niedrigsten Punktzahlen, da sie keines der dialektdifferenzierenden Phoneme /t', d', f, x, ś, ź, dz/ besitzen; sie sind gewissermaßen negativ definiert. Der Osthercegovina-, Ostbosnien- und Zeta-Lovćen-Dialekt besitzen durch den jekavischen Reflex die Phoneme /ś, ź/, letzterer ebenso wie beide slavonischen Dialekte das Phonem /f/.

Die graphische Darstellung der gezeigten Tatbestände sieht folgendermaßen aus:

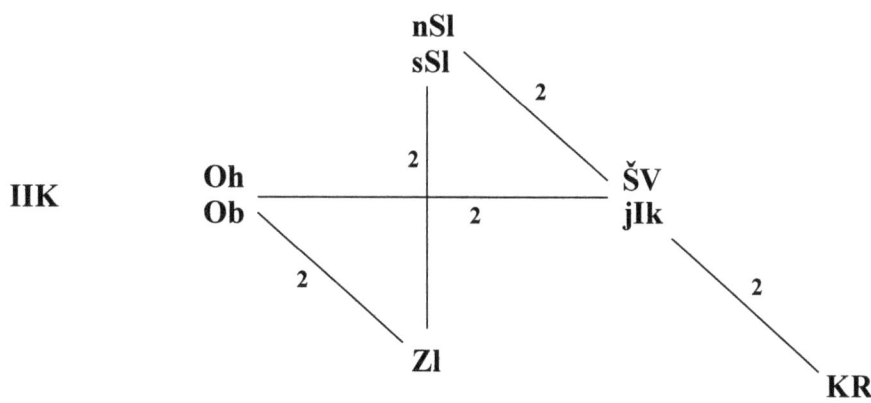

4.3.4. Morphonologie

<u>Frageliste</u>

1. Die Konsonantengruppe /št/ existiert / existiert nicht
2. Die Konsonantengruppe /žd/ existiert / existiert nicht.
3. Die Gruppe /C + j/ existiert / existiert nicht.[172]
4. Die Gruppe /jd/ existiert / existiert nicht.
5. Die Gruppe /jt/ existiert / existiert nicht.
6. Die anlautende Gruppe /čr-/ existiert / existiert nicht.[173]
7. Die morphologische Alternation /K:C/ existiert / existiert nicht.[174]

<u>Matrix</u>

Frage	Oh	Ob	ŠV	jlk	ZL	KR	llk	nSl	sSl
1.	+	-	+	+	+	+	+	-	-
2.	+	-	+	+	+	+	+	-	-
3.	-	±	-	+	-	±	+	±	±
4.	-	+	-	-	-	-	+	+	+
5.	-	+	-	-	-	-	+	+	+
6.	-	-	-	-	-	-	+	±	±
7.	+	+	+	-	+	±	-	±	±

Tabelle

	Ob	ŠV	jIk	ZL	KR	IIk	nSl	sSl
Oh	9	0	4	0	2	10	11	11
Ob		9	11	9	8	11	4	4
ŠV			4	0	2	10	11	11
jIk				4	1	7	11	11
ZL					2	10	11	11
KR						8	9	9
IIk							7	7
nSl								0

Rangliste
1. Istrisch-Ikavisch   70
2. Ostbosnien   65
3. nördl. Slavonisch   64
3. südl. Slavonisch   64
5. jüngeres Ikavisch   53
6. Osthercegovina   47
6. Šumadija-Vojvodina   47
6. Zeta-Lovćen   47
9. Kosovo-Resava   41

Istrisch-Ikavisch ist in der Morphonologie der exzentrischste Dialekt, weil einerseits viele alte Lautwandlungen nicht vollzogen wurden, so dass eine Reihe von Konsonantengruppen erlaubt sind, die im größten Teil des skr. Sprachgebietes nicht vorkommen: /C + j; jd; jt; čr-/. Andererseits fehlt die sonst im štokavischen Raum bekannte Alternation /K:C/. Die sog. šćakavischen Dialekte erreichen ebenfalls hohe Punktzahlen, während die übrigen Dialekte relativ ausgeglichen sind.

Graphisch kann das folgendermaßen sichtbar gemacht werden:

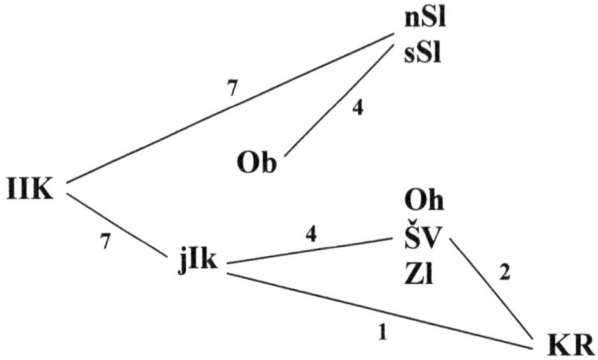

4.3.5. Morphologie

Frageliste
1. Die Pluraldeklination ist alt / jung.[175]
2. Es existieren im Plural vier / mehr als vier Kasusformen.[176]
3. Im Plural sind Dativ und Instrumental (und Lokativ) ausgeglichen / nicht ausgeglichen.
4. Im Plural sind Genitiv und Lokativ ausgeglichen / nicht ausgeglichen.
5. Im Plural sind Nominativ und Akkusativ (und Vokativ) ausgeglichen / nicht ausgeglichen.[177]
6. Die Eigennamen vom Typ „Đuro" haben im Genitiv die Form „Đurē"/„Đura".[178]
7. Das Imperfekt ist bekannt / nicht bekannt.
8. Der Aorist ist bekannt / nicht bekannt.[179]
9. Der Akkusativ wird für die Bezeichnung des Ortes verwendet / wird nur für die Bezeichnung der Richtung verwendet.

Matrix

Frage	Oh	Ob	ŠV	jIk	ZL	KR	IIk	nSl	sSl
1.	-	±	±	-	±	-	+	+	+
2.	+	±	+	+	+	+	-	+	±
3.	+	+	+	+	+	+	-	+	+
4.	-	-	-	-	+	+	-	+	+
5.	-	-	-	-	-	-	+	-	-
6.	-	-	-	+	-	+	+	+	+
7.	+	-	-	-	+	+	-	-	-
8.	+	+	+	+	+	+	-	±	±
9.	-	-	-	-	+	+	-	-	-

Tabelle

	Ob	ŠV	jIk	ZL	KR	IIk	nSl	sSl
Oh	4	3	4	5	6	14	9	10
Ob		1	4	7	10	10	7	6
ŠV			3	6	9	11	6	7
jIk				9	6	10	5	6
ZL					3	17	8	9
KR						16	7	8
IIk							9	8
nSl								1

<u>Rangliste</u>

1. Istrisch-Ikavisch 95
2. Kosovo-Resava 65
3. Zeta-Lovćen 64
4. Osthercegovina 55
4. südl. Slavonisch 55
6. nördl. Slavonisch 52
7. Ostbosnien 49
8. jüngeres Ikavisch 47
9. Šumadija-Vojvodina 46

Wie schon beim Konsonantismus und der Morphonologie zeigt sich Istrisch-Ikavisch auch in der Morphologie als der exzentrischste štokavische Dialekt: der Aorist ist unbekannt; das Imperfekt ebenso; der Akkusativ ist mit dem Nominativ ausgeglichen. Kosovo-Resava- und Zeta-Lovćen-Dialekt erreichen hohe Punktzahlen, weil beide das Imperfekt kennen sowie den Genitiv und Lokativ ausgeglichen haben. Die übrigen Dialekte unterscheiden sich durch nur geringe Abstände.

Die graphische Darstellung des Sachverhaltes:

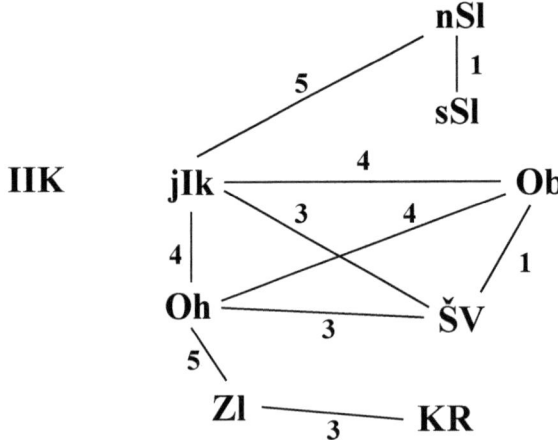

4.3.6. Zusammenfassung

Zusammengenommen ergeben die Werte für die Teilbereiche folgende Tabelle:

	Ob	ŠV	jIk	ZL	KR	IIk	nSl	sSl
Oh	25	5	10	35	34	50	46	41
Ob		24	29	38	32	41	25	18
ŠV			7	38	35	45	41	36
jIk				45	31	41	40	35
ZL					35	57	41	42
KR						46	30	35
IIk							38	35
nSl								7

Rangliste
1. Istrisch-Ikavisch   353
2. Zeta-Lovćen   329
3. Kosovo-Resava   276
4. nördl. Slavonisch   268
5. südl. Slavonisch   249
6. Osthercegovina   244
7. jüngeres Ikavisch   236
8. Ostbosnien   232
9. Šumadija-Vojvodina   229

Größte Abstände:			Geringste Abstände:		
1.	ZL – IIk	57	1.	Oh – ŠV	5
2.	Oh – IIk	50	2.	ŠV – jIk	7
3.	Oh – nSl	46	3.	nSl – sSl	7
4.	KR – IIk	46	4.	Oh – jIk	10
5.	jIk – ZL	45	5.	Ob – sSl	18
6.	ŠV – IIk	45	6.	Ob – ŠV	24
7.	ZL – sSl	42	7.	Oh – Ob	25
8.	Ob – IIk	41	8.	Ob – nSl	25
9.	jIk – IIk	41	9.	Ob – jIk	29
10.	ŠV – nSl	41	10.	KR – nSl	30
11.	ZL – nSl	41	11.	jIk – KR	31
12.	Oh – sSl	41	12.	Ob – KR	32

Die Ranglisten für die einzelnen Dialekte lauten:

Oh	Ob	ŠV	jIk	ZL	KR
1. ŠV 5	1. sSL 18	1. Oh 5	1. ŠV 7	1. Oh 35	1. Ob 32
2. jIk 10	2. ŠV 24	2. jIk 7	2. Oh 10	2. KR 35	2. nSl 30
3. Ob 25	3. Oh 25	3. Ob 24	3. Ob 29	3. Ob 38	3. jIk 31
4. KR 34	4. nSl 25	4. KR 35	4. KR 31	4. ŠV 38	4. Oh 34
5. ZL 35	5. jIk 29	5. sSl 36	5. sSl 35	5. nSl 41	5. ŠV 35
6. sSl 41	6. KR 32	6. ZL 38	6. nSl 40	6. sSl 42	6. sSl 35
7. nSl 46	7. ZL 38	7. nSl 41	7. IIk 41	7. jIk 45	7. ZL 35
8. IIk 50	8. IIk 41	8. IIk 45	8. ZL 45	8. IIk 57	8. IIk 46

IIk	nSl	sSl
1. sSL 35	1. sSL 7	1. nSl 7
2. nSl 38	2. Ob 25	2. Ob 18
3. Ob 41	3. KR 30	3. jIk 35
4. jIk 41	4. IIk 38	4. KR 35
5. ŠV 45	5. jIk 40	5. IIk 35
6. KR 46	6. ŠV 41	6. ŠV 36
7. Oh 50	7. ZL 41	7. Oh 41
8. ZL 57	8. Oh 46	8. ZL 42

Graphische Darstellung:

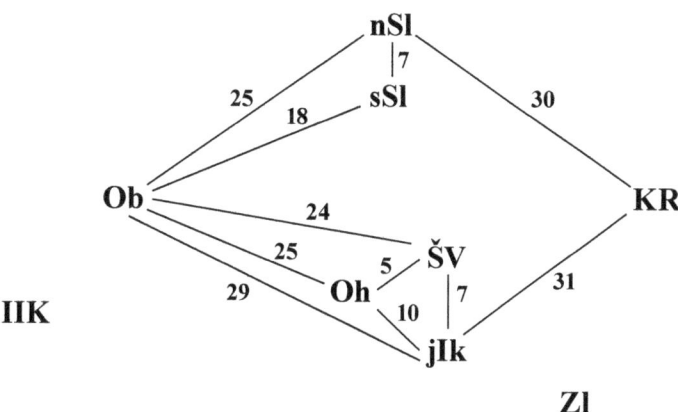

Aus den angeführten Tabellen und Ranglisten ergeben sich einige Schlussfolgerungen für die strukturelle Klassifikation der štokavischen Dialekte:

1) Istrisch-Ikavisch ist mit Abstand der exzentrischste Dialekt. Besonders in den Bereichen Konsonantismus und Morphologie weicht er stark vom štokavischen Standard ab, weniger stark in der Morphonologie, während Prosodie und Vokalismus mit den übrigen Dialekten übereinstimmen. Wohl aus diesem Grunde hat Ivić 1956/58 diesen Dialekt zur štokavischen Gruppe gezählt, denn seine wichtigsten Klassifikationskriterien waren Akzentologie und ‚jat'-Reflex.[180] In der Tat zeigt der istrisch-ikavische Dialekt ein Akzentsystem neuštokavischer Art: die Akzentverschiebung ist beispielsweise weiter fortgeschritten als im Kosovo-Resava- oder im slavonischen Dialekt. Im Konsonantismus und zum Teil auch in der Morphonologie jedoch kommt die große Ähnlichkeit mit der čakavischen Dialektgruppe zum Ausdruck, ebenso in der Morphologie: Istrisch-Ikavisch ist der einzige štokavische Dialekt, der weder Imperfekt noch Aorist kennt. Da die istrisch-ikavische Zone obendrein eine štokavische Oase in čakavischer Umgebung ist, ist es nicht verwunderlich, wenn Brozović vorschlägt, ihn zur čakavischen Gruppe zu rechnen.[181] In der graphischen Darstellung steht dieser Dialekt völlig isoliert da, der geringste Abstand besteht zum südlichen Slavonisch mit 35 Punkten, der größte zum Zeta-Lovćen-Dialekt mit 57.

2) Der Zeta-Lovćen-Dialekt ist in der Prosodie und im Vokalismus mit Abstand am exzentrischsten und steht in Opposition zu allen übrigen štokavischen Dialekten:

es gab keine Akzentverschiebung, so dass die alte Akzentstelle in allen Fällen bewahrt wurde; die Entwicklung der Halbvokale bedingte ein viereckiges Vokalsystem. In den Bereichen Konsonantismus, Morphonologie und Morphologie sind keine Abweichungen zu verzeichnen. Auch hier beträgt der geringste Abstand 35 Punkte zum Osthercegovina-Dialekt, der größte 57 zum Istrisch-Ikavischen. In der graphischen Darstellung ist der Zeta-Lovćen-Dialekt ebenfalls isoliert.

3) Der Kosovo-Resava-Dialekt ist in Prosodie, Konsonantismus und Morphologie jeweils der zweitexzentrischste Dialekt: die Akzentverschiebung ist nur ansatzweise durchgeführt; es sind vortonige Längen erhalten; das Phonem /dz/ ist bekannt; Imperfekt und Aorist sind bekannt. Nach Ivić gehört er zusammen mit dem Zeta-Lovćen- und dem istrisch-ikavischen Dialekt zur Gruppe mit älterer Akzentuierung.[182] Interessant ist, dass die Dialekte dieser Gruppe untereinander kaum eine Beziehung struktureller Art besitzen, die Abstände liegen alle über 35. Der geringste Abstand besteht zum nördlichen Slavonisch mit 30, der größte Abstand zum Istrisch-Ikavischen mit 46 Punkten.

4) Die Aufteilung des slavonischen Dialektes in eine nördliche und eine südliche Zone ist nur berechtigt, wenn man das prosodische System zur alleinigen Klassifikationsbasis macht: die nördliche Zone besitzt ein Dreiakzentsystem, wobei der Neoakut nicht auf der letzten oder einzigen Silbe stehen kann und Akzentverschiebungen im Geiste der Metataxis vollzogen wurden; die südliche Zone besitzt ein Fünfakzentsystem mit kurz- und langsteigendem Akzent, die bestimmten Restriktionen unterworfen sind. Der Neoakut kann sowohl auf der letzten als auch einzigen Silbe stehen. In den übrigen Bereichen sind nur minimale Unterschiede zu verzeichnen, so dass wir besser von einem Dialekt sprechen, wie dies auch Ivić 1958 sowie Brozović tun.[183] Die geringsten Abstände bestehen zum Ostbosnien-Dialekt (18 bzw. 25), die größten zum Osthercegovina- (46, 41) bzw. zum Zeta-Lovćen-Dialekt (41, 42).

5) Die Aufteilung des Osthercegovina-Dialektes in zwei Dialekte – Osthercegovina und Ostbosnien – erweist sich dagegen im Rahmen unseres Verfahrens als sinnvoll: der Abstand zwischen beiden beträgt 25 Punkte und ist damit größer als zwischen dem Ostbosnien-Dialekt und dem Šumadija-Vojvodina- sowie dem südlichen slavonischen Dialekt mit 24 bzw. 18 Punkten. Besonders in der Prosodie und Morphonologie wird die enge Beziehung des Ostbosnien-Dialekts mit

dem Slavonischen sichtbar, denn hier handelt es sich um jene Zone, die Popo-vić als fünfte Dialektgruppe der skr. Sprache, nämlich als šćakavische Dialekt-gruppe betrachtet.[184] Die Unterschiede zum Osthercegovina-Dialekt betreffen in erster Linie das prosodische System, in geringerem Maße Morphonologie und Morphologie. Der geringste Abstand besteht zum südlichen Slavonisch (18), der größte zum Istrisch-Ikavischen (41).

6) Den Šumadija-Vojvodina-, den jüngeren ikavischen und den Osthercegovina-Dialekt können wir unter dem Begriff der „neuštokavischen Dialektgruppe" [185] zusammenfassen: alle drei besitzen ein junges Akzentsystem sowie ein junges Deklinationssystem wie die skr. Schriftsprache. Die Abstände zwischen ihnen sind nicht größer als 10 Punkte, die Unterschiede betreffen die neueste Jotierung sowie morphonologische und morphologische Kategorien. Die größten Abstände bestehen zum Istrisch-Ikavischen, Zeta-Lovćen-Dialekt und Slavonischen.

7) Es fällt weiter auf, dass die strukturellen Beziehungen innerhalb der ekavi-schen, jekavischen und ikavischen Dialektuntergruppen sehr schwach ausge-prägt sind:

Ekavisch			Jekavisch			Ikavisch		
ŠV	– KR	35	Oh	– Ob	25	jIk	– IIk	41
ŠV	– nSl	41	Oh	– ZL	41			
KR	– nSl	30	Oh	– sSl	41			
			Ob	– sSl	18			
			Ob	– ZL	38			
			ZL	– sSl	42			

Der einzige Abstand, den man als niedrig bezeichnen kann, betrifft einen Sach-verhalt, der nicht einmal allgemein anerkannt ist: den Status der Ostbosnien-Zone. Offensichlich sind die Dialektuntergruppen Ekavisch, Jekavisch und Ikavisch in sehr großem Maße intuitive Einheiten allein auf der Basis des ‚jat'-Reflexes. Homogener sowohl in diachronem als auch in synchronem Sinne sind dagegen die „neuštokavische" sowie die „ostbosnisch-slavonische" Dialektuntergruppe:

Neuštokavisch			Ostbosnisch-Slavonisch		
Oh	– ŠV	5	Ob	– nSl	25
Oh	– jIk	10	Ob	– sSl	18
ŠV	– jIk	7	nSl	– sSl	7

Zeta-Lovćen, Kosovo-Resava- und istrisch-ikavischer Dialekt sind jeweils nur auf der Grundlage des ‚jat'-Reflexes in engere Beziehung zu den anderen Dialekten zu bringen, d.h. auf Grund einer einzigen Isoglosse.

Nachdem wir nun den istrisch-ikavischen Dialekt der čakavischen Dialektgruppe zuweisen sowie beide slavonischen Zonen zu einem Dialekt vereinigen, können wir die Klassifikation der štokavischen Dialekte auf folgende Weise graphisch darstellen:[186]

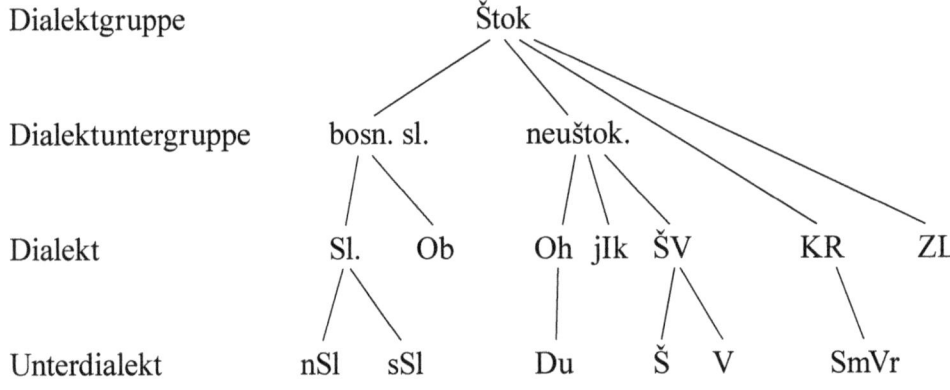

82

Anmerkungen

1 Ein Beispiel für die bisher sehr vernachlässigte diachron-strukturelle Methode ist der Aufsatz von P. Garde: Réflexions sur les différences phonétiques entre les langues slaves, Word 17, S.34-62,1961. Die synchron-strukturelle Methode wird in der Dialektologie in großem Maße angewandt seit den grundlegenden Arbeiten von Trubetzkoy: Phonologie und Sprachgeographie, TCLP 4, S.228-234; Weinreich: Is a structural dialectology possible?, Linguistics Today, 1954, S.268-280; u.a.

2 P. Ivić, Osnovni aspekti strukture dijalekatske diferencijacije, Makedonski jazik 11/12, S.81-103, 1960/61. Wir zitieren im Folgenden nach der deutschen Übersetzung in ZDL 16, Grundlegende Aspekte der Struktur der Dialektdiffe-renzierung, S.127-151. Das Zitat stammt von S.127.

3 a.a.O., S.136, Fußnote 8.

4 a.a.O., S.136.

5 Als wichtigste seien hier genannt: von M. Rešetar: Die serbokroatische Beto-nung südwestlicher Mundarten, Wien 1900; Der štokavische Dialekt, Wien 1907; von A.Belić: Dijalekti istočne i južne Srbije, Beograd 1905; Dialektologičeskaja karta serbskogo jazyka, St.Petersburg 1905; O srpskim ili hrvatskim dijalektima, Beograd 1908; Zamětki po čakavskim govoram, St.Petersburg 1909; Akcenatske studije, Beograd 1914.

6 M.Rešetar, Zur Frage über die Gruppierung der serbokroatischen Dialekte, AslPh 30, S.597; A.Belić, Dialektologičeskaja karta..., S.7.

7 Vgl. zu den Termini die angegebenen Arbeiten Rešetars.

8 A.Belić, Štokavski dijalekat, in: NESHS 4, S.1064-1077.

9 M.Stevanović, Štokavski dijalekat, in: Enciklopedija Jugoslavije 4, S.501-508, Zagreb 1960.

10 I.Popović, Geschichte der serbokroatischen Sprache, Wiesbaden 1960.

11 P. Ivić, Dijalektologija srpskohrvatskog jezika. Uvod i štokavsko narječje. Novi Sad 1956; dergl., Die serbokroatischen Dialekte. Ihre Struktur und Entwicklung. Bd.1: Allgemeines und die štokavische Dialektgruppe. s'Gravenhage 1958 (im Folgenden kurz mit „Die skr. Dialekte" bezeichnet).

12 D. Brozović, O strukturalnim i genetskim kriterijima u klasifikaciji hrvatskosrpskih dijalekata, ZbFL III, S.77

13 M. Moguš, Čakavsko narječje. Fonologija, S.3.

14 A. Peco, Pregled srpskohrvatskih dijalekata, Beograd 1978.

15 D. Brozović, a.a.O., S.74.

16 Z.B.*t', *d' zu ć, đ (k', g' / č, dž); ursl. ǫ zu u; Ausgleichung der Halbvokale; vь- zu u-; usw.

17 Freilich muss man wissen, welche Kriterien für Brozović am wichtigsten sind: traditionell der Reflex des ‚jat' und die Akzentuierung (seiner Meinung nach sind beide struktureller Art !) sowie das genetische Kriterium des *st' / sk' – Reflexes. Dazu S.76/77.

18 Vgl. hierzu den Aufsatz von P. Ivić: Fonološki aspekti genetičkog odnosa izmedju štokavske, čakavske i kajkavske dijalekatske grupe, Orbis scriptus S.375-384, München 1966

19 P. Ivić, Die skr. Dialekte, S.88.

20 Über die phonologische Behandlung des ‚jat' siehe weiter unten.

21 Dieser Aspekt der Dialektologie ist bisher stark vernachlässigt worden. P. Garde sagt darüber:"Mais chaque différence distinctive est une source de difficultés: difficulté pour parler la langue qui a maintenu la distinction, difficulté pour comprendre celle qui a créé l'homonymie. Accumulées, ces difficultés finissent par empêcher complètement l'intercompréhension." A.a.O., S.388.

22 Selbst bei der konkreten Beschreibung einer Lokalmundart müssen wir die komplexe vollständige Grammatik mit allen denkbaren Variationen auf der 'parole'-Ebene reduzieren auf eine durchsichtige funktionelle Beschreibung der wichtigsten Systeme auf der 'langue'-Ebene. Der folgende Schritt bereits – die Beschreibung einer Mundartengruppe bestehend aus zwei Lokalmundarten – verlangt einen ungleich höheren Abstraktionsgrad, als man gemeinhin vermutet.

23 P. Ivić, Die skr. Dialekte, S.96-99.

24 ebda., S.88.

24a P. Ivić, Die skr. Dialekte, S.87.

25 Die meisten der sog. genetischen Kriterien, insbesondere die historischen Lautwandlungen, lassen sich als Merkmale der morphonologischen Silbenstruktur durchaus strukturell fassen, beispielsweise sind in der štok. Dialektgruppe die Konsonantenfolgen čr-, jt, jd nicht möglich, in der čakavischen dagegen wohl.

26 A. Peco, Pregled S.14. Leider lässt Peco's Arbeit insgesamt sehr viele Fragen offen und muss als ein Rückschritt auf dem Gebiet der skr. Dialektologie betrachtet werden. Siehe dazu auch die Kritik von D. Petrović, ZbFL XXII/1, S.222-235.

27 A. Peco, a. a. O., S.141 (čakavski dijalekat) und S.171 (kajkavski dijalekat). Von den für die kajkavische Dialektgruppe angegebenen Merkmalen (nach Šojat, Položaj turopoljskih govora u hrvatskoj kajkavštini, ZbFL X, S.147-148) kommen die meisten nicht ausschließlich auf kajkavischem Gebiet vor (offene/geschlossene Vokalallophone; erhaltenes čr-; Dreiakzentsystem mit Akut; Schwund des Aorist usw.). Ähnlich verhält es sich mit den čakavischen Merkmalen.

28 Gemeint ist hier die Klassifikation in I. Popović' „Geschichte der skr. Sprache", Wiesbaden 1960, S.445-453. Zur Kritik daran vgl. die Ausführungen von B. Panzer: Zur Klassifikation der südslavischen Dialekte, Slavist. Studien zum VII. Int. Slavistenkongress, S.419-432, München 1973.

29 D. Brozović, O strukturalnim i genetskim kriterijima u klasifikaciji hrvatskosrpskih dijalekata, ZbFL III, S.76-77.

30 In verschiedenen Arbeiten, z.B.: Zur Frage über die Gruppierung..., S.621.

31 Z.B. in Srpskohrvatski jezik. I. Fonetika, Beograd o.J.

32 A.Peco, Osnovi akcentologije srpskohrvatskog jezika, Beograd 1970, S.130-180; dergl., Pregled, Beograd 1978.

33 Wenn wir dennoch von den einzelnen konkreten Dialekteinheiten als „štok. Dialektgruppe", „Šumadija-Vojvodina-Dialekt" oder „Mačvanski govor" reden können, so deshalb, weil die arealen Dialekt- und Mundarttypen meist intuitiv als Einheiten erkannt werden. Schwierigkeiten bereitet in der Hauptsache die theoretisch abstrakte Beschreibung dieser realen sprachlichen Gebilde.

34 Auf derartige Begriffe („mešavina", „prelazni govorni tip", Peco) stoßen wir bei so gut wie allen skr. Dialektologen, angefangen mit Belić, Rešetar, Hamm bis auf den heutigen Tag bei Ivić, Peco, ohne dass eindeutig geklärt wäre, was exakt damit gemeint ist.

35 M. Moguš, Čakavsko narječje, Zagreb 1977, S.6, 22; K.E.Naylor, A morphological classification of South Slavic dialects, Amer.Contr. to the 7th Int.Congr. of Slavists, The Hague 1973, S. 277.

36 Vgl. P.Ivić, Die skr.Dialekte, S.285-306.

37 P.Ivić, Die skr.Dialekte, S.131.

38 Vgl. P.Ivić, a.a.O., S.112, 115, 120.

39 Schon 1961 schrieb P.Ivić in seinem Aufsatz: The functional yield of prosodic features in the patterns of Serbocroatian dialects, Word 17, S.293:"As far as we know to date, there are about 150 structurally different types of prosodic patterns in various Serbocroatian dialects."

40 Zur Benennung der einzelnen Dialekte vgl. das folgende Kapitel: 2.3.3. Die štokavischen Dialekte. Im übrigen werden wir uns weitgehend an Ivić' Benennung in „Die skr. Dialekte" halten.

41 Vgl. P. Ivić, a. a. O., S.202-206 (Zeta-Lovćen), 226-232 (Kosovo-Resava).

42 A. a. O., S.113, 207.

43 1a = offene Endsilbe und 2a = geschlossene Endsilbe bei vorhergehender phonologischer Länge. Vgl. Ivić, a. a. O., S.105.

44 Dies wurde intuitiv schon immer erkannt, sonst bräuchte man ja außer akzentologischen keine weiteren Merkmale anzuführen.

45 P. Ivić, a. a. O., S.136.

46 A. a. O., S.151f.

47 Nach den Angaben bei Ivić, a. a. O., S.204 (Vasojevići), 226-232 (Kosovo-Resava), 250 (Rovinj).

48 Freilich gehört gerade Kreševo zu jenem ostbosnischen Areal, welches man wegen noch einiger anderer Besonderheiten als einen gesonderten Dialekt, mindestens aber als Unterdialekt werten sollte . Ivić (Die skr. Dialekte, S.151) sondert dieses Areal als „ursprüngliche Mundarten Ostbosniens" im Range eines Unterdialektes ab. Dann kann man darüber diskutieren, ob die Divergenzen zwischen Osthercegovina und Ostbosnien dies zulassen. Peco (Pregled S.96, „Ijekavskošćakavski govorni tip") und Ivić (Srpski narod i njegov jezik, Karte, „Ostaci istočnobosanskog govora") behandelt diesen Teil des Osthercegovina-Dialektes als eigenen Dialekt bzw. auf Dialekt-Ebene.

49 M. Moguš, Za novu akcenatsku klasifikaciju u dijalektima, ZbFL X, S.130.

50 B. Panzer, Zur Klassifizierung der südslavischen Dialekte, Slavist. Studien zum VII. Int. Slavistenkongress, München 1973, S.419-432, bes. 428ff.

51 K. E. Naylor, The classification of Serbo-Croatian dialects, SEEJ 10, S.453-457.

52 Dergl., A morphological classification of South Slavic dialects, Americ. Contr. to the 7th Int. Congr. of Slavists, The Hague 1973, S.275-283.

53 Vgl. im Folgenden P. Ivić, Die skr. Dialekte, S.96-99.

54 P. Ivić, a.a.O., S.99.

55 A.a.O., S.99.

56 A.a.O., S.100.
57 A. Peco, Pregled S.14.

58 I. Popović, Geschichte der skr. Sprache, S.445.

59 Die Erforschung der Lexik in den einzelnen Dialekten und Dialektgruppen ist eines der schwierigsten Unternehmen und nur durch großen organisatorischen Aufwand möglich. Vgl. die Ausführungen B. Finka's: O našim jezičnim atlasima i dijalektološkim istraživanjima, Jezik XVII, S.108-112.

60 A. Šojat, Položaj turopoljskih govora u hrvatskoj kajkavštini, ZbFL X, S.147-148.

61 W. Jakoby, Untersuchungen zur Phonologie und Prosodie einer kajkavischen Mundart, S.14-22.

62 A. Belić, Kajkavski dijalekat, NESHS 2, S.224/225; M. Hraste, Kajkavski dijalekat, Encikl. Jugoslavije 4, S.510; I. Popović, Geschichte der skr. Sprache, S.451/452.

63 F. Ramovš, Slovenački jezik, NESHS 4, S.194.

64 P. Ivić, Fonološki aspekt genetičkog odnosa izmedju štokavske, čakavske i kajkavske dijalekatske grupe, S.383.

65 Vgl. A. Peco, Pregled S.141/142.

66 A. Peco, Pregled S.142.

67 M. Hraste, Čakavski dijalekat, Enciklopedija Jugoslavije 4, S.506-508; dergl., Govori jugozapadne Istre, HDZb 2, S.5-27; I. Popović, Geschichte der skr. Sprache, S.450/451.

68 P. Ivić, O klasifikaciji srpskohrvatskih dijalekata, Književnost i jezik 1, S.31.

69 Ausführlicher auf die Argumente Ivić' geht Moguš ein in: Čakavsko narječje, S.17-19. Interessant ist, dass Ivić 1966 in seinem Aufsatz: Fonološki aspekt genetičkog odnosa izmedju štokavske, čakavske i kajkavske dijalekatske grupe (Orbis scriptus, S.375-384), offensichtlich alle Einwände fallen gelassen hat und die čakavische Dialektgruppe auch genetisch gleichberechtigt mit den beiden anderen Dialektgruppen auf eine Stufe stellt. Trotzdem bleibt er widersprüchlich, wenn er einerseits behauptet, „da su najbrojnije razlike izmedju osnovnih sistema one koje odvajaju kajkavštinu istovremeno od štokavštine i čakavštine", andererseits aber auch:"Utisak sličnosti izmedju čakavštine i kajkavštine koji se često stiče zasnovan je pretežno na kasnijem razvoju, u prvom redu na nepoznavanju velikih štokavskih inovacija" (S.382). Aus den beiden von Ivić zitierten Äußerungen geht nämlich deutlich hervor, dass die čakavische Dialektgruppe eine eigene spezifische Entwicklung durchgemacht hat.

70 Auch bekannt unter folgenden Bezeichnungen: Šopluk, Prizrensko-timočka zona, altserbischer Dialekt, Balkan-Štokavisch.

71 I. Popović, Geschichte der skr. Sprache, S.242.

72 Vgl. I. Popović, a. a. O., S.244-245.

73 I. Popović, a. a. O., S.254-255.

74 a. a. O., S.252-254.

75 A. Belić, Dialektologičeskaja karta, S.20; dergl., Dijalekti istočne i južne Srbije, S.4.

76 A. Peco, Pregled S.17-24.

77 P. Ivić, Die skr. Dialekte, S. 54.

78 I. Popović, Geschichte der skr. Sprache, S. 357-363, 373-376, 386-388, 448-450.

79 P. Ivić, Dijalektologija srpskohrvatskog jezika, Novi Sad 1956.

80 Die übrigen von Popović genannten Sprachzüge „kajkavischer oder evtl. pseudokajkavischer Herkunft" (a. a. O., S. 374f.: in einigen Fällen e für ь; o > a in einigen Bspl.; längere Aussprache des kurzfallenden Akzentes; -ŕ- > -rj-; ļ > l; u- > vu-; Komparativ auf –eji / nach č, ž, š auf –ji; die Endung –ōvā im Gen. pl. der Neutra; der partielle Ersatz des Vokativs durch den Nominativ; die Endung –iju, -eju in der 3. pl. Präs.; das -z-Infix in gewissen Verben; Wortschatz- und Ortsnamenelemente) beschränken sich auf den größeren Teil der ersten beiden Zonen (Slavonisch), sind aber als Charakteristika einer „šćakavischen Dialektgruppe" unbrauchbar.

81 D. Brozović, O strukturalnim i genetskim kriterijima u klasifikaciji hrvatskosrpskih dijalekata, ZbFL III, S. 77; A. Peco, Pregled S. 96-98, 109-121. Beide Autoren werten den Reflex der urslavischen Jotierung als eines der wichtigsten Kriterien und klassifizieren das šćakavische Gebiet als Teil der štokavischen Dialektgruppe.

82 Ganz davon abgesehen, dass die štokavische Dialektgruppe „etwas mehr als drei Viertel des skr. Sprachgebiets" einnimmt (Ivić, Die skr. Dialekte, S. 93), ist die Klassifizierung der čakavischen und kajkavischen Dialekte und Mundarten außerordentlich schwierig und bis heute nicht befriedigend gelungen, vgl. Peco, Pregled S. 142-152 für die čakavische, S. 172-188 für die kajkavische Dialektgruppe.

83 Allerdings gibt es in fast allen Mundarten jeweils einige Beispiele, die vom normalen ‚jat'-Ersatz abweichen, so etwa Ikavismen in ekavischen und jekavischen, Ekavismen in jekavischen und ikavischen Mundarten. Außerdem existieren einige wenige Mundarten, in denen der Ersatz des ‚jat' zweifach ist und von der Quantität abhängt (Ivić, Die skr. Dialekte, S. 130).

84 Vgl. im Folgenden die Angaben in der einschlägigen dialektologischen Fachliteratur: Belić, Ivić, Peco, Brozović, Popović, Stevanović, Hraste u. a.

85 A. Peco, Pregled S. 17.

86 P. Ivić, Die skr. Dialekte, S. 238-241.

87 A. Peco, a. a. O., S. 31.

88 Z. B. ist das Imperfekt, oft auch der Aorist, sowie Verbaladverbien unbekannt; čr ist in Resten erhalten; l > ļ vor i; 3.pl. Präs. ist auf –du verallgemeinert.

89 A. Peco, Pregled S. 45, 50.

90 ebda., S. 59f., 70.

91 P. Ivić, Die skr. Dialekte, S. 144.

92 A. Peco, a. a. O., S. 96-98.

93 A. Peco, Pregled S. 70.

94 ebda., S. 70.

95 P. Ivić, Die skr. Dialekte, S. 218. Vgl. auch A. Peco, Pregled S. 62-65, der sieben verschiedene Möglichkeiten der Klassifizierung der Mundarten angibt, die Petrović in seiner Rezension des „Pregled" jedoch auf Missverständnisse und falsche Interpretationen auf Seiten Peco's zurückführt (Petrović 1979, S. 232).

96 Es ist unverständlich, warum Peco den istrisch-ikavischen Dialekt zusammen mit den genannten čakavischen und kajkavischen Mundarten zu einer Dialekteinheit zusammenfasst (govori Istre) und diese zur štokavischen Dialektgruppe rechnet (Peco, Pregled S. 127ff.). Es bieten sich zwei Lösungen an: die istrisch-ikavischen što-Mundarten zur čakavischen Dialektgruppe zu zählen (wie es Brozović 1960 macht) oder sie als Oase der štokavischen Dialektgruppe mit dem Status eines Unterdialektes zu behandeln. Gleichzeitig mündet dieses Problem wieder in die Frage nach der Existenz von „Misch- und Übergangsdialekten"ein, wenn Ivić (1971) u. a. hier vom „istarski štokavsko-čakavski ikavski" sprechen. Offensichtlich ist es noch nicht gelungen, Klarheit in diesem Punkt zu erzielen.

97 P. Ivić, Die skr. Dialekte, S.193f.

98 A. Peco, Pregled S.110.

99 ebda., S.102.

100 P. Ivić, Dijalektologija srpskohrvatskog jezika, Novi Sad 1956; dergl., Die skr. Dialekte, s'Gravenhage 1958.

101 A. Peco, Pregled S.110.

102 Hierzu gehören: a) die Mundarten der katholischen Krašovani im rumänischen Banat; b) die Mundart der sog. Gallipoli-Serben in Pehčevo/Ostmazedonien; c) die Mundarten östlich und nordöstlich von Temišvar (Rekaš, Banatska Crna Gora); vgl. P. Ivić, Die skr. Dialekte, S.269.

103 Wir finden in dieser Gruppe Mundarten mit nur einem Akzent (Krašovani), der zum Teil verschoben wurde, solche mit zwei fallenden (Rekaš, Banatska Crna Gora) und sogar welche mit drei Akzenten (ˋ ˆ ´) bei den Gallipoli-Serben und einem Teil der Banatska Crna Gora. Das Vokalsystem hat zwei oder drei Vokalklassen und ist drei- oder viereckig usw.

104 D. Brozović, O strukuralnim i genetskim kriterijima u klasifikaciji hrvatskosrpskih dijalekata, ZbFL III, S.81.

105 Was die einzelnen Mundarten betrifft, so müsste geprüft werden, ob sie als Oasen der štokavischen Dialekte gelten können. Über die Krašovani-Mundart sagt Ivić z. B., dass sie „von allen štokavischen Mundarten die meiste Beziehung zur torlakischen Dialektgruppe" habe, „die Mundart der Gallipoli-Serben und die Mundarten von Rekaš und der Banatska Crna Gora stehen in der Akzentuierung dem Kosovo-Resava-Dialekt sehr nahe", haben aber auch viele Gemeinsamkeiten mit Teilen des Šumadija-Vojvodina-Dialektes (Ivić, Die skr. Dialekte, S.279f.).

106 Vgl. Ivić 1956, 1958; Peco 1978; Brozović 1960.

107 D. Brozović unterscheidet sehr genau zwischen geograpisch motivierten Bezeichnungen und solchen linguistischer Art (in Klammern), vgl. a. a. O., S.83-84.

108 P. Ivić, Die Hierarchie der prosodischen Phänomene im skr.Sprachraum, Phonetica 3, S.23.

109 Nach einer Äußerung P. Ivić' in seinem Aufsatz: The functional yield of prosodic features in the patterns of Serbocroatian dialects, Word 17, S.293.

110 Vgl. P. Ivić, a. a. O., S.294; dergl., Die Hierarchie der prosodischen Phänomene im skr.Sprachraum, Phonetica 3, S.25f.

111 Die Strukturtypen 1-3 sind auch den benachbarten slavischen Sprachen bekannt: 1) in Mazedonien, 2) in Bulgarien und 3) in der Tschechoslowakei. Die Typen 4-6 dagegen finden wir nur auf dem südslavischen Territorium, nämlich in slovenischen und skr. Mundarten. Vgl. E. Stankiewicz, Towards a phonemic typology oft the Slavic languages, American Contr. to the 4th Int.Congr. of Slavistics, S.313-314.

112 Beispiele für jede der acht Gruppen gibt P. Ivić, The functional yield of prosodic features in the patterns of Serbocroatian dialects, S.295.

113 P. Ivić, Die Hierarchie der prosodischen Phänomene im skr.Sprachraum, S.32-33; dergl., Die skr. Dialekte, S.108.

114 Vgl. P. Ivić, Die skr. Dialekte, S.109.

115 Vgl. im Folgenden P. Ivić, Die skr. Dialekte, S.105.

116 Vgl. dazu A. Peco, Pregled S.46.

117 Vgl. A. Peco, Osnovi akcentologije srpskohrvatskog jezika, S.53.

118 Diese Form der Darstellung führte P. Ivić in seinem Aufsatz: Osnovnye puti razvitija serbochorvatskogo vokalizma, Voprosy jazykoznanija VII, S.19ff. ein. Vgl. auch Ivić, The functional yield of prosodic features in the patterns of Serbocroatian dialects, Word 17, S.297. Die Zeichen bedeuten: ˆ langfallender, ˶ kurzfallender, ´ langsteigender, ` kurzsteigender, ˜ Neoakut, ˉ phonologi-

sche Länge, ˘ phonologische Kürze. Als Beispiele für die einzelnen Akzentsysteme a – i geben wir folgende: a. die torlakische Dialektgruppe, b. die Mundart von Rekaš, c. der Zeta-Lovćen-Dialekt, d. verschiedene Mundarten des Kosovo-Resava-, Zeta-Lovćen- und istrisch-ikavischen Dialekts, e. der Kosovo-Resava-Dialekt, f. istrisch-ikavische Mundarten, g. die konsequent neuštokavischen Mundarten: Osthercegovina-, Šumadija-Vojvodina-, jüngerer ikavischer Dialekt, h. slavonische Mundarten, i. čakavische und kajkavische Mundarten.

119 Vgl. P. Ivić, The functional yield of prosodic features in the patterns of Serbocroatian dialects, S. 298. Das Problem des vokalischen /r/ wird weiter unten behandelt.

120 In der torlakischen Dialektgruppe existiert nur die Opposition betont / unbetont bzw. markiert / nicht markiert. Dementsprechend bezeichnet die obere Vokalreihe die markierten, die untere die nicht markierten – phonetisch kürzeren – Vokale.

121 In der čakavischen Mundart von Slum, vgl. P. Ivić, Der Vokal ě als lebendiges Phonem in den skr. Mundarten, IJSLP ½, S. 48.

122 P. Ivić, The functional yield of prosodic features in the patterns of Serbocroatian dialects, S. 298.

123 Nach den Angaben P. Ivić', Die skr. Dialekte, S. 147-149. Vgl. auch die Ausführungen M. Moguš', Za novu akcenatsku klasifikaciju u dijalektologiji, ZbFL X, S. 125-132, der betont, „da nam klasifikacija po broju akcenata nije ni u kom slučaju dovoljna jer ne pokazuje akcenatsku raspodjelu, pa ne možemo znati o kojem se sustavu zapravo radi" (S. 125).

124 In Dubrovnik handelt es sich um ein Vierakzentsystem mit vollzogener neuštokavischer Akzentverschiebung (keine alte Akzentstelle wurde erhalten), dem Kanovacer Akzent in Position 1. und 2. sowie Metataxis vom Typ: vrućinä > vrućìna (und nicht vrućìna). In Sošice dagegen finden wir zwar ebenfalls ein Vierakzentsystem, allerdings mit weitgehender Erhaltung der alten Akzentstelle (verschoben sind nur kurzfallende Akzente von der Endsilbe) sowie Liquidierung der Quantitätsgegensätze in unbetonten Silben.

125 Der Buchstabe a symbolisiert hier jeweils eine beliebige Silbe bzw. den vokalischen Silbenträger, so dass a ein einsilbiges, aa bzw. aaa zwei- und dreisilbige Wörter darstellen.

126 Vgl. P. Ivić, The functional yield of prosodic features in the patterns of Serbocroatian dialects, Word 17, S.302. Die Mundart von Novi stellt ein Dreiakzentsystem dar mit alter Akzentstelle und metatonischem Akut sowie vor- und nachtonigen Längen.

127 Vgl. P. Ivić, a.a.O., S.302, der auch Formeln angibt zur Berechnung der Anzahl der prosodischen Möglichkeiten pro Wort. Es ist klar, dass die Anzahl in dem Maße wächst, wie die prosodischen Kategorien Akzentstelle, Quantität und Tonverlauf in das prosodische System miteinbezogen sind, z.B. ist bei freier Akzentstelle die Anzahl gleich der Silben: $x = n$; ist die Quantität auf betonte Silben beschränkt, erhöht sich die Zahl auf $x = 2n$; kommen außerdem noch Tonverlaufsgegensätze in langen betonten Silben hinzu, so haben wir $x = 3n$ Möglichkeiten. Komplizierter werden die Formeln, wenn die Distribution der Akzente und der Quantität mehreren Einschränkungen unterworfen ist. Für die Schriftsprache gilt: $x = 3(2n) - 4$, für Novi für ein- und zweisilbige Wörter: $x = 3/2 (n \times 2n)$, für dreisilbige dagegen: $x = 9/2 (2n) - 5$.

128 In geringem Maße die Reflexe des mittleren gerundeten Nasalen ǫ sowie des silbischen /ļ/.

129 Vgl. im Folgenden: P. Ivić, Der Vokal ě als lebendiges Phonem in den skr. Mundarten, IJSLP ½, S.38-54; dergl., Osnovnye puti razvitija serbochorvatskogo jazyka, Voprosy jazykoznanija VII, S.3-20. Die Zeichen für die Vokalphoneme werden so wiedergegeben, wie sie der Autor benutzt. Wir werden im folgenden Kapitel eine systematische Klassifikation geben, in welcher nicht der phonetische Wert, sondern der Standort im Vokalsystem ausschlaggebend ist.

130 Vgl. P. Ivić, Die skr. Dialekte, S.207.

131 P. Ivić, Der Vokal ě als lebendiges Phonem in den skr. Mundarten, IJSLP ½, S.41.

132 a.a.O., S.1.

133 Vgl. P. Ivić, Die skr. Dialekte, S.112.

134 D. Brozović, Some remarks on distinctive features especially in Standard Serbocroatian, To Honor R. Jakobson I, S.420-423.

135 D. Brozović, a.a.O., S.423.

136 P. Ivić, Der Vokal ě als lebendiges Phonem in den skr. Mundarten, IJSLP ½, S.43.

137 Vgl. P. Ivić, Die skr.Dialekte, S.116.

138 N. S. Trubetzkoy, Gedanken über Morphonologie, TCLP IV, S.161f.

139 Vgl. D. Brozović, O strukturalnim i genetskim kriterijima u klasifikaciji hrvatskosrpskih dijalekata, ZbFL III, S.74.

140 Vgl. P. Ivić, a.a.O., S.119-120. Die jeweils links angegebenen Phonemgruppen gehören der Schriftsprache an, die rechts angegebenen kommen in verschiedenen Mundarten vor.

141 Diachron betrachtet etwa könnte man fragen: Hat sich auslautendes l /-l/ erhalten (Archaismus) oder ist es vokalisiert worden zu /-o/ oder /-a/ (Neuerung)? Synchron dagegen wäre die Fragestellung folgende: Ist im Morphemauslaut die Phonemverbindung VL (V = Vokal, L = /l/) möglich?

142 P.Ivić, Die skr.Dialekte, S.123.

143 Wir gehen hier nicht auf Akzent- und Quantitätsalternationen ein. Die Situation in den skr. Mundarten ist sehr kompliziert. Außerdem sind noch nicht genügend Fakten bekannt, die eine systematische Übersicht ermöglichen. Es sei nur erwähnt, dass die meisten štokavischen Mundarten den Akzentwechsel zwischen dem Nom.sg. f. und neutr. aufgehoben haben in der unbestimmten Form der Adjektive sowie beim l-Partizip; es gilt also:
mlâd, mláda, mlâdo > mlâd, mláda, mládo
bȉo, bíla, bîlo > bȉo, bíla, bílo
Vgl. besonders das Kapitel „Akcenatske alternacije u savremenom srpskohrvatskom književnom jeziku" in B. M. Nikolić' Buch: Osnovi mlađe novoštokavske akcentuacije, Beograd 1970. Im übrigen trifft natürlich Ivić' Behauptung zu:

„Raznovrsnost i frekvencija prozodijskih alternacija u govorima zavise od osobina prozodijskog sistema datog govora kao fonološke strukture". (O deklinacionim oblicima u srpskohrvatskim dijalektima, Godišnjak Filoz. Fak. u Novom
Sadu V, S.82.

144 P. Ivić, Die skr. Dialekte, S.120.

145 Vgl. P. Ivić, O deklinacionim oblicima u srpskohrvatskim dijalektima,
Godišnjak Filoz. Fak. u Novom Sadu IV, S.195.

146 Nach I. Popović, Geschichte der skr. Sprache, S.316-317.

147 Z.B. die Verallgemeinerung der Endung im Instr. sg. der Substantive der
I. Klasse auf /-om/ oder /-em/; desgleichen bei Subst. der III. Klasse auf /-u/ oder
/-om/ usw.

148 Vgl. K. E. Naylor, The classification of Serbo-Croatian dialects, SEEJ 10,
S.453.

149 Streng genommen entsprechen nur die Arbeiten P. Ivić' den Anforderungen.
Einige Aufsätze und Bemerkungen von Brozović, Finka, Hraste, Moguš, Naylor,
Panzer, Petrović u. a. geben ebenfalls nützliche Hinweise.

150 In jüngster Vergangenheit z. B. A. Peco, Pregled srpskohrvatskih dijalekata,
Beograd 1978.

151 Vgl. E. Ternes, Phonemsysteme und ihre Bedeutung für die Klassifikation
der romanischen Sprachen, Romanistisches Jahrbuch 27, S.19-51, der die gleiche Methode anwendet, allerdings nur auf das Teilgebiet der Phonologie. Die
Phonemsysteme der slavischen Sprachen behandelt A. V. Isačenko, Versuch einer
Typologie der slavischen Sprachen, Linguistica Slovaca 1, S.64-76. Ausgewählte
Isoglossen für die slavischen Sprachen untersucht auf diachroner Basis: P. Garde,
Réflexions sur les différences phonétique entre les langues slaves, Word 17, S.34-
62. Für die skr. Dialektgruppen sowie das Slovenische vgl. W. Jakoby, Untersu-
chungen zur Phonologie und Prosodie einer kajkavischen Mundart, S.26-29.

151a E. Ternes, a. a. O., S.26.

152 Ein fehlendes bzw. nicht markiertes Phänomen ist nämlich für einen Dialekt ebenso charakteristisch wie ein vorhandenes bzw. markiertes.

152a Etwa, indem man die Daten der Mundarten statistisch auswertet und jenes System als grundlegend definiert, welches die Mehrzahl der Mundarten aufweist.

153 Prinzipiell können zwei Dialekte hinsichtlich beliebig vieler und wie auch immer gearteter Isoglossen verglichen werden. Es ist jedoch klar, dass nur ein Teil dieser Isoglossen dialektdifferenzierende Funktion ausübt, während andererseits erst eine bestimmte Anzahl gewichtiger Isoglossen diese Differenzierung gewährleistet.

154 G. Altmann, Differences between phonems, Phonetica 19, S.118-132; dergl., Die phonologische Profilähnlichkeit, Phonetica 24, S.9-22.

155 Wir geben keine speziellen Literaturangaben, sondern verweisen auf die einschlägige Fachliteratur an verschiedenen Stellen dieser Arbeit. Wir führen sozusagen den allgemeinen Konsens an und diskutieren lediglich Streitpunkte.

156 Da die Mehrzahl der kajkavischen Mundarten neben nachtonigen auch keine vortonigen Längen vor langen Akzenten kennen, betrachten wir das folgende Akzentuierungssystem als grundlegend für die kajkavische Dialektgruppe.

157 Vgl. im Folgenden: P. Ivić, Fonološki aspekt genetičkog odnosa izmedju štokavske, čakavske i kajkavske dijalekatske grupe, S.376-377.

158 Selbstverständlich ist dieser „Abstand" eine abstrakte Größe, die von den eingegebenen Parametern abhängig ist. Man könnte auch sagen, dass das Torlakische die exzentrischste Dialektgruppe des Skr. darstellt, weil es auf neun Fragen mit 0 antwortet, von den verbleibenden fünf aber zweimal mit Čakavisch/Kajkavisch, einmal mit Štokavisch und zweimal mit keiner Gruppe übereinstimmt.

159 Viele čakavische und kajkavische Mundarten kennen nur ein n-Phonem.

160 In der traditionellen historischen Lautlehre sind diese Fragen gut bekannt, z.B. als Reflexe der urslavischen Jotierung (3, 4) oder der neuen Jotierung (9).

Andere wichtige diachrone Lautprozesse drücken sich synchron-strukturell aus: *t', d' > ć, đ / č, j; als Anwesenheit bzw. Abwesenheit von ć, đ (č, j sind in allen Dialektgruppen vorhanden) oder ļ, ǫ > u/ǫ; ъ, ь > a/ę als Drei- bzw. Vierstufigkeit des Vokalsystems.

160a C bedeutet irgendein beliebiger Konsonant außer Liquiden.

161 Das Kajkavische kennt zwar nicht /žd/, dafür aber /žđ/. Deshalb werten wir mit ±.

161a In den Komposita von ‚ići' „gehen".

162 Der Vollständigkeit halber sei angemerkt, dass im Štokavischen im Plural vier eigenständige Kasusformen bestehen (Dativ = Instrumental = Lokativ, Nominativ = Vokativ), im Čakavischen fünf (Nominativ = Akkusativ = Vokativ) und im Kajkavischen sechs (Nominativ = Vokativ).

163 Im Čakavischen gibt es nur besondere Formen für Zahlwörter auf „2".

164 In vielen štokavischen Mundarten ist das Imperfekt unbekannt.

165 Vgl. die Ausführungen in Kapitel 2.2. „Genealogie versus Strukturalismus".

166 Übereinstimmungen zwischen dem Torlak und den südwestlichen bulgarischen Mundarten bestehen hinsichtlich des Vokalsystems, einiger Pronominalformen sowie Elementen der Lexik mit identischen Lautveränderungen. Die sog. Balkanismen bringen den Torlak nicht näher zum Bulgarischen, sondern entfernen beide Gebiete vom slavischen grundlegenden System. Vgl. I. Popović, Geschichte der skr. Sprache, S.242-261.

167 Vgl. die Reflexe der Halbvokale, der Nasalvokale, der urslavischen Jotierung usw.

168 Nach den Angaben bei St. Stojkov, Bŭlgarska dialektologija, S.97-107.

169 Vgl. P. Ivić, Die skr. Dialekte, S.26-35.

170 Wir entscheiden uns zunächst dafür, den Osthercegovina-Dialekt in zwei Dialekte aufzuteilen, nämlich in den Osthercegovina- und Ostbosnien-Dialekt. Ebenso verfahren wir mit dem Slavonischen: wir unterteilen in Nordslavonisch und Südslavonisch. Vgl. dazu die Anmerkungen D. Brozović', O strukturalnim i genetskim kriterijima u klasifikaciji hrvatskosrpskih dijalekata, ZbFL III, S.80-83.

171 Die Abkürzungen bedeuten: Oh = Osthercegovina, Ob = Ostbosnien, ŠV = Šumadija-Vojvodina, jIk = jüngeres Ikavisch, ZL = Zeta-Lovćen, KR = Kosovo-Resava, IIk = Istrisch-Ikavisch, nSl = nördliches Slavonisch, sSl = südliches Slavonisch.

172 C bedeutet irgendein beliebiger Konsonant außer Liquiden. Es handelt sich bei dieser Frage um die neue Jotierung, die im Ostbosnien-, Kosovo-Resava- und in den beiden slavonischen Dialekten nicht vollständig durchgeführt wurde; vgl. P. Ivić, Die skr. Dialekte, S.151, 233f., 296f.

173 In den slavonischen Mundarten existieren einige Beispiele mit erhaltenem /čr-/; vgl. P. Ivić, a.a.O., S.296.

174 Im Kosovo-Resava-Dialekt blieb die Alternation /K : C/ nur in den Paradigmen der I. Deklination bewahrt, während sie in der II. Deklination verloren ging. In den slavonischen Mundarten fehlt die Alternation meist im Singular der II. und im Plural der I. Deklination; vgl. P. Ivić, a.a.O., S.236, 297.

175 Im Ostbosnien- und Zeta-Lovćen-Dialekt sowie im Vojvodina-Unterdialekt kommen sowohl ältere als auch neue Formen in der Deklination vor, z.B. Gen.-Lok.pl. auf /-āx/, Dat.-Inst.pl. auf /-ma/. Vgl. P. Ivić, Die skr. Dialekte, S. 173, 215; A. Peco, Pregled S.112.

176 Hinsichtlich der Anzahl der Kasusformen verhält sich der Ostbosnien-Dialekt sehr uneinheitlich; wir werten daher mit ±. Ein Teil des südlichen Slavonisch besitzt sechs Kasusformen, d.h. es fand keine Ausgleichung statt. Die Mehrzahl der Mundarten dieses Dialektes besitzt vier Kasusformen mit alten Deklinationsendungen. Vgl. P. Ivić, O deklinacionim oblicima u srpskohrvatskim dijalektima, Godišnjak Filoz. Fak. u Novom Sadu IV, S.195.
177 In allen štokavischen Mundarten ist der Vokativ mit dem Nominativ im Plural ausgeglichen, so dass höchstens sechs Kasusformen auftreten können.

178 Sowohl Peco als auch Ivić zählen dieses Charakteristikum regelmäßig bei der Beschreibung der Dialekte auf, vgl. P. Ivić, Die skr. Dialekte, S. 143, 192, 215, 259, 297; Peco, Pregled, S. 61, 71, 72, 73, 77, 80f., 83, 84, 85, 88, 89, 104, 107, 114, 116, 117, 118, 120.

179 In den slavonischen Mundarten ist der Gebrauch des Aorist stark reduziert. Vgl. P. Ivić, Die skr. Dialekte, S. 298.

180 Vgl. die Äußerung P. Ivić', Die skr. Dialekte, S. 262: "Mehr als irgendein anderer der bisher betrachteten Dialekttypen hat der istrische ikavische Dialekt den Charakter eines Übergangsgliedes zwischen der štokavischen und čakavischen Dialektgruppe."

181 D. Brozović, O strukturalnim i genetskim kriterijima u klasifikaciji hrvatskosrpskih dijalekata, ZbFL III, S. 81.

182 P. Ivić, Die skr. Dialekte, S. 131.

183 P. Ivić, a. a. O., S. 285ff.; D. Brozović, a. a. O., S. 80.

184 I. Popović, Geschichte der skr. Sprache, S. 448ff.

185 In Analogie zu den Begriffen der „neuštokavischen Akzentuierung" bzw. der „neuštokavischen Akzentverschiebung", die Ivić z. B. gebraucht, a. a. O., S. 103.

186 Die Abkürzungen bedeuten: Du = Dubrovnik, Š = Šumadija, V = Vojvodina, SmVr = Smederevo-Vršac-Unterdialekt.

Literaturverzeichnis

Altmann,G.: Differences between phonemes, Phonetica 19, S.118-132, 1969

Altmann,G.: Die phonologische Profilähnlichkeit. Ein Beitrag zur Typologie phonologischer Systeme der slawischen Sprachen, Phonetica 24, S.9-22, 1971

Belić,A.: Dialektologičeskaja karta serbskogo jazyka, Sbornik po slavjano-věděniju II, Sanktpeterburg, S.1-59, 1905

Belić,A.: Dijalekti istočne i južne Srbije, SDZb I, 1905

Belić,A.: O srpskim ili hrvatskim dijalektima, Glas SAN 78, 1908

Belić,A.: Zum heutigen Stand der serbokroatischen Dialektologie, Rocznik slawistyczny 3, S.82-103, 1910

Belić,A.: Akcenatske studije, Beograd 1914

Belić,A.: Kajkavski dijalekat, NESHS 2, S.222-227, 1927

Belić,A.: Štokavski dijalekat, NESHS 4, S.1064-1077, 1927

Belić,A.: Iz srpskohrvatske akcentologije i dijalektologije, JF XIX, S.117-131, 1951/52

Belić,A.: Srpskohrvatski jezik. I.Fonetika., Beograd o.J.

Bidwell, Ch.: Slavic Historical Phonology in Tabular Form, Mouton 1963

de Bray, R.G.A.: Guide to the slavonic languages, London 1951

Brozović,D.: O strukturalnim i genetskim kriterijima u klasifikaciji hrvatskosrpskih dijalekata, ZbFL III, S.68-88, 1960

Brozović, D.: O aktualnim znanstvenim i nastavnim problemima hrvatskosrpske dijalektologije, osobito u klasifikaciji dijalekata; Jezik XI, S.53-60, 1963/64

Brozović, D.: Sull' inventario dei fonemi serbocroati e i loro tratti distintivi, WdSl 12, S.161-172, 1967

Brozović, D.: Some remarks on distinctive features especially in Standard Serbo-Croatian, To Honor R.Jakobson I, S.412-426, 1967

Finka, B.: O našim jezičnim atlasima i dijalektološkim istraživanjima, Jezik XVII, S.108-112, 1969/70

Garde, P.: Réflexions sur les différences phonétiques entre les langues slaves, Word 17, S.34-52, 1961

Göschel, J.(Hrsg.): Zur Theorie des Dialekts, Wiesbaden 1976, ZDL 16

Grimes, J. E. /Agard, F. B.: Linguistic divergence in Romance, Language 35, S.598-604, 1959

Grimes, J.E.: Measures of linguistic divergence, Proceedings of the 9th International Congress of Linguistics, The Hague, S.44-50, 1964

Hraste, M.: Bibliografija radova iz dijalektologije, antroponimije, toponimije i hidronimije na području hrvatskoga ili srpskoga jezika, HDZb 1, S.387-479, Karte, 1956

Hraste, M.: Dvoakcenatski sistem u hrvatskom ili srpskom jeziku, ZbFL 1, S.85-93, 1958

Hraste, M.: Čakavski dijalekat, Enciklopedija Jugoslavije 4, S.506-508, 1960

Hraste, M.: Kajkavski dijalekat, Enciklopedija Jugoslavije 4, S.508-511, 1960

Hraste, M.: Govori jugozapadne Istre, HDZb 2, S.5-27, 1966

Isačenko, A.V.: Versuch einer Typologie der slawischen Sprachen, Linguistica slovaca 1, S.64-76, 1939/40

Ivić, P.: O nekim problemima naše istorijske dijalektologije, JF XXI, S.97-129, 1955

Ivić, P.: Dijalektologija srpskohrvatskog jezika. Uvod i štokavsko narječje. Novi Sad 1956

Ivić, P.: Die serbokroatischen Dialekte. Ihre Strukur und Entwicklung. Band 1: Allgemeines und die štokavische Dialektgruppe. s'Gravenhage 1958

Ivić, P.: Osnovnye puti razvitija serbochorvatskogo vokalizma, VJ VII, S.3-20, 1958

Ivić, P.: Der Vokal ě als lebendiges Phonem in den serbokroatischen Mundarten, IJSLP ½, S.38-54, 1959

Ivić, P.: Die Hierarchie der prosodischen Phänomene im serbokroatischen Sprachraum, Phonetica 3, S.23-38, 1959

Ivić, P.: O deklinacionim oblicima u srpskohrvatskim dijalektima, Godišnjak Filozofskog Fakulteta u Novom Sadu 4, S.189-215; 5, S.75-97, 1959, 1960

Ivić, P.: Osnovni aspekti strukture dijalekatske diferencijacije, Makedonski jazik 11/12, S.81-103, 1960/61; deutsche Übersetzung in: Göschel 1976 (ZDL 16), S.127-151

Ivić, P.: The functional yield of prosodic features in the patterns of Serbocroatian dialects, Word 17, S.293-308, 1961

Ivić, P.: Broj prozodijskih mogućnosti u reči kao karakteristika fonoloških sistema slovenskih jezika, JF XXV, S.75-113, 1961

Ivić, P.: Inventar fonetske problematike štokavskih govora, Godišnjak Filozofskog Fakulteta u Novom Sadu 7, S.99-110, 1962/63

Ivić, P.: O klasifikaciji srpskohrvatskih dijalekata, KnjJ 1, S.25-37, 1963

Ivić, P.: Importances des caractéristiques structurales pour la description et la classification des dialects, Orbis 12, S.117-131, 1963

Ivić, P.: Fonološki aspekt genetičkog odnosa izmedju štokavske, čakavske i kajkavske dijalekatske grupe, Orbis scriptus, S.375-384, München 1966

Ivić,P.: Srpski narod i njegov jezik, Beograd 1971

Ivić,P.: Hijerarhija srodstva među jezičkim i dijalekatskim tipovima na slovenskom jugu. Filozofski Fakultet u Novom Sadu. Referati za VII. međnarodni kongres slavista u Varšavi 1973, S.15-37, Novi Sad 1973

Ivšić,Stj.: Nacrt za istraživanje hrvatskih i srpskih narječja, Zagreb 1914

Ivšić,Stj.: Iz naše akcenatske i dijalekatske problematike, Zbornik radova Filozofskog Fakulteta I, S.359-376, Zagreb 1951

Jakobson,R.: Die Betonung und ihre Rolle in der Wort- und Syntagmaphonologie, TCLP IV, S.164-182, 1931

Jakobson,R.: Fundamentals of Language, s'Gravenhage 1956

Jakobson,R./Fant,C. G. M./Halle, M.: Preliminaries of speech analysis: The distinctive features and their correlates, Cambridge, Mass. 1952

Jakoby,W.: Untersuchungen zur Phonologie und Prosodie einer kajkavischen Mundart (Gornja Stubica), München 1974

Kostić,Đ.: Fonološka struktura srpskohrvatskog jezika, Beograd 1964

Lekomceva, M.I.: Tipologija struktur sloga v slavjanskich jazykach, Moskva 1968

Löffler,H.: Probleme der Dialektologie, Darmstadt 1974

Matešić,J.: Der Wortakzent in der serbokroatischen Schriftsprache, Heidelberg 1970

Moguš,M.: Za novu akcenatsku klasifikaciju u dijalektima, ZbFL X, S.125-132, 1967

Moguš, M.: Čakavsko narječje. Fonologija, Zagreb 1977

Naylor, K.E.: The classification of Serbo-Croatian dialects, SEEJ 10, S.453-457, 1966

Naylor, K.E.: A morphological classification of South Slavic dialects, American Contributions to the 7th International Congress of Slavists, The Hague, S.275-283, 1973

Nikolić, B. M.: Osnovi mlađe novoštokavske akcentuacije, Beograd 1970

Panzer, B.: Zur Klassifizierung der südslavischen Dialekte, Slavistische Studien zum VII. Internationalen Slavistenkongess, S.419-432, München 1973

Peco, A.: Osnovi akcentologije srpskohrvatskog jezika, Beograd 1970

Peco, A.: Pregled srpskohrvatskih dijalekata, Beograd 1978

Peco, A.: Dijalektologija u časopisima na srpskohrvatskom jezičkom području, Naučni sastanak slavista u Vukove dane, Separat (S.141-163), Beograd 1980

Petrović, D.: Dr. Asim Peco, Pregled srpskohrvatskih dijalekata (Naučna knjiga), 1978, 1-202 (Rezension), ZbFL XXII/1, S.222-235, 1979

Popović, I.: Geschichte der serbokroatischen Sprache, Wiesbaden 1960

Ramovš, F.: Slovenački jezik, NESHS 4, S.219-232, 1927

Rešetar, M.: Zur Frage über die Gruppierung der serbokroatischen Dialekte, AslPh 30, S.597-625, 1909

Samilov,M.: The phoneme Jat' in Slavic, The Hague 1964

Šojat, A.: Položaj turopoljskih govora u hrvatskoj kajkavštini, ZbFL X, S.147-153, 1967

Stammerjohann, H.: Handbuch der Linguistik, München 1975

Stankiewicz, E.: On discreteness and continuity in structural dialectology, Word 13, S.44-59, 1957

Stankiewicz, E.: Toward a phonemic typology of the Slavic languages, American Contributions to the 4th International Congress of Slavistics, S.301-319, s'Gravenhage 1958

Stevanović, M.: Štokavski dijalekat, Enciklopedija Jugoslavije 4, S.501-508, 1960

Stojkov, St.: Bŭlgarska dialektologija, Sofija 1962

Ternes,E.: Phonemsysteme und ihre Bedeutung für die Klassifikation der romanischen Sprachen, Romanistisches Jahrbuch 27, S.19-51, 1976

Trubetzkoy, N.S.: Die phonologischen Systeme, TCLP IV, S.96-115, 1931

Trubetzkoy, N.S.: Gedanken über Morphonologie, TCLP IV, S.160-163, 1931

Trubetzkoy, N.S.: Grundzüge der Phonologie, Göttingen [2]1958

Weinreich, U.: Is a structural dialectology possible?, Linguistics Today, S.268-280, 1954

Zajceva, S.V.: Serbochorvatskaja dialektologija (obzor rabot jugoslavskich lingvistov za 1956-1967 gg.), in: Issledovanija po serbochorvatskomu jazyku, S.363-375, Moskva 1972

Zum Stand der serbokroatischen Dialektologie:
Die Erforschung der štokavischen Mundarten

Seit dem Erscheinen des bahnbrechenden Werkes „Dijalektologija srpskohrvat-
skog jezika" von Pavle Ivić im Jahre 1956 (dt. erweiterte Fassung 1958, 2. skr.
Auflage 1985) war das Arbeitsgebiet und die weitere Vorgehensweise bei der
Erforschung der Dialekte des Serbokroatischen , insbesondere der štokavischen
Mundarten, vorgezeichnet. Es schien nur noch darauf anzukommen, die weißen
Flächen auf der Dialektkarte durch weitere Feldforschungen zu tilgen, um die
Grenzen der postulierten Dialekte zu verifizieren und zu präzisieren. Freilich
wiesen bereits die beiden Karten, die der serbokroatischen bzw. deutschen Ausgabe der „Dijalektologija" beigegeben wurden, bemerkenswerte Unterschiede
auf: in der skr. Ausgabe wird das slawonische Gebiet mit älterer Akzentuierung in zwei Dialekte aufgeteilt („posavski ikavski" und „slavonski ekavski");
der „smederevsko-vršački dijalekat" wird als eigenständiger Dialekt gewertet;
die torlakische Dialektuntergruppe zählt mit ihren drei Dialekten zur štokavischen Dialektgruppe. Zwei Jahre später gliedert Ivić die torlakische Dialektuntergruppe aus der štokavischen Dialektgruppe aus; er fasst die ekavischen und
ikavischen slawonischen Mundarten zu éinem Dialekt zusammen; er rechnet
die „Smederevo-Vršac-Mundartengruppe" zum Kosovo-Resava-Dialekt. In beiden Publikationen fasst er verschiedene Mundarten, die sich in Rumänien und
Mazedonien befinden, zu einer Gruppe der „Mundarten mit nichtersetztem ě"
zusammen, die offensichtlich Dialektstatus genießt.

Diese Unterschiede allein – innerhalb von nur zwei Jahren – waren bereits ein
Indiz für die Unzulänglichkeit bzw. Vorläufigkeit dieser Versuche. Deutliche
Kritik klingt denn auch in den programmatischen Arbeiten von D.Brozović
zu Beginn der 60er Jahre an, der z.B. auf das Problem der istrisch-ikavischen
Mundarten hinweist, oder, was viel schwerer wiegt, die Ostbosnien-Mundarten
von der großen Masse des Osthercegovina-Dialektes löst und sie in den Rang
eines eigenständigen Dialektes erhebt.[1] Beiden Forderungen wird Ivić auf der
Karte gerecht, die er seinem Buch „Srpski narod i njegov jezik" (Beograd 1971)
beigibt. Einige Verwirrung war durch die Veröffentlichung des „Pregled srpskohrvatskih dijalekata" (Beograd 1978, 4.Aufl. 1989) von Asim Peco entstanden,
der auf eine unorthodoxe Weise klassifiziert und differenziert, die zwar in manchen Punkten diskutabel ist, in anderen jedoch zu absurden Ergebnissen führen
muss.[2]

Die jüngste Gesamtdarstellung der serbokroatischen Dialekte liegt schließlich in der „Enciklopedija Jugoslavije" vor.[3] Sie entspricht dem neuesten Stand der Forschung: das Dialektgebiet „prizrensko-timočka oblast" wird wieder (wie schon Ivić 1956, 1971; Peco 1978) der štokavischen Dialektgruppe zugerechnet; die istrisch-ikavischen Mundarten fallen der čakavischen Dialektgruppe zu; die Ostbosnien-Mundarten stellen einen eigenständigen Dialekt dar; die slawonischen Mundarten mit älterer Akzentuierung werden als éin Dialekt gewertet, ebenso die Smederevo-Vršac-Mundarten. Neben den Sprachinseln von Mundarten mit nichtersetztem jat taucht allerdings ein recht großes kompaktes Gebiet (immerhin größer als der „svrljiško-zaplanjski dijalekat", annähernd so groß wie der „timočko-lužnički dijalekat") in der Šumadija und Westserbien auf, welches zwar auf Ivić' Karte schraffiert dargestellt wird, dessen Status jedoch nicht weiter diskutiert wird.

Auffallend für die neuere serbokroatische Dialektologie sind ein gewisses Theoriedefizit sowie das geringe Interesse an sprachsoziologischen Fragestellungen.[4] Besonders für das štokavische Gebiet liegt der Forschungsschwerpunkt eindeutig im Bereich der Dialektgeografie bzw. der Ortsgrammatik als ihrer Grundlage. Häufig wird auf wachsende Generationsunterschiede hingewiesen, wobei von der Prämisse ausgegangen wird, dass ältere Sprecher die reinste Form des Dialektes vertreten. Immerhin lassen sich aus dieser längst bekannten Feststellung drei Schlussfolgerungen ziehen:

1. die sog. „reinste" Form des Dialektes ist mehr oder weniger im Aussterben begriffen;

2. offenbar existiert neben dem angenommenen „reinen Dialekt" eine ganze Reihe von Abstufungen, die auf dem komplizierten Abhängigkeitsverhältnis zwischen Standardsprache und Dialekt, Interdialekt und Umgangssprache auf der horizontalen sowie soziologischen Faktoren wie Alter, Sozialschicht und Geschlecht auf der vertikalen Achse des Koordinatensystems „sprachliche Interaktion im Dialektgebiet" beruhen;

3. so wie die Standardsprachen unterliegen auch ihre Subvarietäten, z.B. die štokavischen Dialekte und ihre Mundarten, dem steten Sprachwandel auf allen Ebenen.

Diese Problembereiche spielen in der klassischen serbokroatischen Dialektologie eine nur marginale Rolle. Nach wie vor ist es das erklärte Ziel, möglichst alte, wenig gebildete und ortsgebundene Dialektsprecher aufzusuchen und ihren „reinen" Dialekt zu beschreiben, ohne auf dessen Funktion und Variabilität einzugehen.[5] Unklarheit besteht auch hinsichtlich der Terminologie der über- und untergeordneten Dialekteinheiten. Brozović' Vorschlag für die Hierarchie dialektologischer Kategorien ist einfach und logisch, er deckt sich im wesentlichen mit demjenigen Ivić':

„I grupa dijalekata; Ia. podgrupa dijalekata; II dijalekt; IIa. poddijalekt; III grupa govorâ; IIIa. podgrupa govorâ; IV govor; IVa. podgovor." [6]

In der Praxis zeigt sich uns leider ein verwirrendes Bild von Bezeichnungen, die eine einheitliche Linie vermissen lassen.

Schließlich gilt es festzuhalten, dass auch über die Anzahl der Dialektgruppen bzw. Dialekte keine Einigkeit besteht, eine Konsequenz aus der Tatsache, dass die Klassifikationsgrundlage, die Auswahl der Kriterien sowie ihre Hierarchie durchaus nicht eindeutig gefasst sind.

Insgesamt muss konstatiert werden, dass die serbokroatische Dialektologie in Gefahr ist, dass „die Linguistik der Dialektologie wieder einmal davon laufen könnte".[7] Die vielversprechenden Ansätze und Lösungsvorschläge der 50er und 60er Jahre, dem „goldenen Zeitalter" ihrer klassischen Ausprägung, drohen sich in statischen Materialsammlungen und bunten Dialektkarten zu verlieren.

Im Folgenden wollen wir die aufgezeigten Fragestellungen diskutieren, in der Hoffnung, damit neue Anstöße für die Erforschung der serbischen und kroatischen Mundarten zu geben.

Schaut man sich die Dialektmonographien der letzten zehn Jahre an, so stellt man fest, dass sie meist nach einem bestimmten Schema verfasst wurden: große Materialsammlungen stellen das Inventar auf phonologischer und morphologischer Ebene dar, die Syntax wird, wenn überhaupt, kursorisch behandelt. Viele Autoren geben nur sehr spärliche Informationen zur Akzentuation, indem sie auf eigenständige Arbeiten zum Akzentsystem vertrösten (die dann leider oft nicht erscheinen!).[8] Ziel dieser Untersuchungen ist es, die „ursprünglichen" Mundarten eines bestimmten geographischen Gebietes zu beschreiben, wobei man sich, explizit oder implizit, von folgenden idealen Konstrukten leiten lässt:

- das ideale Dialektgebiet: seine Grenzen lassen sich mehr oder weniger genau bestimmen, d.h. es handelt sich um ein kompaktes Areal, für welches das Vorhandensein eines bestimmten sprachlichen Systems postuliert wird, das sich zu einem „Mundartentyp" (govorni tip) auskristallisiert hat;

- die ideale Sprechergemeinschaft: es soll die Mundart möglichst alter Menschen untersucht werden, die ihr Leben ganz oder vorwiegend im betreffenden Gebiet verbracht haben;

- die Synchronizität der Spracherhebungen: bei der Interpretation bzw. der Beschreibung von Mundarten greift man immer wieder – oft nicht kritisch genug

– auf Material der Jahrhundertwende zurück. Man hält demnach alle Sprachdaten grundsätzlich für verwertbar, genauso wie man keinem Dialektforscher die Kompetenz abspricht, „seine" Mundart adäquat darzustellen.

Eine genauere Analyse dieser drei Konstrukte wirft jedoch eine Reihe von Fragen auf, deren Lösung für das Selbstverständnis der serbokroatischen Dialektologie von nicht geringer Tragweite ist.

1. Das ideale Dialektgebiet weist an allen geographischen Punkten innerhalb seiner Grenzen eine derartige sprachliche Struktur auf, die es diesem Dialekt eindeutig zuordnet. In der Realität sieht die Sache anders aus, wie die immer wieder auftauchenden Begriffe wie „Übergangsdialekt", „Übergangsmundart", „prelazni govorni tip" o.ä. beweisen.[9] Es ist völlig klar, dass man je nach Weitmaschigkeit des Kriterienrasters bzw. der Gewichtung der Kriterien jede sprachliche Größe als Übergang von einer Varietät zur anderen beschreiben kann, z.B. das Slowenische als Übergang zwischen der südslawischen und westslawischen Gruppe (= südsl.Gr. > Sln. < westsl.Gr.) oder in gleicher Notierung: Serbokroatisch > Kajkavisch < Slovenisch; štokavisch > slawonischer Dialekt < kajkavisch; ostštokavische Mundarten > Ostbosniendialekt < westštokavische Mundarten; Kosovo-Resava-Dialekt > Smederevo-Vršac-Gruppe < Šumadija-Vojvodina-Dialekt.

Es wird ja damit nichts anderes ausgesagt, als dass wir es hier mit einem Dialektkontinuum zu tun haben, in dem exakte Grenzen immer nur durch den Verlust anderer Informationen erkauft werden. Die Darstellung auf Dialektkarten stellt demnach eine ungenaue Annäherung an die wirkliche Situation dar und es stellt sich die Frage, welche wichtigen Informationen in ihr verloren gehen, die unser Bild von der Lage unnötig verzerren und sogar erkenntnistheoretisch verfälschen.[10] Sinnvoller wäre es, von Kerngebieten zu sprechen, denen sich Gebiete leicht abgeschwächter Struktur anschließen können bis hin zu sog. „Übergangsmundarten".[11] Denkbar wären freilich auch polyzentrische Areale mit mehreren „Übergangsregionen". Das Neue an dieser Sichtweise wäre eine weniger starre Struktur der Dialektgrenzen bzw. der fehlende Zwang zu „eindeutig durchgezogenen" Grenzen (Linien!), die es ja auch in der Realität nur selten gibt.[12] Desweiteren rückten die Übergangszonen stärker ins Blickfeld als bisher. Wir möchten sogar so weit gehen, eine verstärkte Erforschung solcher Zonen zu betreiben, denn gerade dort können wir das Funktionieren von sprachlicher Interaktion in extenso beobachten. Dabei ist gar nicht so wichtig, wie wir die Varietät benennen und zuordnen, sondern zunächst, ihre Einbettung in den Gesamtkomplex der sprachlichen Stile und dialektalen Ausprägungen zu erforschen.

2. Die ideale Sprechergemeinschaft der Dialektologie des Serbokroatischen besteht aus möglichst alten (aber artikulierfähigen!) Menschen, die nach Möglichkeit ihr Heimatgebiet nicht verlassen haben sowie gar nicht oder kaum mit standardsprachlichen Varietäten in Berührung gekommen sein sollten. Es mag sein, dass es in allen (?!) Dialektgebieten noch Menschen dieses Profils gibt. Gewiss ist jedoch ihre Anzahl über das serbokroatische Dialektkontinuum verteilt sehr unterschiedlich. So beträgt beispielsweise der Anteil der Analphabeten in Bosnien 14.5%, in Kroatien lediglich 5,5%. Dabei sind die Frauen generell überproportional betroffen. Die Altersgruppe der über 60jährigen nimmt in etwa 5% ein.[13] Die Faustregel: „Zur Erforschung der ‚authentischen Mundarten‘ ist die älteste bodenständige Bevölkerungsschicht zu befragen!" ist wahrscheinlich schon heute kaum mehr durchzuhalten, sie erscheint methodisch unzulänglich. Gerade in dörflichen Gebieten ist die Durchschnittsfamilie noch größer als in verstädterten Regionen. Dort also, wo die bodenständigen alten Menschen leben, haben sie tagtäglich Umgang mit ihren jüngeren Verwandten, die sich in der Schule und am Arbeitsplatz gezwungen sehen, einen guten Teil ihrer Dialektbasis aufzugeben.[14] Nicht selten hat der übereifrige Feldforscher „seltene Dialektformen" aus seinen Informanten gekitzelt, die diese nicht mehr in ihrem aktiven Wortschatz bzw. Formeninventar hatten. Es ist wohl wahr, dass der Mensch ab einem bestimmten Alter kaum noch an sprachlichen Veränderungen teilnimmt. Das heißt jedoch nicht, dass jeder alte Dialektsprecher „reinen" Dialekt spricht. Dem Verfasser sind z.B. Fälle bekannt, in denen gemeinsam aufgewachsene ijekavisch sprechende Geschwister heute unterschiedlichen jat-Reflex aufweisen, weil einige von ihnen zur ausschließlich ekavischen Aussprache gelangten, und das nicht vor ihrem 30. Lebensjahr.

In Zukunft sollte verstärkt das sprachliche Verhalten von sog. Dialektsprechern in ihrem gesellschaftlichen Umfeld untersucht werden. Sprechen sie überhaupt noch mit irgendjemandem den „reinen Dialekt" oder haben wir es nicht oft bereits mit Interdialekten bzw. anderen Interferenzerscheinungen zu tun?[15]

Die Suche des Dialektologen kann sich in der Hauptsache in drei Richtungen bewegen, wobei eine Vermischung in der Praxis die Regel ist:

a) die Suche nach den Resten der ursprünglich „reinen" Dialekte, deren Reinheitsgrad theoretisch postuliert bzw. rekonstruiert werden muss;

b) die Suche nach den heute noch bei einer kleiner werdenden Bevölkerungszahl (die ältere Generation!) existierenden „reinen" Dialekte;

c) oder die Suche nach den Relikten von sich langsam nivellierenden, ehemals „reinen" Dialekten.

Von dieser Seite aus betrachtet kommt der Interpretation der synchronen Beschreibung von Mundarten eine nicht zu unterschätzende Bedeutung zu. Um ein Beispiel zu geben: die sehr sporadisch und nur in bestimmten Kategorien auftretenden Genitivformen vom Typ „gödīn" könnten einst in größeren Arealen die Norm gewesen sein, auch in anderen Kategorien. Möglicherweise sind sie jedoch an verschiedenen Punkten autochthon entstanden. Auch könnte ihre Verbreitung niemals größer als heute gewesen sein, so dass diesem sprachlichen Zug zu allen Zeiten eine marginale Bedeutung zukäme.

Eine weitere Schwierigkeit ergibt sich bei der Interpretation von fakultativen Dubletten, von denen die eine Form der schriftsprachlichen Norm entspricht. Diesen Sachverhalt treffen wir in der dialektologischen Feldforschung beinahe täglich an. Die Frage, welche Form der gesuchten „reinen Dialektbasis" zuzuordnen ist, lässt sich auf vierfache Weise beantworten:

1) beide Formen können der ursprünglichen Dialektbasis angehören, d.h. wir rechnen auch für die Vergangenheit mit der Möglichkeit von Dubletten, die Entwicklung hin zu éiner Form ist demnach noch nicht abgeschlossen;[16]

2) nur die Non-Standard-Form gehört der Dialektbasis an, während die Standard-Form ein Kulturinfiltrat (Prestige, Schule, Medien usw.) darstellen kann;[17]

3) beide Formen stellen Innovationen dar, während die ursprüngliche Dialektform ausgestorben ist;[18]

4) die Standard-Form ist identisch mit der ursprünglichen Dialektform, während die Non-Standard-Form infiltrierte.[19]

Statt einzelne „ideale Sprecher" zu suchen und zur Grundlage weitreichender Interpretationen zu machen, sollten wir uns also mehr mit der allgemeinen Funktion von Substandardvarietäten in sog. Mundartgebieten beschäftigen.

3. Wie stark weichen Untersuchungsmethoden, Sprecherauswahl bzw. Beschreibungsgenauigkeit im Laufe des zurückliegenden Jahrhunderts voneinander ab? Zunächst sind viele ältere Dialekttexte nicht akzentuiert und damit nahezu unbrauchbar. Weder können wir wissen, welche Silbe betont wurde, noch ob unbetonte reduziert waren. Bei dem hohen Stellenwert, der dem Akzentsystem für die Klassifizierung der serbokroatischen Dialekte zugemessen wird, sollte man auf solches Material völlig verzichten. Des Weiteren stellt sich die Frage für älteres Material, wie eng bzw. wie weit phonetisch transkribiert wurde, ob nicht sogar gelegentlich (unbewusst) phonologisch transkribiert wurde. Dies würde natürlich das gesamte Ergebnis verfälschen, vor allem die Bestimmung des Phoneminventars, ebenso jedoch die Formenbildung.[20]

Was die Auswahl der Informanten angeht, war man vor 100 Jahren sicher allzu unkritisch. Kaum hatte man den ländlichen Raum erreicht, galten annähernd alle Bewohner als potenzielle Dialektsprecher. In den städtischen Bereichen muss es verführerisch gewesen sein, es sich einige Stunden im Kaffeehaus bequem gemacht zu haben und beim Genuss einiger Tässchen Mokka fleißig Gespräche an den Nachbartischen und auf der Straße „mitzuschreiben".[21]

Wieder andere Monographien der neueren Vergangenheit kommen mit erstaunlich wenigen Ortspunkten aus. Auch gewinnt man den Eindruck, dass gelegentlich nur eine Handvoll Informanten zur Verfügung stand.[22]

Wohl gemerkt: es soll hier nicht über die Güte der Monographien gerichtet werden, wie viele und welche Daten auch immer präsentiert werden! Aber es muss erlaubt sein, die Frage nach der Vergleichbarkeit dieser sehr unterschiedlichen Untersuchungen zu stellen, damit nicht unnötigerweise Hypothesen aufgrund zweifelhaften und unzureichenden Materials aufgestellt werden.

Ausgehend von der Anzahl aussagekräftiger Isoglossen pro Flächeneinheit lassen sich im serbokroatischen Dialektkontinuum häufig kleinere Areale zu größeren zusammenfassen, die in sich mehr oder weniger kompakte Einheiten bilden. Wann wir eine solche Einheit Dialekt nennen, hängt nicht nur von quantitativen Parametern ab. Mindestens genauso wichtig ist eine plausible Auswahl und Hierarchie der Kriterien, auch spielt die Intuition, die sich aus einer Fülle von sekundären Momenten speist wie: gegenseitige Verständigungsmöglichkeit, ethnisches Empfinden, geographisches Relief u. ä. eine nicht zu unterschätzende Rolle.[23] Die so gewonnenen und einheitlich klassifizierten Gebilde sollten in eine verbindliche Terminologie eingebunden werden. Die unterste Stufe sollte die Lokalmundart (= govor) einnehmen, die gegebenenfalls in zwei oder mehrere Untermundarten (podgovor) aufgeteilt werden kann. Alle darüber hinaus gehenden Einheiten sollten deshalb eine andere Bezeichnung erhalten. Als Kompromiss wäre ein „govorni tip" zu akzeptieren, wir sollten jedoch Bezeichnungen wie „severnosrbijanski govori" (= severnosrbijanska grupa govora), „govori Banata" (= grupa banatskih govora), „ekavski slavonski govori" (= slavonski ekavski poddijalekat) vermeiden.[24] Mit dem Begriff Mundartengruppe (grupa govora) drücken wir die Zusammengehörigkeit der entsprechenden Mundarten sowie, und das ist noch wichtiger, eine höhere Beschreibungsebene zwischen den beiden Polen ‚Lokalmundart' und ‚Dialektgruppe' aus.

Auch oberhalb der Dialektebene liegen die Dinge nicht eindeutig, wie Bezeichnungen wie „štokavski dijalekat", „ekavski govori", „ekavsko narečje", „prizrensko-timočki govori"[25] oder „štokavsko narečje", „prizrensko-timočka dijalekatska zona" und „ekavsko narečje"[26] zeigen.

Der Begriff „narečje" könnte als Synonym für „Dialektgruppe" (štokavsko, kaj-kavsko, čakavsko, šćakavsko, torlačko narečje) oder für „Dialektuntergruppe" (ekavsko, ijekavsko, ikavsko, novoštokavsko usw.) verwendet werden – nicht jedoch für beide gleichzeitig. Die štokavische Dialektgruppe umfasst ein grö-ßeres Areal (und damit eine höhere Abstraktionsebene) als die inkorporierte ekavische Untergruppe. Schon aus diesem Grunde sollten beide Kategorien mit verschiedenen Termini bezeichnet werden.

Eine Übersicht der wichtigsten Gesamtdarstellungen der štokavischen Dialekte der neueren Zeit kommt zu erstaunlichen Ergebnissen:

- die Anzahl der Dialekte variiert von Autor zu Autor zwischen fünf und zwölf,[27]

- völlige Einigkeit besteht lediglich für zwei Dialekte, den Šumadija-Vojvodi-na-Dialekt und den Zeta-Južnosandžački-Dialekt,

- die Anzahl der Dialektgruppen variiert von drei (što, ča, kaj) bis fünf (Tor-lak, šća),

- die relativ große Unsicherheit einer stringenten Anwendung der Kriterien-auswahl und ihrer Hierarchie hat eine häufige Teilung bzw. Zusammenfassung verschiedener Areale zur Folge (mlađi ikavski, slavonski, kosovsko-resavski, istočnohercegovački, torlački).

Eine wichtige Anmerkung muss hier gemacht werden: Es könnte der Eindruck entstehen, dass aufgrund der vielfältigen unterschiedlichen Klassifizierungen das Bild der serbokroatischen Dialekte insgesamt strittig ist. Dies entspricht gewiss nicht den Tatsachen. In einigen Fällen hat sich wohl letztendlich ein Kon-sens gebildet, etwa in der Aufteilung des Osthercegovina-Dialektes in einen Osthercegovina- und einen Ostbosnien-Dialekt oder für die Nichtzugehörigkeit der istrisch-ikavischen Mundarten zur štokavischen Dialektgruppe. In anderen Fällen handelt es sich um Regionen, deren relative Kompaktheit unstrittig ist, die aber in gewisser Weise eine Mittelstellung einnehmen, was eine eindeutige Zuordnung erschwert. Dies gilt insbesondere für die torlakische Zone, die man zwischen die übrigen štokavischen und westbulgarischen Mundarten stellen kann, des Weiteren die Smederevo-Vršac-Zone zwischen Šumadija-Vojvodina und Kosovo-Resava-Dialekt. Schließlich geht es um in sich heterogene Gebiete bzw. durch markante Isoglossen durchschnittene Areale, die je nach Gewichtung der Kriterien zur Aufteilung in zwei Dialekteinheiten veranlassen oder eine sol-che Operation verbieten können (slavonski, mlađi ikavski).

Wenden wir uns nun der Klassifizierung des sprachlichen Materials unseres Dialektkontinuums zu, so stellen sich im Wesentlichen zwei Problemkreise dar, deren Lösung die Voraussetzung für eine einheitliche und in sich logische Darstellung ist:

- die Auswahl und Hierarchie maßgebender Kriterien, die einen Dialekt bzw. die über- und untergeordneten Einheiten definieren;

- das Verhältnis der geographischen Areale zu ihrer materiell-sprachlichen Basis. Oder anders ausgedrückt: wie lassen sich die areallinguistischen Gegebenheiten in eine komparativ-hierarchische bzw. graphische Form bringen.[28]

Zunächst stellt sich die Frage nach der Art der Kriterien: sollen sie genetischer oder struktureller Art sein. Die genetische Klassifikation ist besonders fruchtbar auf der diachronen Ebene. Sie entspricht dem Stammbaum, an dem zu erkennen ist, aus welchem ursprünglichen, übergeordneten Proto-Dialektgebilde sich die einzelnen Einheiten auf der synchronen Ebene gebildet haben. Ihre Reichweite beschränkt sich normalerweise auf relativ wenige Merkmale (z.B. ě, Halbvokale, silbische Liquida, sk'-, zd'-Reflexe, Nasalvokale, Deklinationsmorpheme, morphonologische Ablautreihen), die zu ihrer rekonstruierten Basis ins Verhältnis gesetzt werden. Ein weiterer Nachteil besteht darin, dass die sprachliche Gesamtstruktur zu wenig berücksichtigt wird, stattdessen liegt der Schwerpunkt auf der Feststellung der An- bzw. Abwesenheit bestimmter Entwicklungsmerkmale.[29] Die akzentologische Problematik lässt sich zudem nur ansatzweise betrachten, da die wenigsten älteren Texte in dieser Hinsicht brauchbar sind.

Die strukturelle Klassifikation geht von den synchronen Gegebenheiten des geographischen Areals aus und bietet die Gelegenheit, jedes sprachliche Subsystem (Prosodie, Phonologie, Morphologie, Syntax, Lexik) eines jeden dialektologischen Gebildes als in sich geschlossen zu beschreiben. In einem weiteren Arbeitsschritt lassen sich diese Dialekteinheiten miteinander vergleichen und zu größeren Gruppen zusammenfassen. Dabei wächst natürlich der Grad der Abstraktion mit der Anzahl der berücksichtigten Einheiten. Dafür freilich gewinnen wir den Vorteil der einheitlichen und durchgängigen Behandlung des sprachlichen Materials in einem universalen Raster.

Konkret stellt sich nun die Frage nach der Auswahl und Gewichtung der Klassifikationskriterien für die serbokroatischen Dialekte. Traditionell dient eine Mischung aus genetischen (Reflexe der urslavischen Phoneme) und strukturellen (Akzentsystem, Deklinationssystem, Temporalsystem) Merkmalen diesem Zweck, wobei dem Akzentsystem, den Deklinationsendungen und dem ě-Ersatz die größte Wichtigkeit zukommt. Auf diese Weise steht die neuštokavische Dialektuntergruppe (Šumadija-Vojvodina – Osthercegovina – Ikavisch) einer östlichen (Smederevo-Vršac – Kosovo-Resava – Zetsko-Južnosandžački) sowie einer westlichen archaischeren Gruppe (Ostbosnien – Slawonien – (--Dubrovnik)) gegenüber. Besteht das wichtigste Kriterium im Akzentsystem, so erhalten wir neben dem Neuštokavischen den slawonischen Dialekt mit ältester Akzentuierung sowie, drittens, die Dialekte mit älterer Akzentuierung. Sehr einprägsam gestaltet sich zusätzlich die Unterscheidung nach dem Ersatz des jat: ekavische (Šumadija-Vojvodina – Smederevo-Vršac – Kosovo-Resava – ekav.Slawonisch), ijekavische (Osthercegovina – Ostbosnien – Zetsko-Južnosandžački) sowie ikavische Untergruppe (Ikavisch – ikav.Slawonisch). Ganz davon abgesehen, dass das Problem der torlakischen Dialektuntergruppe noch nicht berücksichtigt wurde, wird deutlich, dass sich, je nach Kriterium, unterschiedliche Untergruppen bilden lassen, die differenzierte Aussagekraft besitzen.[30]

Das Problem des Verhältnisses zwischen benachbarten Mundarten bzw. Dialekten darf keineswegs auf den genetischen Aspekt beschränkt bleiben. Es ist nur natürlich, dass Dialekte mit gemeinsamen Übergangsgebieten mehr oder weniger ähnliche Entwicklungen durchgemacht haben, vielleicht auch früher gemeinsame größere Areale ausmachten. Genau so wichtig ist jedoch der synchrone Aspekt, der bevorzugt mit dem Begriff der Exzentrizität arbeiten muss, einem Gradmesser für den Abstand zweier Varietäten. Es verhält sich nämlich nicht so, dass die synchrone Beschreibung eine Dialektes die Oberflächenstruktur darstellt, während die Tiefenstruktur in einer theoretisch konstruierten oder auch real existierenden Varietät zu suchen sei. Im Gegenteil: jede Varietät, sei es auf Dialekt- oder Mundartebene, besitzt ihre eigene Struktur, die – in strukturell-synchroner Hinsicht – keiner weiteren Erklärung bedarf. Wenn der Dialektologe sie dennoch zu benachbarten Varietäten ins Verhältnis setzt, dann deshalb, weil er – in diachroner Absicht - möglichst große Areale nach identischen Prinzipien beurteilen und klassifizieren möchte.[31]

Wie tauglich sind nun die traditionellen Kriterien, die für die Klassifizierung der serbokroatischen Dialekte herangezogen werden, also der ě-Ersatz, das Akzentsystem und das Deklinationssystem? Der Ersatz des urslavischen jat-Vokals betrifft lediglich die Substitution einer bestimmten Position in einer Reihe von Wörtern und führt in keinem Fall zu neuen Phonemen: die ekavische und ikavische Zone besitzen genau so die Lautfolgen /ije/ und /je/ wie die ijekavische das Phonem /e/ kennt. Vom strukturellen Standpunkt aus betrachtet ist dieser Tatbestand eher wertlos. Allerdings ist es bei einsilbiger Realisierung des jat möglich, dieses als Phonem /je/, /ịe/ o.ä. zu werten.[32] Davon abgesehen ist ein sehr großer Teil des Alltagswortschatzes betroffen (vgl. z.B. mlěko, besěda, větar, věra, grěška…), so dass Abweichungen zwischen den Mundarten sehr leicht auffallen bzw. auch für den Laien sichtbar werden.[33]

Für die Feinunterscheidung bzw. die weitere Unterteilung ist der ě-Ersatz kaum brauchbar, in Grenzregionen versagt er meist völlig.[34] Dennoch muss konstatiert werden, dass dieser Reflex unter Berücksichtigung aller durch ihn bedingten Prozesse (neueste Jotierung; Ersatz des langen jat; lang steigende und lang fallende Substitution) eine erstaunliche Vielfalt aufweist, deren Ergebnisse jedoch am adäquatesten im Rahmen einer strukturellen Klassifikation beschrieben werden können, wenn auch in unterschiedlichen Subsystemen. Noch vielfältiger sind die Unterschiede im Akzentsystem. Wenn man berücksichtigt, welche Parameter zur Diskussion stehen (Quantität, Akzentstelle, Tonverlauf, paradigmatische Alternationen in Deklination und Konjugation, Proklisis), so verwundert es nicht, dass fast jede serbokroatische Mundart ihr eigenes prosodisches System besitzt. Andererseits weist die Klassifizierung nach akzentologischen Kriterien erhebliche Nachteile auf: der große Variantenreichtum, der oft selbst Nachbarmundarten voneinander „trennt", führt zu erheblicher Unübersichtlichkeit. Insbesondere bleibt unklar, welche prosodischen Kriterien von wirklicher Bedeutung sind und somit eine Abgrenzung zweier oder mehrerer Varietäten rechtfertigen. Es gilt, wie so oft, die Mitte zwischen zwei Extremen zu finden: wenden wir alle klassifizierbaren Parameter konsequent an, erhalten wir einen „Flickenteppich" von vielen kleinen Arealen. Werten wir nur wenige markante Isoglossen, so erhalten wir recht große, eher beliebige Areale.[35] Zur Exzentrizität trägt das prosodische System auf engem Raum eher wenig bei, denn für die interdialektale Verständigung hat es wahrscheinlich von allen Subsystemen den geringsten Wert. Die größten Auswirkungen dürfte noch die Akzentstelle haben (und damit auch Akzentalternationen und Proklisis), dann mit einigem Abstand die Quantität. Der Tonverlauf scheint uns weniger relevant für die Verständigung. Wenn wir jedoch jedes prosodische (distinktive) Merkmal gleichberechtigt werten, geraten wir häufig in Zugzwang und müssen dort scharfe Grenzen ziehen, wo sie, ausgehend vom gesamten sprachlichen System, nicht vertretbar sind.[36]

Der dritte Merkmalskomplex in der traditionellen serbokroatischen Dialektologie, das Flexionssystem bzw. im Besonderen das Deklinationssystem, scheint uns von größerer Evidenz zu sein als die Prosodie und Phonologie/Phonetik. Je größer nämlich die Segmente zweier Varietäten sind, die wir miteinander vergleichen, desto gravierender erscheinen die Unterschiede. Wenn wir die Dinge von dieser Seite aus betrachten, ist es klar, dass Lexik sowie Semantik bisher nicht genügend erforscht wurden. P. Trudgill und J. K. Chambers versuchen, den unterschiedlichen sprachlichen Ebenen graduell abgestufte Signifikanz zuzuweisen, „with the most superficial type beeing valued as ‚1' and the deepest type as ‚7' „. Ihre Reihenfolge lautet: "1. lexical 2. pronounciation 3. phonetic 4. phonemic 5. morphological 6. syntactic 7. semantic".[37]

Syntaktische / stilistische und semantisch-lexikalische dialektübergreifende Studien fehlen leider völlig in der serbokroatischen Dialektologie, die sich überwiegend der Dialektgeographie auf phonologisch-morphologischer Basis widmet.[38] Wie wichtig wäre es zu wissen, wie sich z.B. der Wortschatz in den einzelnen Mundarten in den letzten hundert Jahren verändert hat und welchen Einflüssen er ausgesetzt war. Ohne immer den hypothetisch „reinen" Dialekt historischer Ausprägung vor Augen zu haben, brauchen wir eine Textgrammatik, die auf Fragen der Dialogführung, Eröffnungsformeln oder Redestrategien gerade auch im interdialektalen Sinne antwortete. Besonders interessant wäre eine Untersuchung lexikalisch-semantischen Sprachwandels der ländlichen Gebiete auf dem Weg ins Industriezeitalter.

Wir haben bereits wiederholt darauf hingewiesen, dass das dialektologische Material, je nach Auswahl und Definition sogenannter markanter Isoglossen, in durchaus unterschiedlicher Weise klassifiziert werden kann. Entscheidenden Einfluss auf das Endergebnis haben nicht selten neben dem Verfahren, des Materialumfangs und dem ausgewählten Areal solche Faktoren wie Gewichtung der diachronen/synchronen Isoglossen oder die ungenügende Beachtung exzentrischer Merkmale. Wir gehen im Folgenden anhand einiger exemplarischer (Streit-)Fälle auf Möglichkeiten der Klassifizierung ein. Unser Ziel ist es nicht, diese Probleme zu lösen, vielmehr soll eine erneute, längst überfällige Diskussion angeregt werden über die Validität und Systematik herrschender Klassifikationsmodelle. Wir stellen folgende Fragen zur Diskussion:

a) Gehört die torlakische Gruppe zur štokavischen Dialektgruppe oder bildet sie neben der čakavischen, kajkavischen und štokavischen eine vierte, separate Dialektgruppe?[39]

b) Bildet der „smederevsko-vršački dijalekat" einen eigenen Dialekt oder gehört er dem „kosovsko-resavski dijalekat" an?

c) Gehört die Mundart von Dubrovnik zum Osthercegovina-Dialekt oder müssen wir sie abspalten und ihr einen weitaus exponierteren Status zuweisen denn als Dialektuntergruppe?

d) Ist es berechtigt, den „svrljiško-zaplanjski dijalekat" als eigenständigen Dialekt zu werten?

e) Haben wir es mit einem oder zwei slawonischen Dialekten zu tun?

f) Wie ist der Status der Zone Westserbiens, in der das jat ein eigenständiges Phonem /ẹ/ darstellt?

g) Dürfen wir die Mundarten mit nichtersetztem jat als Dialektgruppe zusammenfassen?

Zu a): Zweifellos gehören die torlakischen Mundarten genetisch betrachtet zum historischen Stamm der štokavischen Dialektgruppe. Es trifft auch zu, „da su balkanizmi u njih naknadno uneti sa strane, a da su u doba kad su nastajala sh. narečja ti govori bili prosto štokavski.„[40] Dass allerdings die Balkanismen, die diesen Mundarten ein solch charakteristisches, auf dem Boden des serbokroatischen Areals einmaliges, Gepräge geben, sekundär „von außen" hineingetragen wurde, darf in keiner Weise als abschwächendes Moment begriffen werden.[41] Wir haben es im Gegenteil mit einer gewachsenen Dialektzone zu tun, die wir ab einem bestimmten Zeitpunkt als eigenständige Varietät zu betrachten gezwungen sind. Ganz im Sinne von Brozović' Bemerkung, dass jedes strukturelle Kriterium die Chance hat, sich einmal in ein genetisches zu verwandeln,[42] kann durch Überlagerung die genetische Verwandtschaft verdeckt werden und eine neue Varietät entstehen. Gelöscht wird diese Verwandtschaft natürlich nie endgültig, sie verblasst aber, je weiter sich beide Varietäten voneinander entfernen. Entscheidend ist nun, wie man die Gegenüberstellung der genetischen Kriterien und der exzentrischen Balkanismen bewertet. Belässt man die torlakische Zone in der štokavischen Dialektgruppe, so muss man ihr innerhalb dieser einen von den übrigen Dialekten unterschiedenen Status zuweisen, und zwar sowohl in qualitativer als auch in quantitativer Hinsicht. Was bedeutet das? Selbst wenn wir diese Lösung wählen, sind wir aufgrund der Balkanismen gezwungen, den Torlak in Opposition zu allen übrigen štokavischen Dialekten zu stellen.[43] Es fallen aber gerade das Akzent- und Flexionssystem als exzentrischste Kriterien auf, die gemeinhin als die wichtigsten in der serbokroatischen Dialektologie gelten. Die Liquidierung der Tonverlaufs- und Quantitätskorrelation einerseits, die sehr starke Vereinfachung des Kasussystems andererseits geben der torlakischen Zone, so meinen wir, ein durchaus nicht-štokavisches Gepräge. Außerdem stellen sie ein gewichtiges theoretisches Argument dar. Wenn nämlich in einem bestimmten Bereich die wichtigsten Klassifizierungskriterien gar nicht greifen, dann steht dieses Gebiet gewissermaßen außerhalb der Diskussion. Es wäre also nicht nur eleganter, sondern auch vom theoretischen Standpunkt aus plausibler, den Torlak in Opposition zum Štokavischen mit Dialektgruppenstatus zu behandeln. Die Exzentrizität bekäme den ihr zustehenden Stellenwert, ohne eine besondere Beziehung zur štokavischen Gruppe zu negieren, die Klassifizierung würde durchgehend einheitlich angewandt werden: die bekannten genetischen

Reflexe signalisieren nur noch schwache Verwandtschaft (d.h. die štokavischen Dialekte besitzen im Gegensatz zum Torlak Quantitätskorrelation, die meisten auch die Tonverlaufskorrelation; das Vokalsystem ist zweistufig und zweiklassig und kennt kein silbisches /l̥/; die Deklination kennt im Plural mindestens vier Kasusformen; das Imperfekt ist im Schwinden begriffen oder bereits nicht mehr vorhanden).

Zu b): Anders liegen die Dinge im Falle des „smederevsko-vršački dijalekat", den Ivić seit der „Dijalektologija" 1956 zwar gesondert behandelt, dessen Status jedoch nicht immer gleich war:

1956   smederevsko-vršački dijalekat
1958   Smederevo-Vršac-Mundarten innerhalb des Kosovo-Resava-Dialektes
1971   smederevsko-vršački govori (offensichtlich zugehörig dem Kosovo-Resava-Dialekt
1990   smederevsko-vršački dijalekat.[44]

Hier geht wohl die Tendenz dahin, diese Zone als eigenständigen Dialekt zu werten. Ist das aber gerechtfertigt? Zunächst gilt es P.Ivić zuzustimmen in der Feststellung:"Granice ovog dijalekta na mnogo mesta nisu oštre".[45] An anderer Stelle meint er, „izgleda da je prelaz ka kosovsko-resavskom dijalektu veoma postupan, tako da bi svako određivanje granica bilo uslovno".[46] Dies mag für noch manch anderes Areal gelten, auf jeden Fall folgt daraus: die traditionelle Darstellung auf den bekannten Dialektkarten stellt nicht die bestmögliche Lösung dar. Im Gegenteil, sie verschleiert den wahren Sachverhalt des Kontinuums in diesem Fall auf unzulässige Weise, indem sie eine klare Grenze suggeriert, wo keine vorliegt. Ganz davon abgesehen, dass es in den meisten Fällen auf dem Gelände keine eindeutigen Grenzen (= Isoglossenbündel) gibt, müssen wir uns hier fragen, wie die Kriterien für eine wenigstens theoretische Abgrenzung der Varietäten Kosovo-Resava vs. Smederevo-Vršac beschaffen sein sollen. Dass sich beide Gebiete unter strukturellen Gesichtspunkten nur geringfügig unterscheiden, räumt Ivić ein:"U strukturalnom pogledu nema bitnih razlika između smederevsko-vršačkih govora i kosovsko-resavskih".[47] Auch kommt der Charakter des Dialektkontinuums klar in seiner Feststellung zum Ausdruck:"Najvećim delom svojih osobina smederevsko-vršački dijalekat predstavlja prelaz između kosovsko-resavskog i šumadijsko- vojvođanskog".[48]

Gravierende Unterschiede lassen sich auch auf genetischer Ebene nicht konstatieren:

- sowohl Kosovo-Resava als auch Smederevo-Vršac haben meist die alte Akzentstelle bewahrt, bis auf die Endsilbe, wobei es zu einer Reihe von spezifischen Akzentverschiebungen kam (Kanovacer; Metataxe); freilich erweist sich die Smederevo-Vršac-Zone als innovationsfreudiger, was aber an der Grundstruktur nichts ändert; keine nachtonigen Längen in beiden Gebieten;

- gleiches lässt sich über den Ersatz des jat sagen: im Kosovo-Resava-Gebiet ist der Ekavismus konsequenter vertreten (z.B. stareja, žene, tem, nesam) als im Smederevo-Vršac-Gebiet;

- auch in der Deklination finden wir in der Sm.-Vrš.-Zone häufiger neuere Formen.

Ein Abspalten des Smederevo-Vršac-Areals vom Kosovo-Resava-Dialekt auf dieser doch sehr spärlichen Basis bei gleichzeitiger Verweigerung einer solchen Operation für die torlakische Zone, für die, wie wir gesehen haben, weitaus gewichtigere Gründe vorliegen, will nicht recht einleuchten. Das Vorliegen von morphologisch und phonetisch bedingten Ikavismen im Sm.-Vrš.-Gebiet deutet in der Tat auf alte genetische Unterschiede hin, die jedoch durch die nachfolgende Entwicklung (Ekavisierung; teilweise Akzentverschiebung; Verlust nachtoniger Längen; Vereinfachung des Kasussystems) nivelliert wurden. So erscheint es sinnvoller, das Smederevo-Vršac-Areal als Unterdialekt des Kosovo-Resava-Dialektes zu behandeln, eventuell die progressivsten Mundarten im Norden und Nordosten dem Šumadija-Vojvodina-Dialekt zuzuschlagen, immer unter dem Gesichtspunkt, durch Kennzeichnung von Kerngebieten und peripheren Arealen den Charakter des Kontinuum angemessen darzustellen.

A.Peco sieht keinerlei Veranlassung, beide beschriebenen Varietäten zu trennen, für ihn zeigt der Kosovo-Resava-Dialekt als Ganzes (d.h. den „smederevsko-vršački govorni tip" eingeschlossen) „veliku sličnost među svim govornim tipovima".[49]

Zu c): Mit mindestens ebensolchem Recht, mit dem Ivić auf der Abtrennung des smederevsko-vršački vom kosovsko-resavski dijalekat besteht, kann man die Behandlung der ragusanischen Mundart von Dubrovnik als eigenständigen Dialekt diskutieren. Es besteht überhaupt kein Zweifel an der genetischen Verwandtschaft zum Osthercegovina-Diaelekt (ě-Reflex, neueres Akzentsystem, Affrikatensystem, št, žd, Ausgleich der Halbvokale in éinen Vokal, l>u). Andererseits weist Brozović auf alte wichtige Gemeinsamkeiten Dubrovniks mit den ostbosnischen und slawonischen Mundarten hin (fehlende neueste Jotierung außer l,n; /h/; Akzentalternationen der Adjektive; Instr.sg. der i-Dekl. auf –im; ńe-; pri-, prid, priko; ao < ō).[50] Folgt man seiner Interpretation der Untersuchungen van den Berks, dass zur Zeit Della Bellas der čakavische Akut in Dubrovnik bekannt war[51] – und es gibt keinen guten Grund, es nicht zu tun – so erscheint die genetische Verwandtschaft zum weststokavischen Bereich ungleich enger:

- Kanovacer, Metataxe
- nur /l,n/ sind konsequent jotiert
- ältere Deklinationsformen sind erhalten
- Aorist und Imperfekt sind unbekannt.

Zusammen mit den oben angeführten Sprachzügen, die es mit dem Ostbosniendialekt gemeinsam hat, stellt die Mundart von Dubrovnik bereits eine äußerst charakteristische Varietät mit einem hohen Grad an Exzentrizität dar, deren Zugehörigkeit zum Osthercegovinakomplex erheblich angezweifelt werden darf. Wenn man jetzt noch als jüngere Entwicklungen die bekannten Čakavismen (lj < j; -m < -n; -čk- < -šk- u. a.) sowie Romanismen bzw. Adriatismen in Lexik und Syntax hinzuzieht, fällt es sehr schwer, im Verhältnis Dubrovnik – Osthercegovinabasis einen geringeren Abstand zu sehen als im Falle des Smederevo-Vršac-Gebietes zum Kosovo-Resava-Dialekt bzw. zum Šumadija-Vojvodina-Dialekt. Vielmehr zwingt uns die Gesamtheit der Daten für die Mundart von Dubrovnik entweder

- sie als ein eigenständiges Dialektgebiet zu betrachten, das ursprünglich zum großen vormetanastasischen, weststokavischen (jekavischen) Raum gehörte und in der Folgezeit durch den Vorstoß der progressiven neuštokavischen Mundarten in nordwestlicher Richtung den unmittelbaren Kontakt sowohl zu diesen selbst als auch zu den ostbosnischen Mundarten verlor, oder

- sie als Mundartengruppe mit sehr hohem Exzentrizitätsgrad (ähnlich dem Žumberak an der Peripherie) innerhalb des Osthercegovinadialektes zu dulden um den Preis eines dann sehr heterogenen Bildes dieses Dialektes (was wiederum negative Konsequenzen für die Theoriebildung in Bezug auf die serbokroatischen Dialektareale haben könnte).

Zu d): Ganz gleich, wie man die drei Varietäten auf torlakischem Gebiet in den Kontext des Dialektkontinuums einbettet, ob als Dialekte bzw. Unterdialekte der štokavischen Dialektgruppe oder der torlakischen selbständigen Dialektgruppe, so erhebt sich die Frage nach der Gleichbehandlung des „svrljiško-zaplanjski" gegenüber dem „prizrensko-južnomoravski" und „timočko-lužnički dijalekat". Natürlich stellt die geringe geographische Ausdehnung des ersteren kein Argument gegen die Behandlung als Dialekt bzw. Unterdialekt dar.[52] Indessen vermag die Art und Weise der Klassifizierung nicht zu überzeugen: gewöhnlich wird darauf verwiesen, dass der Svrljiško-zaplanjski-Typ eine Mischform aus beiden

Nachbarvarietäten sei. Mit dem Prizrensko-južnomoravski-Typ habe er ebenso einige gemeinsame Züge (l < u; ć – đ; Pl.m. –ovi, -i; kein postpositiver Artikel) wie mit dem Timočko-lužnički-Typ (ļ < lə; -l; jd: Zwei-Kasus-System).[53]

Die eigentliche Dialektbasis läge in diesem Fall in der charakteristischen Mischung der Merkmale, ohne dass die betreffende Varietät sich durch nur ihr eigene Charakteristika auszeichnete.[54] Theoretisch spricht auch nichts gegen eine solche Auffassung, allein die konkreten Merkmale in der Praxis lassen nach unserer Meinung eine derartige Deutung nicht zu. Wenn die An- bzw. Abwesenheit der Phoneme /ć/, /đ/ bzw. /k'/, /g'/ (ć,đ), unterschiedliche maskuline Pluralmorpheme sowie der postpositive Artikel ausreichen sollen, um drei differenzierte Areale des Torlak zu erhalten, so hätte das sicher Konsequenzen für einige ähnlich gelagerte Fälle. Daher schlagen wir vor, entweder den Torlak in zwei Dialekte aufzuteilen, wobei das Areal des Svrljiško-zaplanjski-Typ entsprechend dem Verlauf der Isoglossen aufgeteilt wird, oder diesen Typ weiter als geographische Eigengröße zu behandeln, dann jedoch auf der Ebene des Unterdialektes. Freilich handelte es sich dabei um eine Beschreibungsart, wie wir sie bis jetzt in der serbokroatischen Dialektologie nicht kennen: dieser Unterdialekt gehörte geographisch keinem einzelnen Dialekt an, er wäre also nicht inkorporiert. Er besitzte vielmehr zwei Bezugsbasen, zwei benachbarte Dialekte, zwischen denen er als Bindeglied fungierte. Damit wäre sowohl seiner (sekundären) Eigenständigkeit Rechnung getragen als auch der „Übergangscharakter" dargestellt:

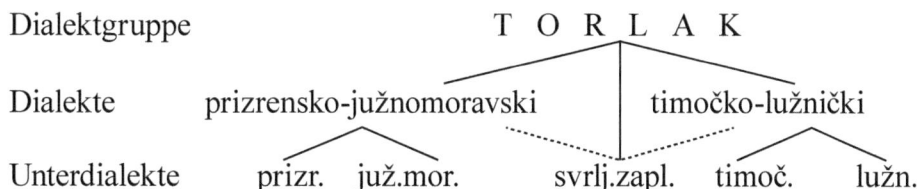

Auch könnte man das Svrljiško-zaplanjski-Gebiet seinerseits aufteilen, in ein Areal, welches den postpositiven Artikel kennt (zaplanjski) sowie jenes, welchen ihn nicht kennt (svrljiški). Beide Gebiete würden als Mundartengruppe gewertet. Allerdings muss man bei der Aufteilung in immer kleinere Dialekteinheiten äußerste Vorsicht walten lassen und prüfen, ob die Quantität und Qualität der Isoglossen wirklich einen solchen Schritt zulassen. Daher ist es nicht unwichtig, auf welcher Ebene diese Operation vollzogen wird. Im konkreten Fall des Svrljiško-zaplanjski-Gebietes hätten wir keine Bedenken, den Unterdialekt in zwei Mundartengruppen aufgrund der wichtigen Isoglosse (auf dieser Ebene!) des postpositiven Artikels zu teilen.

Zu e): Einen interessanten Fall stellt die Behandlung der älteren slawonischen Mundarten dar. P.Ivić hatte 1956 in seiner „Dijalektologija" diese Mundarten in zwei Dialekte aufgeteilt, in der Hauptsache wegen des unterschiedlichen jat-Reflexes: ekavisch im Norden (= podravski), ikavisch im Süden (= posavski). Die übrigen Isoglossen, die er anführt, könnten für sich genommen wohl nicht ausreichen, diesen Schritt zu begründen.[55] Nur zwei Jahre später kam er zu einem gegenteiligen Ergebnis und durchbrach so zum ersten Mal in der Geschichte der serbokroatischen Dialektologie das „eherne Gesetz" der ě-Isoglosse, die in jedem Fall auch eine Dialektgrenze darstellte.[56] Als Klammer für beide Untervarietäten fungiert das Merkmal „älteste Akzentuierung", dem alle sonstigen sekundären Abweichungen, und im Besonderen auch der ě-Ersatz, untergeordnet sind. Ebenso verfährt Ivić 1971 und 1990, während Peco eigentümlicherweise beide Mundarttypen zu den „ikavski govori" zählt.[57]

Aus dieser relativen Vernachlässigung der ě-Isoglosse könnten auch an anderen Stellen des serbokroatischen Dialektgebietes neue Klassifikationsmöglichkeiten entstehen.[58] Als ein Beispiel mag hier auf Nordwestserbien, genauer Tršić, hingewiesen werden, welches man aufgrund der großen Ähnlichkeiten zu den Mačva-, Pocerina- und Kolubara-Mundarten durchaus zum Šumadija-Vojvodina-Dialekt zählen könnte.[59] An dieser Stelle wird die Unzulänglichkeit der graphischen Darstellung auf Dialektkarten einmal mehr drastisch vor Augen geführt. Das Kennzeichen von Kerngebieten, abweichenden Arealen sowie peripheren bzw. Übergangsgebieten böte die Möglichkeit, sowohl verbindende als auch trennende Merkmale besser darzustellen. So könnte man den Slawonischen Dialekt graphisch sinnvoll als zwei Unterdialekte markieren, womit auch dem „ehernen Gesetz" des ě-Ersatzes die ihm zustehende Bedeutung zukäme. Auch ist der Slawonische Dialekt ein Paradebeispiel für die große Wichtigkeit nicht nur der dialektdifferenzierenden, sondern ebenso der gemeinsamen Merkmale für die Klassifizierung.

Zu f): Auf der Dialektkarte, die P. Ivić 1990 in der Enciklopedija Jugoslavije seinem Artikel über die serbokroatischen Dialekte beigegeben hat, stellte er das Gebiet Westserbiens, in welchem das jat eigenständigen phonematischen Wert erhalten hat, schraffiert dar und hob es dadurch von den übrigen šumadinischen und vojvodinischen Mundarten ab.[60] S.Remetić hatte 1981 über diese Mundarten ausführlich berichtet, in denen der ě-Vokal, entgegen der ekavischen Umgebung, durch ein geschlossenes, zwischen /e/ und /i/ liegendes Phonem /ẹ/ vertreten ist.[61] Es ist dies der einzige Fall auf der gesamten Dialektkarte, in dem Ivić innerhalb eines Dialektes eine zusätzliche Information für einen Teilbereich, hier durch

Schraffierung (= /ẹ/-Ersatz), darstellt. Was darf man daraus schließen? Hält er diese Unterteilung für besonders wichtig, wichtiger als die Besonderheiten der slawonischen Problematik, Dubrovniks oder des Žumberak, um nur einige Beispiele zu nennen? Immerhin hat er in seinen früheren Publikationen jeweils die „govori s nezamenjenim jatom" als gesonderte (Dialekt?-)Gruppe gewertet, was auf der neuesten Karte der Enciklopedija ebenfalls zum Ausdruck kommt.[62] Demnach müssten wir die westserbischen Mundarten mit /ẹ/ aus den übrigen Mundarten des Šumadija-Vojvodina-Dialektes herausnehmen und mit Mundarten z.T. völlig anderer Struktur zusammenfassen?! So ist es sicher nicht gemeint. Dennoch vermissen wir eindeutige Anweisungen, wie mit diesem Gebiet zu verfahren ist. Vom strukturellen Standpunkt stellt die Bewahrung des jat-Phonems eine schwerwiegende Abweichung dar. Das Phonemsystem der Vokale wird vom drei- zum vierstufigen (asymmetrischen) System:

Nun ist es schlichtweg undenkbar, dass sich die betreffenden westserbischen Mundarten nur durch dieses zusätzliche Phonem /ẹ/ von den Nachbarvarietäten unterscheiden sollten, was ja durch B. M. Nikolić in der Tat belegt ist.[63] Allerdings sind die Unterschiede des Tamnava-Kolubara-Gebietes zu den Mundarten der Mačva, der Podrinja, der Pocerina und der westlichen Šumadija relativ gering. Entscheidend ist jedoch nach unserer Auffassung der Umstand, dass der artikulatorische Unterschied zwischen /e/ und /ẹ/ dermaßen klein ist, dass er offenbar selbst erfahrenen Dialektologen kaum oder erst nach mehrmaligem Hören bewusst geworden ist.[64] B. M. Nikolić, einer der seinerzeit besten Kenner der westserbischen Dialektverhältnisse, hörte einen Laut zwischen /e/ und /i/ anstelle des jat „naročito u Brankovini, osobito u govoru starijih žena koje su se malo kretale iz sela"[65], d.h. in einem vergleichsweise kleinen Gebiet, dem er zudem den Status eines Phonems verweigert, da „u osnovi je kolubarskoga govora ekavska zamena jata šumadijsko-vojvođanskog tipa".[66] Remetić berichtet:"U prvi mah sam, naime, u šumadijskim selima, nenavikao na novu situaciju, ‚slušao' i zapisivao primjere tipa /vìjem, sìjem/ i /bélo/ umjesto /vẽjem, sẽjem/ i /bẹ́lo/"[67], und selbst die Dialektsprecher sind sich des Unterschiedes in der Aussprache dieses Phonems zur Standardsprache nicht bewusst.[68]

Dieser Umstand schwächt die strukturelle Exzentrizität im Phonemsystem in entscheidender Weise. Der Dialektologe kann zwar sehr feine phonetische (und natürlich auch phonologische, syntaktische und lexikalische) Unterschiede registrieren und sie korrekt bewerten. Er sieht sich jedoch außer Stande, Varietätsgrenzen dort zu ziehen, wo nicht einmal dem „native speaker" eine Abweichung bewusst ist.[69] Die große Ähnlichkeit der Phomene /e/ und /ę/ in artikulatorischer und auditiver (auch akustischer!) Hinsicht ist offenbar in der Lage, die strukturelle Besonderheit im Vokalsystem samt seiner daraus resultierenden Konsequenzen zu neutralisieren. Deshalb erscheint es unbedingt berechtigt, die Kolubara-Tamnava-Zone als integriertes Areal mit nur geringer Exzentrizität des Šumadija-Vojvodina-Dialektes zu behandeln.[70] Auch scheint die Schraffierung, die Ivić auf seiner Karte gewählt hat, gerade an dieser Stelle nicht angebracht, während sie an anderer Stelle erwünscht wäre (z.B. Slawonien, Dubrovnik, Sandžak u.a.).

Zu g): Ebenso wie in früheren Publikationen taucht auf der neuesten Karte bei P.Ivić in der „Enciklopedija Jugoslavije" eine Gruppe der „govori s nezamenjenim jatom" auf, zu denen neben den Aussiedlermundarten im rumänischen Banat (Rekaš, Banatska Crna Gora, Karaševci und Umgebung), der Mundart der Gallipoli-Serben und einiger slawonischer Mundarten (Gradište) neuerdings auch ein großes Areal in Westserbien zu zählen ist.[71] Die Zusammenfassung dieser Mundarten verschiedenen genetischen Ursprungs in éine Gruppe soll offensichtlich deren Besonderheit hinsichtlich des jat-Ersatzes im štokavischen Dialektgebiet veranschaulichen. Da es sich bei den meisten schon früh bekannt gewordenen Mundarten obendrein um Aussiedler- bzw. Reliktgebiete handelt, deren Struktur sich z.T. erheblich von jener ihrer ursprünglichen Dialektbasis unterscheidet, schien eine solche, wohl doch eher lose Klassifikation zunächst einmal berechtigt.[72] Andererseits wäre eine Behandlung der jeweiligen Mundarten im Zusammenhang mit dem Dialekt, aus dessen Basis sie einst hervorgegangen war, aus erkenntnistheoretischen Erwägungen durchaus gerechtfertigt gewesen.[73] Stillstand (Archaismus) und Weiterentwicklung (Innovation) sowie Überlagerung durch Sprachkontakte lassen sich auf diese Weise kontrastiv darstellen. Außerdem entstammen immerhin drei Mundarten (Banatska Crna Gora, Rekaš und Gallipoli) dem Gebiet des Smederevo-Vršac-Dialektes.

Die „Entdeckung" des westserbischen Gebietes mit nichtersetztem jat führte nun aber zu der grotesken Situation, eben diese Zone bei der Klassifizierung aus dem Verband der Šumadija-Vojvodina-Mundarten herauszunehmen – was im Übrigen auch im Falle der slawonischen /ę/-Gebiete zu geschehen hätte – um den einmal gewählten Weg einzuhalten.[74]

Aus dem bisher Gesagten folgt eindeutig, dass auf jeden Fall für die westserbischen und slawonischen Areale eine Ausgliederung aus den sie umgebenden Mundarten sowohl aus strukturell/genetischen als auch aus erkenntnistheoretischen Gründen unsinnig ist. Damit ist eine Sparte „govori s nezamenjenim jatom" aber obsolet geworden, da sie nicht alle in Frage kommenden Varietäten sinnvoll integrieren kann. Die strukturell gewiss recht großen Unterschiede der betreffenden Mundarten zum heutigen Smederevo-Vršac-Stand lässt durchaus ihre Ausgliederung zu, eine Verbindung untereinander erscheint jedoch mehr als bedenklich.

Die serbokroatische Dialektologie klassischer Ausprägung ist in mehrfacher Hinsicht in eine kritische Phase gelangt, wie wir zu zeigen versucht haben. Zum einen hat sie selbst in ihrer hermetischen Sichtweise eine Reihe von offenen Fragen zurückgelassen, von denen wir einige erörtert haben. Andererseits verschließt sie sich kategorisch soziolinguistischen Fragestellungen, indem sie auf einem fiktiven „reinen" Dialekt beharrt. Wir sind weitaus besser über die Kommunikation zwischen Dialektforschern und sog. Dialektsprechern informiert, als über die wirkliche gesprochene Sprache in einer gegebenen Region. Eine Dialektologie, die annähernd 95% der Bevölkerung aus ihrer Forschung ausklammert, weil sie zu jung, zu mobil oder aus anderen Gründen „verfälschte" Mundart spricht, findet sozusagen Stecknadeln im nichtvorhandenen Heuhaufen. Wenn sie sich nicht umgehend neuen Forschungsansätzen zuwendet, wird die serbokroatische Dialektologie bald ihre gute Reputation in der Slawistik verspielt haben und stattdessen zur folkloristischen Glosse werden.

	istarski ikavski	mlađi ikavski	ikavsko-šćakavski	slavonski ekavski	posavski ikavski	šumadijsko-vojvođanski
Ivić 1956	istarski ikavski	mlađi ikavski	ikavsko-šćakavski	slavonski ekavski	posavski ikavski	šumadijsko-vojvođanski
Ivić 1958	istrisch ikavisch	jüngerer Dialekt	ikavischer	slavonischer	Dialekt	Šumadija-Vojvodina
Popović 1960	i k a v i s c h					Nordekavisch jüng. Typus
Stevanović 1960	ikavci južne i zapadne Istre	najmlađi štok. ikavski	zapadno-bosanski	slavonski ekavski	posavski ikavski	šumadijsko-vojvođanski
Brozović 1970		z a p a d n i		s l a v o n s k i		šumadijsko-vojvođanski
Ivić 1971	istarski štok.-čak. ikavski	štokavski ikavski s prenesenim akcentima		s l a v o n s k i		šumadijsko-vojvođanski
Peco 1978	govori Istre	ikavsko-štakavski	i k a v s k o š ć a k a v s k i			šumadijsko-vojvođanski
Ivić 1990		m l a đ i i k a v s k i		s l a v o n s k i		šumadijsko-vojvođanski

	istočnohercegovački	istočno-bosanski	zetsko-južnosandžački	prizrensko-južnomoravski	svrljiško-zaplanjski
Ivić 1956	istočnoherc. van granice Herceg. / istočnohercegovački	istočno-bosanski	zetsko-južno-sandžački	prizrensko-južnomoravski	svrljiško-zaplanjski
Ivić 1958	i s t o č n o h e r c e g o v a č k i		zetsko-sjenički	prizrensko-južnomoravski	svrljiško-zaplanjski
Popović 1960	O s t h e r c e g o v i n a D i a l e k t	j e k a v i s c h archaisch	Zeta-Lovćen Dialekt		
Stevanović 1960	najmlađi govori j e k a v s k o g t i p a	štokavskog	zetsko-sjenički	p r i z r e n s k o - t i m o č k i g o v	
Brozović 1970	istočnohercegovački	istočno-bosanski	zetski		
Ivić 1971	istočnohercegovački	ostaci istočno bosansk. gov.	zetski	prizrensko-južnomoravski	svrljiško-zaplanjski
Peco 1978	herceg. tip van granice Herceg. / hercegovački tip	ijekavsko-šćakavski	zetsko-južno-sandžački	p r i z r e n s k o - t i m o č k i	
Ivić 1990	istočnohercegovački	istočno-bosanski	zetsko-južno-sandžački	prizrensko-južnomoravski	svrljiško-zaplanjski

Anmerkungen

1. Vgl. D. Brozović: O strukturalnim i genetskim kriterijima u klasifikaciji hrvatskosrpskih dijalekata, ZbFL III, 68-88, 1960; ders.: O problemu ijekavskošćakavskog (istočnobosanskog) dijalekta, HDZb II, 119-208, 1966. Nach wie vor gilt im Grundsatz die Bemerkung Brozović:"Nije se dovoljno pazilo na princip ‚svaki prema svakomu‘, ali još se više zanemarivao princip ‚svi prema svima‘, inače bi se već jasnije uvidjela neka unutarnja organizacija naše dijalekatske cjeline"(Dijalekatska slika, S.23).

2. Grundsätzlich ist die Differenzierung des ikavischen Dialektgebietes in „ikavskoštakavski" und „ikavskošćakavski" sehr zu begrüßen, nur müssen die slawonischen Mdaa. mit älterer Akzentuierung (hier: „posavski" bzw. „slavonski govorni tip") auf jeden Fall einen eigenen Status besitzen und dürfen nicht, wie Peco es praktiziert, gemeisam mit den zentral- und westbosnischen, süddalmatinischen. bunjevcischen sowie den Mdaa. der Imotska krajina und Bekrija zusammengefasst werden. Sehr statisch mutet die Gegenüberstellung des „hercegovački tip" zum „hercegovački tip van granice Hercegovine" an. Für die Diskussion weiterer fundamentaler Schwächen der Darstellung Pecos vgl. die ausführliche und tiefschürfende Rezension von D.Petrović im ZbFL XXII/1, 225-235, 1979.

3. Enciklopedija Jugoslavije, 2.Aufl. Bd.6, S.67-87, unter dem Stichwort: Jezik, srpskohrvatski/hrvatskosrpski, hrvatski ili srpski, Zagreb 1990 (Izvadak 1988). Die Artikel über die skr. Dialekte stammen von P.Ivić (štokavisch) sowie D.Brozović (čakavisch und kajkavisch).

4. Man beachte, dass im großen Artikel „Jezik" in der Enciklopedija (siehe Fußnote 3) kein Stichwort „Soziolinguistik" o.ä. geführt wird.

5. Vgl. die Kritik an dieser Sichtweise z.B. von T.F. Magner: A century of the Niš dialect, in: B.A.Stolz et al. (eds.), Language and literary theory, Ann Arbor Michigan 1984, 133-145, der die Kompaktheit von Dialekten und ihre geographische Aufteilung als „Abstraktion" in Frage stellt und die große Rolle der „Yugoslav cities as regional models of speech" hervorhebt (134). Dunja Jutronić-Tihomirović („Standard language and dialects in contact") und Damir Kalogjera („Attituds to dialects in language planning"), beide Aufsätze in: Language planning in Yugoslavia, ed. by R.Bugarski and Celia Hawkesworth, Columbus Ohio 1992, gehen näher auf die Gründe für diese Vernachlässigung ein.

6. ZbFL III, S.77

7. Jan Goossens: Dialektologie im Zeitalter der Variablenforschung, S.43, in:

Dialekt und Dilektologie, hrsg. von J.Göschel, P.Ivić, K.Kehr, Wiesbaden 1980.

8. Dass Phonologie und Morphologie das mit Abstand größte Interesse auf sich ziehen, beweist ein kurzer Blick auf die Veröffentlichungen des Srpski dijalektološki zbornik (SDZb) der letzten zehn Jahre. Von den neun größeren Gesamtdarstellungen behandeln vier die Syntax überhaupt nicht (Remetić 1985, Nikolić 1991, Đurović 1992, Đukanović 1995), die übrigen handeln sie relativ kurz ab (ca. 1/8 bis 1/12 des Gesamtumfangs (Kašić 1995 auf 6 Seiten; die Darstellung Ivić/Bošnjaković/Dragin ist noch unvollständig). Charakteristisch ist, dass keine Monographie Akzentuierung und Syntax gemeinsam in angemessener Weise darstellt. Nikolić 1991, Ivić et al. 1994, Đukanović 1995 und, mit Abstrichen, Remetić 1985 gehen tiefer auf das prosodische System ein.

9. So bezeichnet z.B. Ivić den ‚svrljiško-zaplanjski dijalekat' als „tipičan (je) prelazni idiom", Enciklopedija Jugoslavije Bd.6, S.75. Auch den ‚smederevsko-vršački dijalekat' sieht er als „prostim prelaznim govornim tipom" (1956, S.92), während das Gebiet der ostbosnischen Mundarten „Übergangscharakter" besitze (Die skr. Dialekte, S.158). Asim Peco geht einen Schritt weiter, indem er grundsätzlich an der Peripherie von Dialekten mit Übergangsvarietäten rechnet:"upravo oni bi se mogli nazvati govorima prelaznog tipa, u njima se ukrštaju osobine različitih dijalekata" (Pregled 1978, S.188). R.Đurović untersucht die „Prelazni govori južne Bosne i visoke Hercegovine" (SDZb XXXVIII 1992, S.9-378), ohne jedoch den Begriff „prelazni govor" genauer zu definieren. Vgl. seine Äußerung:"Dovoljno je da se nekoliko osobina visokog ranga dva dijalekta ukrste na jednom prostoru pa ovaj postane prelazni" (S.326). Dieses Thema verdiente eine eingehendere Untersuchung. Nach unserer Meinung ist die Kategorie „Übergangsmundart" nur dann berechtigt, wenn das betreffende Areal keinem(!) von beiden Nachbardialekten zugeordnet werden kann. Dann aber müsste es eine eigenständige Struktur aufweisen. Könnte man es beiden Dialekten zuordnen, so wären diese nicht genügend differenziert. Eine soziolinguistische Betrachtungsweise brächte sicher tiefere Einsichten in die Problematik.

10. Vgl. die sehr ungenaue Formulierung Ivić', dass im 19. und 20.Jahrhundert „in Nordwestserbien ein gewisses Vordringen des Šumadija-Vojvodina-Dialektes auf Kosten des Osthercegovina-Dialektes zu verzeichnen" sei (Die skr. Dialekte, S.183). Sicher meint er das sukzessive Vordringen markanter Isoglossen, nicht jedoch das „Auswechseln" der gesamten Dialektgrundlage – von metanastasischen Massenbewegungen in sehr(!) kurzen Zeiträumen einmal abgesehen.

11. Siehe Fußnote 9

12. Es soll nicht verschwiegen werden, dass Ivić auf zwei seiner Dialekt-

karten zaghafte Versuche in diese Richtung unternommen hat. Auf der Karte der „Dijalektologija" 1956 markiert er die „makedonski govori slični prizrensko-timočkima" und die „bugarski govori slični prizrensko-timočkima" als Übergangsmundarten der serbokroatischen und mazedonischen bzw. bulgarischen Mundarten. Diese Praxis wiederholt er 1971 auf der Karte zum Werk „Srpski narod i njegov jezik", auf der er außerdem die komplizierte dialektübergreifende Vertretung des jat auf dem Gebiet des Sandžak durch eine besondere Flächengrundierung zum Ausdruck bringt. Darüber hinaus stellt er durch Schraffierung auf sonst gleichfarbigen Untergrund, gemäß seiner damaligen Auffassung, den Übergangscharakter der ostbosnischen sowie der Smederevo-Vršac-Mundarten dar, alles in allem ein relativ differenziertes Kartenbild, jedoch ohne echte Systematik.

13. Alle Angaben nach der Enciklopedija Jugoslavije Bd. 6, S. 230

14. Die Auswirkungen der rasanten wirtschaftlichen und bildungspolitischen Entwicklung zusammen mit einer ausgeprägten Entagrarisierung und Landflucht machen sich in der jüngeren Generation vor allem in den Bereichen der Lexik und Morphologie bemerkbar, während sich Prosodie und Phonetik als konsistenter erweisen.

15. Wo etwa wollen wir den Dialekt als System der ‚parole' festmachen, wenn ein einzelner alter Mensch sich in der täglichen Kommunikation Sprechern gegenüber sieht, die den „reinen" Dialekt nicht mehr annähernd aktiv beherrschen. Diese Situation stellt in weiten Bereichen des serbokroatischen Dialektgebietes keine Ausnahme dar.

16. Beispiele für diese Kategorie könnten im lexikalischen Bereich gesucht werden, vgl. die parallele Verwendung von „što/šta" bei gleichzeitigen „ča"-Komposita. Auch könnte die Akzentverschiebung auf das Proklitikon in bestimmten morphologischen Kategorien fakultativ gewesen sein, wie es heute oft der Fall ist. Ebenso kommen – jedenfalls für die neueste Zeit nach der Akzentverschiebung – Akzentdubletten (z.B. ìdēmo/idémo) in Betracht.

17. Hierher gehören z.B. schriftsprachliche Einflüsse in Deklination und Akzentuierung oder das Zurückdrängen der ijekavischen Aussprache durch Ekavisierung, z.B. in Westserbien.

18. Denkbar ist ein ausgestorbener endungsloser Genitiv Plural der Substantive bei heute bestehenden Dubletten auf –ā/-ī. Auch ist beim komplizierten jat-Ersatz in vielen Regionen mit ursprünglich anderen Reflexen zu rechnen, als wir sie heute vorfinden.

19. Vgl. die Überlagerung durch sog. Čakavismen, Balkanismen, Turzismen u.ä.

20. Unsicherheiten in der Identifizierung und Notierung sind vor allem zu erwarten für die Realisierung der Prosodeme, die Qualität des jat-Reflexes und damit im Zusammenhang von Diphthongen überhaupt, die Problematik der silbischen / ḷ, ṛ / bzw. deren Kombination mit Mittelzungenvokalen, die verschiedenen Möglichkeiten, die Anzahl der Affrikaten zu reduzieren sowie Reduktionen, Elisionen, Kontraktionen und ähnliche Erscheinungen.

21. So sind die meisten frühen ethnologischen Arbeiten für linguistische Zwecke nur sehr bedingt brauchbar. Häufig wurden „Gewährsleute" befragt, gerne Volkslieder als Material angeführt. Als Beispiele für eine im Ganzen fragwürdige Methode mögen die Untersuchungen von L. Masing (1876), M. Ivković (1909), Đ. Šurmin (1895) oder H. Hirt (1903) genannt werden.

22. Diese z.T. eklatanten Schwächen, die in den Arbeiten der letzten zehn Jahre erfreulicherweise nicht mehr bestehen, beobachten wir z.B. bei B. M. Nikolić 1968 (Tršićki govor, SDZb XVII) oder M. Simić 1978 (Govor sela Obadi u bosanskom Podrinju, SDZb XXIV), die keinerlei Angaben über ihre Informanten geben. Dialektforscher, die ihre eigenen Heimatmundarten beschreiben, sind sicher immer ein wenig in Gefahr, zu viele Informationen aus der eigenen Familie zu verwerten (Tešić 1977, M.B. Nikolić 1972, M. Simić 1978). B. M. Nikolić 1967 (Kolubarski govor, SDZb XVIII) begnügt sich mit vier Ortspunkten für ein vergleichsweise großes Areal.

23. Vgl. in diesem Zusammenhang den Aufsatz von W. J. G. Möhlig: Dialektgrenzen und Dialektkontinua im Bantusprachgebiet von Kenia: Zum Problem der Grenzfindug und Grenzgewichtung. In: Dialekt und Dialektologie, Wiesbaden 1980.

24. So Ivić 1956, Dijalektologija S. 74, 78, 94. Bei Peco 1978, Pregled finden wir desgleichen „šumadijski govori" (45), „šumadijsko-vojvođanski govori" (42), „ekavski govori" (17).

25. Peco, Pregled S. 11, 15, 17 u. a.

26. Ivić, Dijalektologija S. 25, 56, 110 u. a.

27. Nicht mitgezählt wurden die „Mundarten mit nichtersetztem jat" bzw. Aussiedlermundarten. Besonders auffällig ist zum einen der große Unterschied zwischen Ivić 1956 (zwölf Dialekte) und Ivić 1958 (sieben Dialekte), ein Umstand, der der stärker strukturell als genetisch angelegten Klassifikation 1958 zu verdanken ist. So fällt der exzentrische Torlak aus der štokavischen Gruppe heraus, während die strukturell konvergierenden „slavonski ekavski" und „posavski ikavski" bzw. „smederevsko-vršački" und „kosovsko-resavski" zu je éinem Dialekt zusammenfallen. Andererseits resultiert die niedrige Anzahl

bei Popović 1960 (fünf) aus der Tatsache, dass er u. a. eine eigenständige šćakavische Dialektgruppe postuliert.

28. Es sind dies die zwei Grundfragen der klassischen Dialektologie, nämlich diejenige nach der Anzahl der Dialekteinheiten bzw. jene nach der Form und Größe. Eine dritte wäre die Frage nach der inneren Beschaffenheit sowie den Existenzbedingungen von Mundarten.

29. Vgl. hierzu den Aufsatz von P. Garde: Réflexions sur les différence phonétiques entre les langues slaves, Word 17, S. 34-62; der von seiner Methode der systematischen Vergleichung genetischer Segmente sagt:"Cette méthode diffère de la méthode génétique traditionelle en ce qu'elle considère l'état actuel des langues et n'accorde aucun privilège aux différences les plus anciennes en tant que telles. Elle diffère de la méthode typologique en ce qu'elle confronte les langues non pas globalement, mais point par point, en comparant ce qui est comparable, c.-à-d. qui a une origine commune." (S. 42)

30. Durch die Überschneidung der zwei klassischen Kriterien 'jat' und 'Akzentuierung' bilden sich auf einfache, aber wirkungsvolle Weise die großen Zonen des serbokroatischen Dialektgebietes (Ivić, Die skr. Dialekte, 1958, S. 131). Dennoch – und besonders im Hinblick auf häufig vorhandene fakultative Akzent- und jat-Dubletten – sollte man sich hüten, ausschließlich auf ihrer Grundlage zu klassifizieren.

31. Wenn auch das Dialektkontinuum, welches trotz aller metanastasischen Bewegungen in weiten Teilen des serbokroatischen Sprachgebietes vorhanden ist, als Gegenspiel von Innovationszentren und konservativen Gebieten genetische Zusammenhänge impliziert, so ist auf der synchronen Achse von Dialekttypen auszugehen, die aufgrund der Isoglossenanordnung ihre je eigene Exzentrizität besitzen und sich mehr oder weniger von der diachronen Achse lösen.

32. Vgl. die Ausführungen von D. Brozović in:Povijesni pregled, glasovi i oblici hrvatskoga književnog jezika, Zagreb 1991, S. 439-542.

33. Aus diesem Sachverhalt wird deutlich, dass auch genetische Kriterien den Grad der Exzentrizität steigern können. Exakter beschreiben bzw. transparenter machen lässt er sich jedoch durch die strukturelle Beschreibung. Man müsste nämlich, streng genommen, jede lexikalische Einheit anführen, die etwa von der Nachbarvarietät abweicht.

34. Hier muss die Gesamtstruktur der Mundart sowie ihre geographische Ausdehnung über die Zuordnung zum einen oder anderen Dialekt entscheiden (z.B. Tršić mit je/e-Ersatz zum Osthercegovina-Dialekt, oder Gruža mit je-Relikten zum Šumadija-Vojvodina-Dialekt). Ähnlich gelagert sind die Fälle mit

unterschiedlichen jat-Reflexen in langen und kurzen Silben, über deren Klassifizierung Ivić schreibt:"Iako bi striktno sprovođenje principa vrednosti jata kao diferencijalnog dijalektološkog kriterija zahtevalo da se ovi govori smatraju posebnim jedinicama, njihova teritorijalna ograničenost oduzima nam pravo da tako postupimo." (Dijalektologija S.56)

35. Am Akzentsystem lässt sich eindrucksvoll demonstrieren, dass untergeordnete Kriterien eine desto geringere Abgrenzungsdynamik entwickeln, je niedriger ihre strukturelle Ebene ist. Nur Parameter mit phonologischer Relevanz sind in der Lage, Dialektgrenzen als Kofaktoren mitzugestalten, in manchen Fällen reichen sie nicht einmal aus, z.B. die Kürzung nachtoniger Längen. Demgegenüber können nachrangige Phänomene wie unvollständige Akzentverschiebung, Anzahl der Prosodeme o.ä. lediglich zur Unterteilung in Unterdialekte und Mundartengruppen beitragen.

36. Vgl. die von der neuštokavischen mitunter erheblich abweichende Distribution der Akzente in Ivić' nordwestlicher Gruppe des Osthercegovina-Dialektes (Žumberak) oder Dubrovnik veranlasste den Autor nicht zur Abtrennung dieser Gebiete, während er zum damaligen Zeitpunkt die ostbosnischen Mundarten mit noch schwerwiegenderen Abweichungen ebenfalls im Osthercegovina-Dialekt belässt, in neueren Publikationen jedoch als eigenständigen Dialekt wertet. Natürlich gilt die angesprochene Problematik für alle Isoglossen, die isoliert betrachtet werden. In den seltensten Fällen haben wir es ja mit Isoglossenbündeln zu tun. Das Kennzeichen eines Dialektkontinuums ist es nun eben, dass die Anzahl der Isoglossen pro Flächeneinheit relativ konstant ist. Gerade deshalb kommt es auf ihre Auswahl an.

37. J.K.Chambers/P.Trudgill: Dialectology, Cambridge 1980, S.115. Allerdings sollte nach unserer Meinung die lexikalische zusammen mit der semantischen Ebene behandelt werden, keinesfalls stellt sie die oberflächlichste Ebene dar.

38. Leider ist nicht einmal immer eine konsequente Unterscheidung zwischen phonetischen und phonologischen Tatsachen gewährleistet. Man gewinnt den Eindruck, dass den phonetischen Eigenschaften größere Bedeutung beigemessen wird als dem phonologischen System. So wird z.B. der phonematische Status des monosyllabischen, diphthongischen jat entweder gar nicht (Đurović 1992 SDZb, Dragičević 1986 SDZb, Vujičić 1985/90 BHDZb V/VI) oder nur peripher diskutiert (Nikolić 1991 SDZb). Unklarheiten bestehen weiter in der Wertung der Affrikatenreihen bei muslimischen Sprechern, der Wertung silbischer Liquida und Nasale u.a. Offensichtlich behindert die klassisch diachron ausgerichtete Interpretation die konsequent synchrone phonematische Analyse.

39. Es sei vermerkt, dass Popović 1960: Geschichte der skr. Sprache, eine fünfte Dialektgruppe, das „Šćakavische", annimmt (bes.S.357-363, 448-450).

40. P.Ivić in der Enciklopedija Jugoslavije VI, 1990, S.74

41. Ein „Hereintragen-von-Außen" bedeutet immer auch ein „Bereit-Sein" zum Aufnehmen, ja sogar ein aktives Transformieren.

42. D.Brozović, O strukturalnim i genetskim kriterijima u klasifikaciji hrvatskosrpskih dijalekata, ZbFL III, S.74.

43. Es stellt sich ernsthaft die Frage, ob nicht auch unbewusste Serbisierungstendenzen in der Vergangenheit zu dem „štokavischen" Torlakbild beigetragen haben. Freilich wäre die Nähe dieser Varietät zur bulgarischen Sprache, und noch mehr zu den bulgarischen Nachbarmundarten ein Grund gewesen, die Zugehörigkeit zur štokavischen Dialektgruppe zu postulieren.

44. 1956 Dijalektologija srpskohrvatskog jezika, Beograd (2.Aufl. 1985); 1958 Die serbokroatischen Dialekte, ,s Gravenhage; 1971 Srpski narod i njegov jezik, Beograd; 1988/90 Enciklopedija Jugoslavije, 2.Aufl. Bd. VI, S.73f.

45. Enciklopedija Jugoslavije 1990, VI, S.73

46. Dijalektologija S.89

47. Enciklopedija VI, S.74

48. Ebda.

49. Peco, Pregled S.38

50. D.Brozović, O problemu ijekavskošćakavskog (istočnobosanskog) dijalekta, HDZb II, S.128, 156, 200ff.

51. Ch. A. van den Berk, Y-a-t-il un substrat čakavien dans le dialecte de Dubrovnik?, ,s Gravenhage

52. Vgl. die Ausdehnung des ragusanischen Areals, der Žumberak-Oase, der Aussiedlermundarten oder der istrisch-čakavischen Dialekteinheiten.

53. Ivić 1956, 1958, 1990; Peco 1978; Belić 1905, Dijalekti istočne i južne Srbije, SDZb I

54. Ivić, Dijalektologija S.118

55. Besonders wenn wir beide Slawoniengebiete der ältesten Akzentuierung zuweisen, fällt es schwer, sie auf Dialektebene zu trennen.

56. Mittlerweile ist diese Forderung weiter aufgeweicht worden durch die Rekognoszierung des westserbischen Gebietes mit einem eigenständigen jat-Phonem. Wichtig ist in diesem Zusammenhang, dass es sich um einen großflächigen Bereich handelt und nicht nur um einzelne Mundarten.

57. Der „posavski govorni tip" („pored ikavske zamene, javlja se i jekavska i ekavska", S.110) und der „slavonski govorni tip" („refleks ě je e ili ije/je", S.113),

die den Slawonischen Dialekt bei Ivić 1958 ausmachen, gehören mit einer Reihe anderer Mundarttypen zu den „ikavskošćakavski govori". Peco unterlässt es, die Hierarchie dieser dialektologischen Einheiten zu diskutieren: sind „posavski g.t." und „slavonski g.t." Unterdialekte des „ikavskošćakavski dijalekt" oder ist der Ikavismus-Šćakavismus als Oberbegriff für diese Dialekte zu nehmen? Vgl. Pregled S.109-122 sowie die Rezension von D.Petrović im ZbFL XXII/1, bes. S. 232

58. Interessant ist in diesem Zusammenhang die Äußerung von A.Belić:"Ma kako ta crta (zamena ě) bila opšta i jako rasprostranjena, ipak i ona ne deli govore, već samo određuje, koji su od pojedinih pokrajinskih i mesnih govora stajali u izvesno vreme u bližim dijalekatskim odnosima. Da se njima ni u koliko ne određuje granica novih crta – videćemo odmah." Glas SAN 78, 1908, S.62f.

59. Vgl. die Angaben bei B. M. Nikolić, Tršićki govor, SDZb XVII, 367-473; ders., Kolubarski govor, SDZb XVIII, 1-73; ders., Mačvanski govor, SDZb XVI, 179-314.

60. Enciklopedija Jugoslavije VI, 1990, S.70/71

61. S.Remetić, O nezamenjenom jatu i ikavizama u govorima severozapadne Srbije, SDZb XXVII, 1981, S.7-105

62. Dijalektologija 1956; Dialektologie 1958; Srpski narod i njegov jezik 1971, Karte.

63. Kolubarski govor, SDZb XVIII, S.1-73

64. Andererseits kennen viele europäische Sprachen vier Öffnungsgrade in der Klasse der vorderen Vokalphoneme /a, ɛ, e, i/ bzw. /a, ę, e, i/, z.B. das Französische, Italienische oder Deutsche, nicht dagegen die südslawischen Standardsprachen Serbokroatisch, Bulgarisch, Mazedonisch sowie die Nachbarsprachen Rumänisch, Ungarisch, Neugriechisch, Türkisch und Albanisch.

65. Kolubarski govor S. 8

66. Ebda. S.33

67. S. Remetić, Pitanje ikavizama šumadijsko-vojvođanskog dijalekta u svjetlu potvrde fonološkog jata u nekim srbijanskim govorima, in: Naučni sastanak u Vukove dane 10/1, S.107

68. Ebda. Remetić sagt, dass die übergroße Mehrheit seiner Informanten „nije svjesna razlike između svoga izgovora i standardne književne norme." (S. 105)

69. Dies ist zwar grundsätzlich kein Kriterium für die Phonematisierung, wofür streng genommen nur Minimalpaare ausschlaggebend sein dürfen. Wenn jedoch die Mehrheit der SprecherInnen keinen Unterschied „hört", so ist die auditive Differenz zumindest sehr gering und die Diskussion des Phonemstatus

notwendig. Ein Trugschluss ist es übrigens anzunehmen, hier könne die experimentalphonetische Analyse die Lage klären. Was nach menschlichem Ermessen mit dem Ohre nicht unterschieden werden kann – zumal sowohl vom Dialektsprecher selbst als auch vom Phonetiker – hat für die phonematische Analyse nur sehr begrenzten Wert. Im übrigen fehlt für die Opposition /e/ : /ẹ/ : /i/ eine überzeugende Minimalpaaranalyse.

70. Während die exklusive Präsenz eines einzelnen Phonems (z.B. /e/, /ə/, /ɛ/, /ś/, /ź/ u.a.) niemals eine Dialektgrenze markieren kann, reicht mitunter die Tonverlaufskorrelation dafür aus (vgl. Šumadija-Vojvodina vs. Smederevo-Vršac vs. Kosovo-Resava).

71. Enciklopedija Jugoslavije VI, 1990, S.70f. Abgesehen von der Tatsache, dass das westserbische Gebiet das einzige großflächige Areal darstellt, macht Ivić kartographisch und terminologisch keinen Unterschied zwischen den genannten Mundarten.

72. Wenn man bedenkt, welch übergroße Last den kardinalen Isoglossen, zu denen der jat-Reflex gehört, aufgebürdet wurde, verwundert dieses Vorgehen nicht.

73. Der genetische Faktor, der doch sonst so oft die tragende Säule der Klassifikation in der serbokroatischen Dialektologie bildet, wird ausgerechnet hier zu einem großen Teil außer Kraft gesetzt. Vgl. jedoch die Kartenbeilage bei D.Brozović, Dijalekatska slika hrvatskosrpskoga jezičnog prostora, Radovi filozofskog fakulteta u Zadru 8, 1970, der die Krašovaner Mda. als „krašovansko-svinjički dijalekt" bezeichnet und – als vierten (!) Dialekt – zum Torlak zählt.

74. Vgl. die Diskussion unter f).

Literatur

A.Belić: Dijalekti istočne i južne Srbije, SDZb I, 1905

- Štokavski dijalekat, in: St.Stanojević: Narodna enciklopedija srpsko-hrvatsko-slovenačka, IV, S.1064-1077, Zagreb 1929
- Periodizacija srpskohrvatskog jezika, Književnost i jezik 4/5, S.161-170, 1958
- Osnovi istorije srpskohrvatskog jezika. I.Fonetika, Beograd 1960
- Istorija srpskohrvatskog jezika, II (sv.1+2), Beograd 1962

Chr. A. van den Berk: Y-a-t-il un substrat čakavien dans le dialecte de Dubrovnik?, ,s Gravenhage 1957

N.Bogdanović: Govor Aleksinačkog Pomoravlja, SDZb XXXIII, S.7-302

D.Brozović: O strukturalnim i genetskim kriterijima u klasifikaciji hrvatskosrpskih dijalekata, ZbFL III, S.68-88, 1960

- O problemu ijekavskošćakavskog (istočnobosanskog) dijalekta, HDZb II, S.119-208, 1966
- Dijalekatska slika hrvatskosrpskoga jezičnog prostora, Radovi filozofskog fakulteta u Zadru 8/9, S.5-30, 1970
- O tipologiji supstandardnih i interdijalekatskih idioma u slavenskom jezičnom svijetu, in: B.Koneski, K.Tošev, B.Vidoeski (eds.): Govornite formi i slovenskite literaturni jazici, S.31-68, Skopje 1973
- Specifične značajke sociolingvističke problematike u slavenskom svijetu, Radovi filozofskog fakulteta u Zadru 18, S.25-34, 1988/89

P. Budmani: Dubrovački dijalekat, kako se sada govori, Rad JAZU 65, S.155-179, 1883

R. Bugarski: Jezik u društvu, Beograd 1986

R. Bugarski/C.Hawkesworth (eds.): Language Planing in Yugoslavia, Columbus Ohio 1992

J.K. Chambers/P.Trudgill: Dialectology, Cambridge 1980

M. Dragičević: Govor ličkih jekavaca, SDZb XXXII, S.7-241, 1986

P. Đukanović: Govor Dragačeva, SDZb XLI, S.1-240, 1995

R.J. Đurović: Prelazni govori južne Bosne i visoke Hercegovina, SDZb XXXVIII, S.9-378, 1992

Enciklopedija Jugoslavije VI: Jezik, srpskohrvatski/hrvatskosrpski, hrvatski ili srpski, S.67-87 (D.Brozović/P.Ivić), 1990

P. Garde: Réflexions sur les différences phonétiques entre les langues slaves, Word 17, S.34-62, 1961

J. Goossens: Dialektologie im Zeitalter der Variablenforschung, in: Dialekt und

Dialektologie, hrsg. von J. Göschel, P. Ivić, K. Kehr, S.43-55, Wiesbaden 1980

H. Hirt: Der ikavische Dialekt im Königreich Serbien, Sitzungsberichte der Kais. Akademie der Wissenschaften in Wien, Phil.-hist. Classe CXLVI, S.1-56, 1903

P. Ivić: O nekim problemima naše istorijske dijalektologije, JF XXI, S.97-129, 1955

- Dijalektologija srpskohrvatskog jezika, Novi Sad 1956 (2.Aufl. 1985)
- Govor galipoljskih Srba, SDZb XII, 1957
- Die serbokroatischen Dialekte, ,s Gravenhage 1958
- O pitanju smederevsko-vršačkog dijalekta, Naš jezik 9, S.283-290, 1958/59
- O deklinacionim oblicima u srpskohrvatskim dijalektima, Godišnjak FF u Novom Sadu 4, S.189-215; 5, S.75-97, 1959 + 1960

- Die Hierarchie der prosodischen Phänomene im serbokroatischen Sprachraum, Phonetica 3, S.23-38, 1959

- Der Vokal ě als lebendiges Phonem in den serbokroatischen Mundarten, IJSLP ½, S.38-54, 1959

- Osnovni aspekti strukture dijalekatske diferencijacije, Makedonski jazik 11/12, S. 81-103, 1960/61

- The functional yield of prosodic features in the patterns of Serbocroatian dialects, Word 17, S.293-308, 1961

- Srpski narod i njegov jezik, Beograd 1971

P. Ivić (urednik) et al.: Fonološki opisi srpskohrvatskih/hrvatskosrpskih, slovenačkih i makedonskih govora obuhvaćenih Opšteslovenskim lingvističkim atlasom, Posebna izdanja ANUBiH, knj.LV, 1981

P. Ivić/Ž.Bošnjaković/G.Dragin: Banatski govori šumadijsko-vojvođanskog dijalekta. Prva knjiga:Uvod i fonetizam, SDZb XL, 1994

M. Ivković: Folkloristično-dialektološki prilozi, Prosvetni glasnik XXX, S.601-609, 1909

Z. Kašić: Govor Konavala, SDZb XLI, S.241-396, 1995

T. F. Magner: A Century of the Niš Dialect, in: B.A.Stolz et al. (eds.): Language and Literary Theory, Ann Arbor, University of Michigan Press, S.133-147, 1984

L. Masing: Die Hauptformen des serbisch-chorwatischen Accents nebst einleitenden Bemerkungen zur Accentlehre insbesondere des Griechischen und des Sanskrit, St.Petersburg 1876

W. J. G. Möhlig: Dialektgrenzen und Dialektkontinua im Bantusprachgebiet von Kenia: Zum Problem der Grenzfindung und Grenzgewichtung, in: Dialekt und Dialektologie, hrsg. von J. Göschel, P. Ivić, K. Kehr, S.291-303, Wiesbaden 1980

M. Moskovljević: Današnja granica ekavskog i ijekavskog izgovora u Srbiji, Prilozi za književnost IX, S.109-122, 1929

- O Ivićevu „smederevsko-vršačkom" dijalektu, Naš jezik 9, S.102-107, 1958/59

K.E.Naylor: The classification of Serbo-Croatian dialects, SEEJ 10, S.453-457, 1966

B.M.Nikolić: Sremski govor, SDZb XIV, s.205-412, 1964

- Mačvanski govor, SDZb XVI, S.179-314, 1966

- Tršićki govor, SDZb XVII, S.367-473, 1968

- Kolubarski govor, SDZb XVIII, S.1-73, 1969

- Osnovi mlađe novoštokavske akcentuacije, Beograd 1970

M.B.Nikolić: Govor Gorobilja, SDZb XIX, S.619-746, 1972

- Govori srbijanskog Polimlja, SDZb XXXVII, S-1-548, 1991

B. Panzer: Zur Klassifizierung der südslavischen Dialekte, Slavistische Studien-zum VII. Internationalen Slavistenkongress, S.419-432, München 1973

M. Pavlović: Dubrovački izgovor i stabilizacija novoga srpskohrvatskog jezika, Anali FF u Beogradu VII, S.141-147, 1967

A. Peco: Osnovi akcentologije srpskohrvatskog jezika, Beograd 1970

- Ikavskošćakavski govor zapadne Bosne I,II,III, BHDZb I-III, 1975, 1979, 1982

- Pregled srpskohrvatskih dijalekata, Beograd 1978

I. Popović: Geschichte der serbokroatischen Sprache, Wiesbaden 1960

M. Popović: Žumberački dijalekat, Zagreb 1938

- Sintaksa i rječnik žumberačkog dijalekta, Zagreb 1941

Povijesni pregled, glasovi i oblici hrvatskoga književnog jezika, Hgg. Stj.Babić, D. Brozović, M. Moguš, S.Parešić, I.Škarić, Stj.Težak; Zagreb 1991

M. Radovanović: Sociolingvistika, Novi Sad 1986

S. Remetić: Pitanje ikavizama šumadijsko-vojvođanskog dijalekta u svjetlu potvrde fonološkog jata u nekim srbijanskim govorima, Naučni sastanak u Vukove dane 10/1, S.103-108, Beograd 1981

- O nezamenjenom jatu i ikavizmima u govorima severozapadne Srbije, SDZb XXVII, S. 7-105, 1981

- Govori centralne Šumadije, SDZb XXXI, 1985

M.Rešetar: Die serbokroatische Betonung südwestlicher Mundarten, Wien 1900

- Zur Frage über die Gruppierung der serbokroatischen Dialekte, AslPh 30, S. 597-625, 1909

Stj.Sekereš: Klasifikacija slavonskih govora, ZbFL X, S.133-145, 1967

- Areali ikavskog, ekavskog i ijekavskog govora u slavonskom dijalektu, HDZb 8, S.135-144, 1989

M. Simić: Govor sela Obadi u bosanskom Podrinju, SDZb XXIV, S.1-124, 1978

R. Simić: Pitanje porekla i evolucije dijalekata severne Srbije u svetlu osobina levačkog govora, Prilozi za književnost, jezik i folklor XXXIX, S.73-87, 1973

- Skica za dijalektološku kartu severne Srbije, Jugosl.seminar za strane slaviste 31, S.93-136, Beograd 1980

M.Stevanović: Štokavski dijalekat, in: Enciklopedija Jugoslavije (1.Aufl.), IV, S. 501- 506, Zagreb 1660

Đ. Šurmin: Njekoliko bilježaka o govoru hercegovačkom, Nastavni Vjesnik III, S. 164-175, 1884/95

M. Tešić: Govor Lještanskog, SDZb XXII, S.159-328, 1977D.Vujičić: Govori sjeverne i sjeveroistočne Bosne: Fonetske osobine, BHDZb V, S.13-170, 1985

- Fonetske osobine govora centralne, jugoistočne i jugozapadne Bosne, BHDZb VI, S.13-124, 1990

J. Vuković: Istorija srpskohrvatskog jezika, I dio: Uvod i fonetika, Beograd 1974

Die Bedeutung des urslavischen Vokals ‚jat' für die serbokroatische Dialektologie in synchroner und diachroner Hinsicht

Die unterschiedlichen Reflexe des urslawischen ě auf dem Territorium der serbokroatischen Dialekte haben seit Beginn der modernen Südslawistik die Aufmerksamkeit der Fachgelehrten auf sich gezogen. Bereits Vuk Karadžić erkannte die große Bedeutung einer einheitlichen schriftsprachlichen Regelung für die westsüdslawischen Völker und in Verbindung damit der Konventionalisierung der auch zur damaligen Zeit zahlreichen unterschiedlichen jat-Substitutionen in den gesprochenen Dialekten. Gab er zunächst der ijekavischen Aussprache den Vorzug, so machte er später Zugeständnisse besonders an die ekavische Variante, lagen doch die wichtigsten serbischen Kulturzentren, Beograd und Novi Sad, nicht auf jekavischem, sondern auf ekavischem Gebiet.[1] So verwundert es nicht, wenn schon die frühen dialektologischen Arbeiten von Milan Rešetar und Aleksandar Belić den unterschiedlichen jat-Reflex neben akzentologischen Kriterien als wichtigstes Klassifikationskriterium heranziehen, um auf diese Weise zu einer Dreiteilung in ekavische, ijekavische und ikavische Mundarten zu gelangen.[2] Während die Situation im östlichen Bereich recht übersichtlich schien mit einer relativ klar definierbaren Grenze zwischen der ekavischen und jekavischen Region, kam es auf westserbokroatischem Terrain aufgrund der metanastasischen Wanderbewegungen zu einer mehr oder weniger mechanischen Vermischung hauptsächlich jekavischer Mundarten mit einheimischen čakavischen, kajkavischen, šćakavischen sowie anderen štokavischen.

Die klassische Dreiteilung der serbokroatischen Dialekte nach dem jat-Ersatz wurde zum ersten Mal in klarer Weise von Pavle Ivić einer Revision unterzogen. Einerseits wies er auf eine große Zone innerhalb des ekavischen Gebietes hin, in welcher ikavische Formen in einer Reihe von phonetischen bzw. morphologisch bedingten Fällen existieren.[3] Andererseits stellte er diejenigen Mundarten, in denen das jat seinen phonematischen Wert erhalten hatte, in den Blickpunkt der serbokroatischen Dialektologie, eine Tatsache, die, wie noch zu zeigen sein wird, bis heute nicht genügend Beachtung gefunden hat.[4] Solcherart erhielt man fünf Kategorien: a) ekavisch, b) ijekavisch, c) ikavisch, d) „ekavski ali sa vokalom i na mesto starog jata u nizu morfema"[5], e) „govori sa nezamenjenim jatom"[6]. Darüber hinaus führt Ivić Mundarten an, in denen sich der Reflex des langen jat von jenem in kurzen Silben unterscheidet (z.B. ē – jě, ije – ě, ije – ǐ, ī – ě, ī –je).[7] Wie sollen solche Idiome klassifiziert werden? Ivić' Ausführungen drücken eine gewisse Hilflosigkeit aus:„Iako bi striktno sprovođenje principa vrednosti jata kao diferencijalnog dijalektološkog kriterija zahtevalo da se ovi govori smatraju posebnim jedinicama, njihova teritorijalna ograničenost oduzima nam pravo da tako postupimo.“[8] Nicht zu unrecht ordnet der Autor die Mundarten dem jeweiligen „najsrodnijem većem govornom tipu“[9] zu. Schon Anfang des 20. Jahrhunderts hatte H.Hirt auf ein vermeintlich ikavisches Areal im serbischen Podrinje hingewiesen, welches später auch M. Moskovljević untersuchte.[10] Wichtiger war jedoch die „Entdeckung“ eines großflächigen Bereiches in Westserbien, in dem das jat offensichtlich seinen phonematischen Charakter bewahrt hat.[11]

Alle diese aufgeführten Gesichtspunkte zusammen genommen darf festgestellt werden, dass die Substitution des Vokals jat eine alles andere als zuverlässige Isoglosse in der Dialektklassifikation darstellt. Dabei haben wir uns bis jetzt noch gar nicht mit den besonderen Bedingungen des ijekavischen jat-Ersatzes beschäftigt, insbesondere mit seiner möglichen monophonematischen Interpretation. Auch die modernen schriftsprachlichen Varianten nehmen auf den Formenreichtum der jat-Substitutionen Rücksicht, ohne jedoch immer zu allgemein akzeptierten Lösungen zu gelangen. Somit erweist sich die Problematik ebenso auf dem Gebiet der Sprachplanung bzw. der Bildungspolitik als außerordentlich wichtig.[12]

Wie bereits erwähnt stellt die Substitution des urslawischen Vokals jat eine der Leitisoglossen für die klassische Einteilung der serbokroatischen Dialekte dar.[13] Nehmen wir das Akzentsystem und das Flexionssystem hinzu, können wir von älteren bzw. neueren ekavischen, ijekavischen und ikavischen Mundarten sprechen. Im Osten befinden sich der ältere ekavische Kosovo-Resava-Dialekt (mit Smederevo-Vršac-Zone) sowie der jüngere ekavische Šumadija-Vojvodina-Dialekt, in dessen südwestlichem Teil, zwischen Sava und Drina, die Zone, in der das jat einen eigenständigen Phonemwert besitzt, die Grenze zur Ijekavština bildet. Ekavisch ist auch der nördliche Teil des älteren slavonischen Dialektes (Podravski). Zu den ikavischen Dialekten rechnen wir den südlichen Teil des älteren slavonischen Dialektes (Posavski) sowie die štakavischen und šćakavischen Gebiete des jüngeren ikavischen Dialektes. Sie befinden sich größtenteils an der nördlichen und südwestlichen Peripherie des štokavischen Gebietes. Den größten Teil nimmt der jüngere osthercegovinische ijekavische Dialekt ein, in den der ältere Ostbosnien-Dialekt eingelagert ist und an dessen äußerster südöstlicher Grenze die älteren Zeta-Južnosandžački-Mundarten lokalisiert sind.[14]

Bilden der ekavische und ikavische jat-Ersatz durch ihre klare Übersichtlichkeit, abgesehen vom Problem der Ekavismen bzw. Ikavismen, gewissermaßen die

Bezugsgröße, stoßen wir in der ijekavischen Zone dagegen auf eine verwirrende Vielfalt an Substitutionen, deren geographische Verteilung bis heute nicht befriedigend gedeutet wurde.[15] Die Schwierigkeiten beginnen schon bei dem Versuch, irgendeinem der drei ijekavischen Dialekte einen bestimmten Wert zuzuordnen, denn anders als bei den übrigen jat-Kategorien (e, i, ę) besteht die Möglichkeit gewisser Oppositionen:

bisyllabisch /ije/ vs. monosyllabisch /je/
triphonematisch /ije/ vs. biphonematisch /ij̑e, ie, i̯je, je…/
biphonematisch /je/ vs. monophonematisch /ij̑e/
diphthongisch /i̯e/ vs. monophthongisch /j+e/.

Während kurzes jat in fast allen ijekavischen Mundarten /je/ ergibt, sofern es nicht durch die neueste Jotierung mit dem vorhergehenden Konsonanten verschmilzt, können die Reflexe des unbetonten langen jat stärker variieren: neben klassischem /ije/ existieren auch die Formen /ijē, jē, iē, ijě, je, ij̑ē, i̯ē, i̯jē/.[16]

Vollends kompliziert wird die Situation, wenn man die Substitution in den Fällen betrachtet, in denen die neueren ekavischen Mundarten /ê/ und /é/ haben, also das jat unter lang fallendem bzw. lang steigendem Akzent steht. Die Lage ist dermaßen unübersichtlich, dass die Fachliteratur nur einen groben Überblick bieten kann:
- für den Osthercegovina-Dialekt gilt nach wie vor die Behauptung P.Ivić':"Der heutige Stand der Forschung erlaubt nicht, genaue Isoglossen jedes der erwähnten Reflexe zu bestimmen."[17] Im Nordwesten sei die einsilbige Aussprache häufiger, im Südosten die zweisilbige. An möglichen Formen führt er an:

/ê/ > /ȉje, ȉjē, ȉjě, jê/
/é/ > /ijè, ijé, é, jé/

- für den Zeta-Južnosandžački-Dialekt gelten mehr oder weniger die klassischen Werte /ȉje/ und /ijè/ + /ijé/ bzw. /ije/ für /é/, wenn die alte Akzentstelle bewahrt wurde; in einer recht großen Kontaktzone zum Osthercegovina- sowie zum Kosovo-Resava-Dialekt (Bijelo polje, Sjenica, Novi Pazar) wird das kurze jat meist durch /e/ ersetzt.[18]
- der Ostbosnien-Dialekt hat meist zweisilbige Reflexe.[19]

Die heutige geographische Verbreitung der einzelnen jat-Reflexe stellt ein Phänomen dar, welches nur auf der Basis der genetischen Entwicklung aus dem urslawischen jat aufgehellt werden kann. Folgende Faktoren erschweren dabei den Versuch, das dialektologische Material zu sichten:

1. Die exakte Aussprache des ursl.ě bzw. des ě aus den überlieferten Texten ist nicht bekannt.

2. Wenn wir von den beiden extremen Artikulationsmöglichkeiten /i/ und /ä/ ausgehen, befinden sich dazwischen mit den Werten /i̯, j̯ , ẹ/ Laute, deren Ähnlichkeit in artikulatorischer und perzeptiver Hinsicht offensichtlich ist. Es ist klar, dass diese Laute leicht Reduktionen oder Assimilationen unterliegen konnten.

3. Es existiert bis heute keine allgemein akzeptierte Notierungsform, was den diphthongischen Charakter des jat einerseits, die Reduktion des sonantischen /j/ andererseits betrifft. Für eine phonematische Analyse ist es jedoch unerlässlich, diesen Sachverhalt zu klären. Handelt es sich z.B. bei /ije/ um einen Diphthong oder um eine reduzierte Silbe /ij+e/? Und umgekehrt: Darf man /i̯e/als Diphthong auffassen? Leider hat praktisch jeder Dialektologe seine eigene Notierungsform entwickelt, wobei man sich allzu oft mit einer „exakten" phonetischen Transkription begnügt und Schlussfolgerungen das phonologische System betreffend vernachlässigt.[20]

4. Der ijekavische jat-Ersatz ist untrennbar mit dem Phänomen der metanastasischen Wanderbewegungen verbunden. Zunächst sind es ja gerade die ijekavischen Mundarten, die sich aus dem Gebiet der Crna Gora und der Osthercegovina in nord- und nordwestlicher Richtung unter den bekannten neuštokavischen Bedingungen ausbreiteten.[21] Dieser ijekavische Strom sah sich nun je nach den örtlichen Gegebenheiten der Konkurrenz unterschiedlicher Substrate ausgesetzt: im Osten bildete die Ekavština ein deutliches Gegengewicht, im Norden befanden sich wohl noch größere kompakte Areale, in denen das jat seinen Phonemwert erhalten hatte, während im Westen mit ikavischen Mundarten zu rechnen ist. Selbstverständlich konnte es unter diesen Umständen leicht zu Dubletten oder Sonderformen kommen, deren Entwicklung nicht immer leicht nachzuvollziehen ist. Klar ist jedenfalls, dass die größten territorialen Gewinne der Ijekavština auf Kosten des /ẹ/-Ersatzes gingen, also des Gebietes mit erhaltenem Phonemstatus.

5. Ein weiteres Problem stellt der hohe Prestigewert der ekavischen Aussprache besonders in Westserbien, aber auch in westlichen Teilen des übrigen skr. Sprachraumes, dar.[22] Es ist der Wissenschaft seit längerem bekannt, dass die Grenze zwischen der Ijekavština und der Ekavština einer Westdrift unterliegt bzw. dass ekavische Oasen auf ijekavischem Gebiet existieren, z.B. Užice.[23]

6. Während die ältere Generation, wie nicht anders zu erwarten, eher bei der ijekavischen Variante bleibt, gehen die SprecherInnen der jüngeren, mobileren Generation entweder während der Schulzeit und Ausbildung bzw. Aufenthalt in den ekavisch geprägten, nordwestwärts gelegenen Bildungszentren zur ekavischen Aussprache über oder bevorzugen zunächst die monosyllabische, gegebenenfalls diphthongische Aussprache /jê, jé, i̯ê, i̯é/.[24]

Aus dem bisher Gesagten geht hervor, dass die Verhältnisse den ijekavischen Reflex betreffend desto schwerer zu rekonstruieren sind, je weiter wir uns vom eigentlichen Ausbreitungszentrum fortbewegen. Natürlich müssen wir selbst im Zentrum mit der Möglichkeit des Sprachwandels, aus welchen Gründen auch immer, rechnen. Andererseits kam es bereits verhältnismäßig früh zu einer Differenzierung innerhalb der Ijekavština, die der Ausbreitung der klassischen jat-Werte (ije + ijè) klare Grenzen setzte. Mit anderen Worten: die Verbreitung der einzelnen jat-Substitutionen, so wie sie sich uns heute darstellt, ist das Ergebnis verschiedener Entwicklungsetappen.
Einer frühen Differenzierung in /e/ (ä, ɛ) im Osten, /ẹ/ im Norden und /i/ im Westen folgte die Ausbreitung der bisyllabischen Werte /ije, ije, ie/ u.ä.[25] In einer dritten rezenten Etappe vollzieht sich eine neuerliche Nivellierung, deren Ursache soziolinguistischer Natur ist. In erster Linie haben wir es mit einem Generationsproblem zu tun, aber auch die Dimension der Lebens- und Arbeitssphäre darf nicht unterschätzt werden. Die Tendenz geht dahin, alle markierten Formen zu vermeiden, den Vorrang haben ekavische bzw. monophonematische Formen. Dies gilt es bei der folgenden Analyse ganz besonders zu beachten, denn leider werden soziolinguistische Parameter in den klassischen skr. Dialektmonographien noch kaum berücksichtigt.

Trotz der verwirrenden Vielfalt der ijekavischen jat-Reflexe lassen sich nach unserer Meinung verschiedene Zonen unterscheiden, in denen die eine oder andere Variante bzw. deren Kombinationen dominant sind. Unser Hauptaugenmerk gilt der Untersuchung der westserbischen und ostbosnischen Mundarten, also des jekavischen Zentrums, welches von ekavischen und ikavischen Arealen umgeben ist. Wenn auch das ostbosnische Gebiet als Reliktzone sich gewissermaßen den osthercegovinischen Mundarten entgegenstellt, so sind die alten Gemeinsamkeiten, gerade auch was die Entwicklung des jat betrifft, dennoch so groß, dass es zunächst lange Zeit als Bestandteil des Osthercegovina-Dialektes betrachtet wurde.[26] Es ist demnach zu erwarten, dass die Substitutionswerte in diesem kompakten Gebiet beiderseits der Drina eine gewisse Gesetzmäßigkeit aufweisen.

1) Im äußersten Süden und Südosten des ijekavischen Sprachgebietes, also in der Crna Gora und Hercegovina, finden wir vereinzelt die klassischen Werte Vuks, d.h. /ije/ und /ijè/ für ê und é. Der Reflex ist bisyllabischer Natur in Form einer Phonemfolge /i+j+e/:[27]

Nikšićka župa:[28] brȉi̯eg, snȉi̯eg – mièna, cièna
Jasenik:[29] sȉjeno - rii̯èka
Trebaljevo:[30] wie Jasenik
Konavli:[31] svȉjet, brȉjeg - rijètko, brijème, nijèsam
Milakoviće:[32] sȉjena - vrijème
Hisardžik:[33] lȉjepo - dijète
Osthercegovina:[34] brȉjeg, svȉjet - mlijèko, rijètko
S-Bosnien/NO-Hercegovina:[35] lȉjek, svȉjet - mlijèko, sijèlo
N+NO-Bosnien:[36] westl. Sarajevo; zwischen Vrbas und Bosna; südl. Sava; westl. Drina
Špionica:[37] zvȉjev - gnijèzdo
Tramošnica:[38] slȉjepī - zvijèzda
Milići:[39] wie Jasenik
Žepa:[40] wie Jasenik

Dieser Substitutionswert könnte dem ursprünglichen Reflex, der sich im Anschluss an die alte Aufteilung in ekavisch, ikavisch bzw. Erhaltung des phonematischen /ę/ auf diesem Gebiet gebildet haben, sehr nahekommen. Wenn es sich beim urslawischen jat um einen Diphthong gehandelt hat, so ist es nicht verwunderlich, dass sich der Vokal im einen Extremfall in einen Monophthong wandelte, im anderen aber sich beide Komponenten als Silbenträger verselbständigten:

1) ệ̃ ä > e/i/ẹ

1) ệ̃ ä > ije[41]

Charakteristisch für diese Art der Substitution ist die gleichmäßige prosodische Auslastung jeweils beider Silben: entscheidend ist die Akzentstelle für die Identifizierung; der Unterschied zwischen beiden Akzentarten (˝ ˋ) ist sehr gering; es treten keine Quantitätsunterschiede auf:

ȉ + j e   vs.   i + j + è[42]

Und doch existiert ein fundamentaler Unterschied zwischen beiden Phonemfolgen: während das langfallende jat /ȉje/ per definitionem nur am Wortanfang stehen kann und dadurch in seinen Existenzbedingungen klar umrissen ist, unterliegt das langsteigende jat schon allein durch die Beteiligung des neuštokavischen Akzentes (ˋ) leichter gewissen Veränderungen. Genau dies ist auch der Grund, weshalb gerade der Wert /ijè/ heute so selten angetroffen wird, während /ȉje/ sehr vielen ijekavischen Mdaa. bekannt ist.

Das Auftreten der ersten jekavischen Texte (1.Hälfte XIV Jhdt.) sowie der Beginn der neuštokavischen Akzentverschiebung (etwa XIII/XIV Jhdt., jedenfalls vor der Migration) bewegen sich im gleichen zeitlichen Rahmen. Davor ist für den gesamten skr. Raum von einem Zweiakzentsystem auszugehen, d.h. alle heutigen langsteigenden jat-Reflexe (é - í - ẹ̄ - ijè u.a.) waren vor der Akzentverschiebung unbetont. Von einer Länge auf der zweiten Silbe kann ursprünglich keine Rede sein: erstens wären dann die monophthongischen Werte schwer erklärbar, zweitens dürften wir kein /ijè/ erhalten. Somit gehen wir für diesen Entwicklungsabschnitt der ijekavischen Mdaa. von einem jat-Reflex /ije/ aus, der als /ȉje/ altfallendes und neuakutiertes jat repräsentiert. Durch Verschiebung der alten (ˆ ˝) auf die Vorsilbe entstand aus unbetontem /ije/ folgerichtig /ijè/. Wie weit sich dieses Areal einst erstreckte, entzieht sich freilich unserer genauen Kenntnis. Im Norden berührte es wohl das Gebiet, in dem das jat einen eigenen monophthongischen phonematischen Wert erhalten hatte /ẹ/, etwa die Linie Drina – Povlen – Maljen – Suvobor – Rudnik[43], im Osten schloss das ekavische Gebiet an.

2) Eine der schwierigsten Fragen, die es für den ijekavischen Ersatz zu lösen gilt, ist das Auftreten des langsteigenden Akzentes auf der zweiten Silbe: ijé.[44]

Lika:[45] snïjeg, svïjet - vrijéme, mlijéko (neben: jê/jé)

Zapadna Bosna:[46] vïjek, svïjet (manchmal: jê) - dijéte, mlijéko (oft: jé)

Osthercegovina:[47] lïjepo, brïjeg - bijéda, cijéna

Piva i Drobnjak:[48] nalijévati, sijénā

Trijebinje:[49] sïjeno, bïjel - svijéća, rijéka

Južna Bosna:[50] svïjet, sïjeno - vrijédan, vrijéme

Moravički govorni tip:[51] ïje - ijé

Vijaka:[52] sïjeno, bïjel - rijéka, pijésak

Pljevaljski govor:[53] sijéna, rijéka - ê > ïje

N + NO-Bosnien:[54] fast überall flächendeckend, mehr oder weniger ausschließlich Punkte 104, 107, 109, 110, 120, 126, 127, 182, vgl. aber auch 99, 100, 102, 103, 108, 113, 129, 177, 183, 186, 189

Dragačevo:[55] „mešovito ijekavski-ekavski govor" vïjek, svïjet - dijéte, mlijéko

Milakoviće:[56] sïjena - vrijéme; vgl. Anm. 32

Hisardžik:[57] lïjepo - rijéke; vgl. Anm. 33

Nach den Regeln der Logik der neuštokavischen Akzentverschiebung entstehen langsteigende Akzente beim Vorziehen auf eine vortonige Länge: Bspl. rūkä > rúka. Dementsprechend müssten wir einen jat-Wert /ijē/ erwarten: Bspl. *rijēkä > rijéka. Wie aber sollen wir den langfallenden Reflex /ïje/ ohne Länge auf der zweiten Silbe erklären, ohne das Bild einer einheitlichen phonetisch-phonologischen Substitution zu gefährden? Folgende Erklärungsmöglichkeiten bieten sich an:

a) Der Unterschied beider kurzer Akzente (˝ ˋ) schien dermaßen gering bzw. der neuentstandene kurzsteigende nicht prägnant genug, um die beiden jat-Werte deutlich zu unterscheiden. Möglicherweise war der diphthongische Charakter noch deutlich spürbar, so dass das Argument der Unterscheidung durch die Akzentstelle ('ije vs. i'je) abgeschwächt wäre. Durch das Auftreten des langsteigenden (´) Akzentes käme das distinktive Merkmal des Tonverlaufs zusätzlich zum Tragen.

b) In den betreffenden Mdaa. wurde das unbetonte jat als Diphthong monophonematischer Wertung empfunden, so dass bei der Akzentverschiebung Dubletten entstehen konnten ijè / ệä, die bei endgültiger Bisyllabisierung zu /ijé/ führten.

c) In den Kontaktzonen der umgebenden Gebiete kamen in der betreffenden Stellung Monophthonge mit langsteigendem Akzent vor: é - ę̇ - í - ⁱʲé, so dass es leicht zu einer Übernahme dieses Akzentes kommen konnte, sozusagen zu einer Nachahmung monophonematischer Verhältnisse.

d) Schließlich ist denkbar, dass durch einen sehr kompakten Prozess der gegenseitigen Anpassung des Areals mit klassischer Substitution (ï̈je + ijè) an jenes der phonematischen Bewahrung /ę̂/ + /ę́/ über verschiedene Stufen sowohl die Form /ï̈jē/ als auch /ijé/ erklärbar sind. Das Paar ï̈je/ijé würde nämlich eine (instabile) Zwischenform darstellen, der auf der einen Seite ï̈je/ijè (nur Kürzen!), auf der anderen Seite ï̈jē/ijé (Länge auf der zweiten Silbe!) gegenüberstünden. Letzteres Paar wiederum hat einen direkten Bezug zu monosyllabischen Werten (jê/jé) und schließt so die Kette zu phonematischen Substitutionen (ê/é).[58]

In der Praxis mögen mehrere der vorgestellten Gründe gleichzeitig wirksam gewesen sein. Wichtig ist vor allem, jeden einzelnen jat-Ersatz im phonetisch-phonologischen Gesamtsystem zu sehen. Was die Geographie des Paares ï̈je/ijé betrifft, so liegt das Hauptverbreitungsgebiet in der Crna Gora, Osthercegovina, Zentralhercegovina sowie Ostbosnien, es ist aber ebenso in der Lika und Westbosnien anzutreffen.

3) Normalerweise müssten wir das Substitutionspaar ï̈je/ijé als instabiles Übergangsstadium betrachten, welches die Tendenz hätte, die Quantitätsverhältnisse anzugleichen, also entweder in Richtung ï̈je + ijè oder ï̈jē + ijé. Nun sind aber gerade die beiden letzten Paare ungleich seltener verteten (und geographisch eingeschränkter) als das viel häufigere ï̈je + ijé. Besonders die Kombination ï̈jē + ijé bildet einen klaren Schwerpunkt in Westserbien und den angrenzenden Gebieten, also an der Peripherie des ijekavischen Areals. Wie ist die Verteilung dieser Reflexe zu erklären?

Bioska:[59] snï̈jēg - nijésam
Drenova/Željine:[60] snï̈ēg, ždrï̈ebe - vrijéme, zviiézda
Milakoviće:[61] snï̈jēg - vrijéme
Hisardžik:[62] cï̈jēlī - rijéka
Priboj:[63] brï̈jēg, sï̈jēno - vrijéme, vijénac
Lika:[64] (selten) lï̈jēk, snï̈jēk
Osthercegovina:[65] brï̈jēg, grï̈jēh

Južna Bosna:[66] lȉjēpo, sȉjēno (seltener als ȉje, häufiger als i̧jê)

Ravni:[67] sȉjēno, ždrȉjēbi se - odijéla, lijéska (auch: jê/jé)

Lug:[68] vrȉjēdan - sijéče

Cavtat:[69] prȉjēko

Bosnien:[70] besonders Punkte 104, 120, 126, 182 mit Schwerpunkt zwischen Bosna und Drina, Für Zentral- und SO-Bosnien gilt:"Trebalo bi vjerovatno reći da postoje nevelike razlike u korist refleksâ ije, ȉjē u nešto većem broju punktova." (BHDZb VI, 68)

Nach der Entphonematisierung des e̦ ȃ – Diphthonges in ȉje + ijè und schließlich ȉje + ijé kam es zu einer disparaten Behandlung beider Werte im Sprachbewusstsein, d.h. durch den fehlenden Bezug auf ein einheitliches Phonem bzw. eine homogene Phonemfolge erfolgte in gewisser Weise die Lexikalisierung der betreffenden Lexeme. Das Phonem /ě/ hatte aufgehört, zu existieren und eine beträchtliche Anzahl an Lexemen mit unterschiedlichen synchronen Reflexen hinterlassen.[71]

Ganz anders verlief die Entwicklung in Westserbien (südlich der Đetinja bzw. Zapadna Morava) und in einigen benachbarten Gebieten. Hier hatte sich wieder ein Gleichgewicht in Hinsicht der quantitativen Silbenstruktur eingestellt: Kürze auf der ersten, Länge auf der zweiten Silbe, also ȉjē + ijé. Dass es sich dabei nicht um einen folgerichtigen Prozess zur Beseitigung eines instabilen Zustands handelt, haben wir bereits gesehen. Dafür war der Wert des langfallenden jat traditionell zu stark auf ȉje festgelegt. Vielmehr musste im allgemeinen ein weiterer Umstand hinzutreten, nämlich die Nähe zu Gebieten, in denen das jat seinen phonematischen Wert behalten hatte. Die Mdaa. mit ȉjē + ijé stellen gewissermaßen die letzte Bastion des eindeutig zweisilbigen ijekavischen Reflexes dar, die nächste Stufe ist, wie wir noch sehen werden, der Wegfall des /i/ beim langsteigenden jat, wobei das Paar ȉjē + ijé entsteht.[72]

Wenn es richtig ist, dass große Bereiche des nordštokavischen Sprachraumes einst /e̦/ als phonematischen jat-Reflex aufwiesen, dann ist es mit Sicherheit kein Zufall, dass sich keine einzige Mda. mit ȉjē + ijé nördlich dieser gedachten Linie befindet.[73] Dort wäre der Druck der übrigen Mdaa. derart stark gewesen, dass es mindestens zur Monosyllabisierung des langsteigenden jat, eventuell auch zur Phonematisierung des jat überhaupt gekommen wäre. Andererseits kommt ȉjē kaum je in Kombination mit ijè vor, schon gar nicht als vorherrschendes Paar.[74]

4) Wenden wir uns nun der nächsten Zone zu, so begegnet uns eine völlig neue

Qualität des jat-Reflexes: die langfallende Komponente stellt einen bisyllabischen Wert mit Länge auf der zweiten Silbe dar (ïjē), während das langsteigende jat einen monosyllabischen und mehr oder weniger diphthongischen Charakter besitzt (jé, ijé, jé). Diese heterogene Vertretung des ehemals monophonematischen Lautes muss sprachgeschichtlich als Übergangsstadium interpretiert werden und lässt sich etwa in folgende Reihe stellen:

ïjē + ijé > ïjē + ⁱⱼé > /ę́/[75]

Auf dem Entwicklungswege vom monophonematischen jat zur bisyllabischen, biphonematischen Folge konnten in bestimmten Kontaktzonen bzw. unter bestimmten Bedingungen Werte entstehen, die die ganzheitliche Perzeption der Qualität „jat" erheblich stören konnten (vgl. auch die Parallele /$\widehat{i\,e}$: $\widehat{u\,o}$/ > /$\widehat{i\,e}$: u/.[76] Diese Zonen befinden sich ausnahmslos in unmittelbarer Nähe von Gebieten mit monosyllabischem jat-Ersatz:

Kosjerić:[77] sïjēno, snïjēg - pijésak, svijétlo

Gorobilje:[78] sïjēno, snïjēg (seltener) - gli‿jéto, mli‿jéko

Milakoviće:[79] snïjēg - bi‿éla

Priboj:[80] brïjēg, sïjēno (seltener) - vri‿jéme, pi‿jévci

Lika:[81] lïjēk, sïjēno (seltener) - bjéda, vjénac (am häufigsten)

Južna Bosna:[82] bïjēlo, sïjēno (oft) - vri‿jéme, mli‿jéko (sehr selten auch: jé)

Gruža:[83] sïēno, tïēlo (auch: i‿é) - rí‿eka, bí‿eda („diftong ie sa dugim uzlaznim akcentom na i"), aber auch: riékama

Ravni:[84] sïjēno - mli‿jéko, odi‿jélo

Lug:[85] vrïjēdan - pl‿évio

Besonders fällt die starke Konzentration in Westserbien auf (Kosjerić, Gorobilje, Milakoviće, Priboj, Gruža, Ravni).[86] Gerade durch dieses Areal scheint eine alte jat-Isoglosse gegangen zu sein. Nördlich der Linie Drina – Tara Planina – Povlen – Maljen – Takovo herrschte die monophonematische Vertretung des jat vor, südlich davon die bisyllabische Phonemfolge /i+j+e/.[87] Im Kontaktbereich dieser beiden Areale entstanden je nach Anteilen der bodenständigen und zugewanderten Bevölkerung hybride Formen, die sich nach erfolgter Lexikalisierung und Ablösung vom jat-Komplex durchaus als dauerhafte Lösungen erweisen konnten. Der „Umgebungsdruck" aus südlicher Richtung konnte auf der ohnehin sehr markanten bisyllabischen Form /ïje/ beharren, während der „Substratdruck" die labilere (neuere) Substitution /ijé/ o.ä. begünstigte. Die Länge auf dem e in /ïjē/ könnte als hyperkorrekte Imitation des langen /ijé/ interpretiert werden. Gleichzeitig war durch die Monophonematisierung des u͡o der Korrelationspartner des jat weggefallen, so dass auch von dieser Seite zwei Kräfte tätig waren: einmal die Nachahmung des Monophthongs zwecks Ökonomisierung des Phonemsystems, zum anderen das Beharren auf der alten Sequenz /ije/. Somit ist die Länge auf dem e in /ijē/ in der Tat sekundär im genetischen Sinne zu interpretieren, wenn sie gleichwohl sehr alt sein mag.

5) In einem großen kompakten Gebiet, dessen Schwerpunkt in Westserbien und Teilen Nordostbosniens liegen, herrschen monosyllabische Substitutionswerte vor:

Priboj:[88] (relativ oft) bri͡êg, si͡êno / brjêg, sjêno – (seltener) vri͡jéme, ri͡jéka / mljéko, rjéka

Milakoviće:[89] svi͡êt - bi͡éla

Lještansko:[90] vi͡jêk, ždri͡jêbe - vri͡jéme, gni͡jézdo

Uzovnica:[91] bri͡jêg, sni͡jêg - zvi͡jézda, pi͡jésak

Tršić:[92] sri͡jêdu͡, cvi͡jêće - vri͡jéme, odi͡jélo

Gornja Caparda:[93] bri͡êg, si͡êno͡ - vi͡énac, vri͡éme

Obadi:[94] ždri͡êbe, ri͡êč - gli͡éto, cri͡évo

Polimlje:[95] brijêg, sijêno - vijénac, mljéko

Lika:[96] (häufiger) svjêt, sjêno / (seltener) vri͡êća, si͡êno - vjénac, vrjéme

užna Bosna:[97] (weniger häufig) bri͡jêgk, li͡jêk / sjêno - (sehr selten) vri͡jéme, mli͡jéko

Zapadnobosanski:[98] (manchmal) dlêlī, sjêno - (oft) bjéda, vrjéme

Ravni:[99] srjêdu - mli͡jéko

Mala Peratovica:[100] sni͡êg - zvi͡ézda

Kreševo:[101] snjêg, cvjêt - ljépo, gnjézdo

SO-Bosnien:[102] Täler des Lim, Uvac, Rzav; Punkte 45 (Višegrad), 46 (Crni Vrh), 73 (Srebrenica)

N+NO-Bosnien:[103] vor allem NO, unterer Bosnalauf; bes. Punkte 172, 175, 196

Ijekavskošćakavski:[104] „najčešći je refleks dugog jata dvosložni iē (rjeđe u obliku ij ē), ali ima još priličan postotak diftonga i͡ē"

Gorobilje:[105] (manchmal jüngere Generation) zi͡jêva, li͡jêpo - (oft) gli͡jéto, zvi͡jézda

Kosjerić:[106] (sehr selten) sni͡êg - pi͡ésak

Die vorliegenden Reflexe haben in keiner Weise etwas mit dem bisyllabischen /ije/ zu tun, sie schließen nördlich bzw. nordöstlich direkt an Mdaa. mit erhaltenem Phonemwert /ẹ/ oder die Ekavština an. Genetisch betrachtet sind sie als jekavisierte, diphthongisierte Formen eben dieses ehemaligen jat-Wertes /ẹ/ zu interpretieren: ệ ä > /ẹ/ > /ije/. Demzufolge haben sie sehr viel von ihrem Phonemstatus beibehalten. Wenn Ivić meint: "Der Reflex von ě wird genau so ausgesprochen wie auch sonst die entsprechende Phonemgruppe /je, ie, ije – M.M./ in denselben Stellungen"[107] und darauf die Behauptung gründet, in den jekavischen Mdaa. besitze der Reflex des ě keine phonologische Individualität, so genügt ein kurzer Blick auf das vorliegende Material, um zu konstatieren, dass die Dinge so einfach nicht zu erklären sind. Vollgültige Minimalpaare /ije/ : /e/ lassen sich in der Tat wohl kaum belegen, wenn auch Brozović z.B. /svi̥ĵêt/ : /svêt/ oder /l̥êtā/ G.pl : /li̥jêtā/ 3.Präs.sg. anführt.[108] Andererseits unterscheiden sich in den meisten Mdaa. die Reflexe des jat von der zu erwartenden Phonemgruppe /ije/ o.ä., z.B.:[109]

Lještansko: /i̥ jē/ (<ě) : /ijē rákijē, bòžijē, bïjēm
Uzovnica: /i̥ j ē/ : /ijē/ rànij ē, brïjē se
Priboj: /i̥ jē̂/ : /ijê̂/ nïje, pòkrijē, dòbijē, rànijē, nijèdan
Polimlje: /ijē/ : /ijē/ nïje, trïjes pête, pïjemo, tùršijē

Damit scheint bewiesen, dass sich die jat-Reflexe grundlegend anders entwickelt haben, nämlich in der Tendenz jekavisch, als die morpho-phonologische Sequenz /IJE/, die ja unabhängig von einem möglichen ijekavischen Wert besteht. Während nämlich keinerlei Grund bestand, im Rahmen der metanastasischen Ijekavisierung die auch der Ijekavština bekannte Gruppe /IJE/ anzutasten, erfuhr der ehedem phonologische jat-Wert /ẹ/ durch die starke ijekavische Zuwanderung eine geringe, gleichwohl charakteristische Veränderung: einerseits wurde der geschlossene Teil /i+j/ hinzugefügt, um einen mehr oder weniger klassischen Wert nachzuahmen, andererseits blieb durch dessen komprimierte Artikulationsweise die monosyllabische Basis und damit in gewissem Sinne der phonematische Status erhalten:

$$/ẹ/ \longrightarrow {}^{ij}e/^{110}$$
$$/ije/ \longrightarrow /ije/$$

Eine unsilbische Kombination /ij/ kann nur als Bestandteil einer Silbe verstanden werden, dessen Kern der Vokal /e/ bildet bzw. dessen Wesen diphthongisch ist. Wir wissen, dass sich der Sonant /j/ in intervokalischer Stellung außerordentlich labil verhält. Er kann hier interpretiert werden als Übergang vom einen zum anderen Diphthonglaut: / i > j > e /. In den betreffenden Mdaa., in denen das jat weder als bisyllabischer noch als monophthongischer Reflex erscheint, müssen wir demnach von einem Diphthong ausgehen, der phonematischen Charakter trägt. Was die häufigen, um nicht zu sagen gewöhnlichen Dubletten anbelangt, z. B. sijêno / sïjēno, so kann festgestellt werden:

a) dass wir es oft mit einer sozialen Differenzierung aufgrund des Alters, der Schulbildung, der Mobilität u.ä. zu tun haben;

b) dass kein Lexem existiert, in dem eine der beiden Formen zwingend vorge-schrieben ist.[111]

Brozović weist auf den Umstand der einseitigen (nichtreziproken) Opposition („jednosmjerna opozicija") hin, /ɨjē/ ⊦ /ijē/ hin,[112] wodurch er zum Ausdruck bringt, dass jeder Diphthong fakultativ als Phonemfolge realisiert werden darf, der umgekehrte Fall jedoch nicht gilt. Die Parallele zu den Affrikaten /c/, /č/, /ʒ/ ⊦ /ts/, /tš/, /dž/, die er zieht, unterstützt unsere Theorie vom Phonemstatus des monosyllabischen, diphthongischen /ijē/. Denn anders als bei den jat-Dubletten vom Typ sijêno / sïjēno besteht kein freier Austausch bei Sequenzen, die nicht auf jat zurückgehen: ràkijē oder pïjēmo können nicht monosyllabisch *ràkⁱjē oder *pïjêmo realisiert werden. Aber auch durch monophthongische Werte kann unser /ijē/ nicht ersetzt werden, ohne seine charakteristische Ausprägung zu ver-lieren und einen „fremden Klang" anzunehmen.

Die phonetische Realisierung [ijē] stellt demnach auf stilistischer Ebene meist die neutrale Form dar, während alle anderen als markiert gelten müssen. Aus allen dargelegten Gründen werten wir den monosyllabischen jat-Reflex als diph-thongisches Phonem. Das Phonemsystem der Vokale der vorliegenden Mdaa.-Gruppe besitzt mithin folgendes Aussehen:[113]

	i		u		+ṛ			i		u	
e		o				bzw.		ije			
	a		+ije					e		o	+ṛ
									a		

Zweifellos nimmt das jat in den Mundarten der skr. Sprache in mancherlei Hin-sicht eine Sonderstellung unter den Vokalen ein. Konnte der ehemals phonematische Charakter auf der einen Seite in eine Phonemfolge aufgelöst werden, so blieb er in anderen Mdaa. erhalten:

$$\breve{e} \quad (\widehat{\underset{\text{\tiny e}}{e}} \; ä)$$

ïje	ijè		ⁱʲê	ⁱʲé
ïjē	ijé		ȩ̂	ȩ́
			ê	é
			î	í

Die Kombination dieser Werte in den heutigen Dialekten verrät einiges über ihre Entwicklung. Entweder kam es zur Monosyllabisierung /i, e, ẹ, ⁱʲe/ oder zur Bisyllabisierung /i+j+e/. Dazwischen konnten hybride Paare entstehen:[114]

$$\breve{e} \; (\widehat{\underset{\text{\tiny e}}{e}} \; ä) \quad = \quad \begin{array}{l} \text{ïje } \text{->> ïje } \text{->> ïjē } \text{->> ïjē } \text{-> } \text{ⁱʲê } \text{<<- } \text{ȩ̂ } \text{->> ê} \\[4pt] \text{ijè <- ijé <- ijé <- ⁱʲé <<- ⁱʲé <<- é ->> é} \end{array}$$

Überschreiten wir nun die nördliche Grenze der ijekavischen Ausbreitung, so gelangen wir in den Bereich der Ekavština bzw. der Reliktgebiete mit nichtersetztem jat. Viel ist bereits über dieses Phänomen geschrieben worden.[115] Hier bleibt abschließend festzuhalten, dass es sich bei den zahlreichen Beobachtungen den jat-Reflex /ẹ/ o.ä. betreffend mindestens um ein bedeutendes Allophon von /e/ handelt. Nach alldem, was wir im vorliegenden Aufsatz über die Entwicklung der ijekavischen Werte zusammengetragen haben, ist die Wahrscheinlichkeit, dass wir es mit einem eigenständigen Phonem zu tun haben, sehr groß. Weitere Feldforschungen sollten mehr Licht in dieses immer noch nicht befriedigend gelöste Problem der skr. Dialektologie bringen.

Anmerkungen

1. Man könnte geradezu von einem Glücksfall sprechen, dass Vuks Heimat-mda. jekavischer Provenienz war, wurde doch auf diese Weise sein Sprachbewusstsein von Anfang an geschärft im Nebeneinander der verschiedenen Varianten. Hätte sich ein Vertreter der ekavischen Aussprache dieser so wichtigen Aufgabe der Schaffung einer einheitlichen skr. Literatursprache angenommen, wer weiß, ob nicht die Ijekavština ein ähnliches Schicksal getroffen hätte wie etwa die čakavische Dialektgruppe, d.h. erheblichen Gebiets- und Prestigeverlust.

2. Rešetar 1890, 1900, 1907, 1909; Belić 1905, 1908.

3. Dijalektologija 1956, 56. Vgl. auch den Aufsatz: O nekim problemima naše istorijske dijalektologije, JF XXI, 97-129, 1955/56 des gleichen Autors.

4. Diesen Mdaa. widmet P.Ivić traditionsgemäß ein eigenes Kapitel in seinen Gesamtdarstellungen (1956, 207-212; 1958, 269-284). Unschlüssigkeit in der Frage ihrer endgültigen Klassifizierung verrät seine Bemerkung in der EJ, Bd.6, 69:"Preglednosti radi, govori sa sačuvanom posebnošću ě biće ovde uvršteni u najsrodnije ekavske dijalekte." Lassen sich Aussiedler- bzw. Reliktmdaa. noch mit einiger Berechtigung zu einer gesonderten Dialektgruppe zusammenfassen, so stellt sich uns im Falle des verhältnismäßig großen westserbischen Areals ein völlig anderer Sachverhalt dar. Diese Problematik hoffe ich an anderer Stelle ausführlicher zu behandeln.

5. P.Ivić, Dijalektologija 56.

6. Ebda. 207.

7. P.Ivić, Dijalektologija 57.

8. Ebda. 56.

9. Ebda.

10. Hirt 1903, Moskovljević 1963/64 (Material aus den 30er Jahren).

11. Remetić 1981 (SDZb). Vgl. zu dieser Frage die harsche Kritik von R.Simić: O tzv. „nezamenjenom jatu" i okolo njega, JF XXXVIII, 131-151, 1982 sowie den Aufsatz des Verf. im vorliegenden Band: Karakteristične osobine užičke govorne zone, in dem die Authentizität eines ikavischen Dialekts auf westserbischen Boden verneint wird.

12. Durch die Auflösung der ehemaligen jugoslawischen Föderation SFRJ in die Nachfolgestaaten entstand ein höherer Druck als je zuvor auf die einzelnen territorialen Varianten serbischer, kroatischer, bosnisch-hercegovinischer bzw. montenegrinischer Prägung. Innerhalb Serbiens ist obendrein erneut die Diskus-

sion über die parallele Verwendung des kyrillischen und des lateinischen Alphabets entflammt.

13. Dieses Konzept wird vom Verfasser prinzipiell nicht angefochten. Es geht vielmehr darum, die zahlreichen Abweichungen zu erklären und in das Gesamtsystem zu integrieren.

14. Vgl. besonders die Karten in der EJ, Bd.6, 70/71 sowie in P.Ivić: Srpski narod i njegov jezik, Beograd 1971

15. P.Ivić meint hierzu:"Jekavska zamena jata najkomplikovanija je od svih štokavskih zamena ovoga glasa" (Dijalektologija 133). Dies gilt, wie wir noch zeigen werden, sowohl in synchroner als auch in diachroner Hinsicht.

16. Die Werte entstammen der einschlägigen Fachliteratur sowie dem Material des Verf.

17. Die skr. Dialekte 138.

18. Ebda. 206 f.

19. EJ, Bd.6, 76: "Refleks dugog jata je pretežno dvosložan" (Ivić).

20. Vgl. in diesem Zusammenhang auch die Schwächen, auf die P.Ivić in der Einleitung zu den „Fonološki opisi..." hinweist (S.1-10), die ihre Ursache zweifellos in den unterschiedlichen Ansätzen der einzelnen Bearbeiter haben. Leider wird gerade auch das Problem der jat-Substitutionen nicht immer ausführlich genug behandelt, z.B. für die Punkte 65, 67, 68, 71, 74, 75 und 77.

21. Für die Mehrzahl dieser Mdaa. stellt der ijekavische bisyllabische Ersatz wohl einen Archaismus dar. Umso erstaunlicher ist die Tatsache, dass das gleiche sprachliche Merkmal später durch die für das skr. Sprachgebiet so typischen Siedlungsbewegungen zu einem Innovationselement geworden ist.

22. Vgl. Anm.12. In einer Zeit des allgemeinen wirtschaftlichen und politischen Umbruchs erscheint die Prognose vielleicht nicht gar so abwegig, dass die serbische Schriftsprache sich mittelfristig für die ausschließliche Verwendung der ekavischen Variante sowie der lateinischen Schrift entscheidet.

23. Stevanović 1964, 14.

24. Diese Lösung stellt einen Kompromiss zwischen der ekavischen (monosyllabisch-monophonematischen) und der ijekavischen Aussprache dar, denn /jê, jé/ sind zwar biphonematische Gruppen, aber monosyllabisch, während /i̯ê, i̯é/ von mir als monosyllabisch und monophonematisch sowie diphthongisch gewertet werden.

25. Vgl. Belić 1960, 87; Ivić 1959, 50-53.

26. Ivić 1956, 1958; Popović 1960; Stevanović 1960. Es ist das Verdienst Brozović', auf die besonderen Strukturen des ostbosnischen Areals hingewiesen zu

haben (HDZb II), wenngleich Ivić diese Mdaa. als Unterdialekt behandelt hatte.

27. Wir gehen an dieser Stelle nicht näher auf das Problem des reduzierten bzw. flüchtigen / j / ein. Wichtig ist, dass zwei Silben artikuliert werden, /i+j+e/ oder /i+e/. Vgl. auch Ivić' Bemerkung:"Nema slučaja da oblik sa /ie/ znači jedno, a oblik sa /ije/ nešto drugo" (die Schrägstriche sind von mir, M.M.), O Vukovom Rječniku iz 1818.godine, Sabrana dela Vuka Karadžića, knj. druga, pogovor, 98, Beograd 1965 ff.

28. Vušović 1927, 7 f.

29. Fonološki opisi 1981, 510.

30. Ebda., 551 mit dem Vermerk:"Vredi opis za punkt OLA 66 (Jasenik)"

31. Kašić 1995, 268, 270.

32. Peco 1981, 244 - neben snȉjēg, svi̯êt, bjêlī und vrijéme, bi̯éla.

33. Peco 1981, 253 - neben cȉjēlī, rijéke.

34. Peco 1964, 47 ff. Statt ijè stellt der Autor häufig auch ijé fest.

35. Đurović 1992, 56 ff., 68. Für langfallendes jat stellt ȉje die häufigste Form dar, langsteigendes jat wird in erster Linie durch ijé repräsentiert, seltener durch ijè.

36. Vujičić 1985, 103; 1990, 66-69. Nord- und nordostbosnische Mdaa., die sich in prosodischer Hinsicht nicht vom Standard unterscheiden, also mit ȉje/ijè, befinden sich auffallend oft in der Nähe der großen Flussadern: vgl. Križevci (Punkt 79, Muslimani), Miljanovci (80, M) in unmittelbarer Nähe der Drina; Perovići (98, M), Lukavica (118, M) an der Bosna; Brezovo Polje (112, M), Vuči-lovac (121, Serben), Novi Grad (194, S) und Smrtići (197, S) an der Sava.

37. Fonološki opisi 1981, 434.

38. Ebda., 440

39. Ebda., 473

40. Ebda., 475

41. Den Ausgangswert ȩ̂ ä nimmt P.Ivić an (1959) und auch Belić ist der Mei-nung, „da je osnovna vrednost jata bio neprav i nepotpun diftong koji je, dakako, ima dva dela, otvoreniji i zatvoreniji: eä, ie ili sl." (1960, 87). Anders als von einem diphthongischen Grundwert ließe sich in der Tat schwerlich der jekavi-sche Reflex erklären.

42. Wenn wir von einem ursprünglich einheitlichen Wert für langes jat aus-gehen, so sollte der Lautkörper bzw. die Abfolge der Lautzeichen für alle auf-tretenden langen Vokale gleich sein. Dies ist für /i+j+e/ gegeben, nämlich ein bisyllabischer Wert mit zwei kurzen Silben (= zwei Moren): ȉje bzw. ije bzw. ijè.

43. Zur Frage dieser alten Abgrenzung vgl. die weiteren Ausführungen.

44. J.Vuković 1938/39, 16 sowie Rešetar, Štok. 76 ordnen die Länge auf ijé perzeptiv zwischen die des kurzsteigenden Akzentes (ijè) und die des langsteigenden Akzentes (é), der nicht auf jat zurückgeht. Dieser Meinung schließt sich Peco 1964,52 an. Ob diese Frage auf experimentalphonetischem Wege gelöst werden kann, wie Peco vermutete, darf bezweifelt werden. Phonematisch betrachtet handelt es sich um eine Länge (vs. Kürze). Da in einem phonologischen Wort nur ein Akzent (und also auch nur ein steigender Akzent) vorkommen kann, handelt es sich in jedem Fall (é oder ijé) um einen langsteigenden neuštokavischen Akzent. Die kürzere Dauer könnte etwas mit der Perzeption – und damit auch der Produktion – der ganzheitlichen Entität ‚jat' zu tun haben. Im übrigen geben andere Autoren diesen Unterschied nicht an.

45. Dragičević 1980, 163, 166. Daneben treten auch die Reflexe jê / jé auf.

46. Dešić 1976, 99, 102. Manchmal wurde jê, oft jé angetroffen.

47. Peco 1964, 47, 51

48. Vuković 1938/39, 14.

49. Fonološki opisi 1981, 562 f. Für Punkt 67 (Kriva Reka) gibt es keine Angaben für langsteigendes jat.

50. Đurović 1992, 56, 62.

51. Angaben bei Đurović 1993, 145.

52. Fonološki opisi 1981, 426.

53. Ružičić 1927, 121 ff.

54. Vujičić 1985, 102 ff.; 1990, 66 ff.

55. Đukanović 1995, 35, 38.

56. Peco 1981, 244.

57. Peco 1981, 253.

58. Vgl. die ähnliche Erklärung Pecos 1964, 54, der folgende Entwicklung annimmt: i̯é > ii̯é > ijé > ijè, dabei aber die Substitution für langfallendes jat nicht in Korrelation setzt. Zu kurz greift auch Vuković' Erklärung, der die Längung des e auf die Schwächung des i (und des j !) zurückführt (1938/39,16).

59. Ivić 1959, 399f.

60. Milovanović 1983, 15-70.

61. Peco 1981, 244.

62. Peco 1981, 253.

63. Đurović 1980, 275.

64. Dragičević 1980, 164.

65. Peco 1964, 48.

66. Đurović 1992, 57, 68.

67. Đurović 1988, 178.

68. Fonološki opisi, 465.

69. Ebda., 503.

70. Vujičić 1985, 102ff.; 1990, 68.

71. Erst auf diese Weise lassen sich sog. analoge Formen erklären, z.B. die Längung der zweiten Silbe in ïjē analog zu identischen Werten, die nicht aus dem jat entstanden sind: pïjēm, bïjēm u.ä. bzw. deren Kürzung: snïjěg : pïjěm.

72. Über den phonetischen Wert der Notierung ijé lässt sich streiten. Sicher scheint uns zunächst die monosyllabische Qualität, denn /j/ ist in jedem Fall unsilbisch und ein hochgestelltes /i/ soll wohl kaum einen Silbenträger darstellen. Vgl. darüber den folgenden Abschnitt.

73. Damit sind nach Ivić 1958,11 Slawonien, die Vojvodina und Nordserbien gemeint, wobei nicht ausgeschlossen scheint, dass auch der nördliche Teil Bosniens zu diesem Gebiet hinzugerechnet werden muss. Auch scheint die Grenze in Westserbien einst weiter südlich der heutigen ekavisch-ijekavischen Grenze verlaufen zu sein. Vgl. dazu meine diesbezügliche Arbeit in diesem Band.

74. Eine gewisse Häufigkeit ist in den „ijekavskošćakavski govori južne Bosne" und den „ijekavskoštakavski g. bjelimićko-zagorski" der „prelazni govori južne Bosne i visoke Hercegovine" (Đurović 1992,57,60) oder der Osthercegovina (Peco 1964,48,50) festzustellen, nicht aber in nördlicheren Regionen.

75. Mit der Akzentuierung auf der ersten Silbe für altfallendes /ïjē/ sowie auf der zweiten für neusteigendes /ijé/.

76. Zur ganzheitlichen Perzeption gehört die Einbettung in das Phonemsystem. In einer bestimmten Entwicklungsphase (bis spätestens XVI Jhdt. abgeschlossen) standen die Phoneme ệ ä (=ě) und û o (> ḷ) als Diphthonge in Opposition zu der Klasse der Monophthonge, speziell zu /i,ä/ bzw. /o,u/. Die Monophonematisierung des û o zu u bei gleichzeitiger prinzipieller Biphonematisierung des ě zu ije war ein weiterer Faktor, der zur Isolierung und zum exponierten Verhalten der jat-Reflexe beitrug.

77. Mein eigenes Material.

78. M.B.Nikolić 1972, 652f.

79. Peco 1981, 244.

80. Đurović 1980, 276. Häufiger sind die Formen ohne Länge für langfallendes /ïje/.

81. Stevović 1969, 414. Der Autor hört den langsteigenden Reflex als „diftong ie sa dugim uzlaznim akcentom na i", notiert aber auch: viékama.

82. Đurović 1987, 178.

83. Fonološki opisi 1981, 465.

84. Dragičević 1980, 164-166. Die Form ïjē kommt seltener, jé am häufigsten vor.

85. Đurović 1992, 57, 63. Der Reflex ïjē kommt oft, i̯ jé + jé kommen sehr selten vor.

86. Vgl. Peco 1970,171.

87. Vgl. den Aufsatz des Verf. in Fußnote 11.

88. Đurović 1980,273-276.

89. Peco 1981, 244.

90. Tešić 1977,1 88ff.

91. Tešić 1978, 171f.

92. B. Nikolić 1968, 397f.

93. Đukanović 1983, 204.

94. Simić 1978, 41.

95. M. Nikolić 1991, 226f.

96. Dragičević 1980, 164-166.

97. Đurović 1992, 58, 64.

98. Dešić 1976, 101ff.

99. Đurović 1988, 178.

100. Fonološki opisi 1981, 370.

101. Fonološki opisi 1981, 470.

102. Dž. Jahić: Ijekavskoštakavski govori istočne i jugoistočne Bosne, doktorska disertacija u rukopisu, Beograd 1981, 162ff.; siehe auch BHDZb VI, 66ff.

103. BHDZb V, 103f.; VI, 66f.

104. Brozović 1966, 134.

105. M.Nikolić 1972, 652f.

106. Nach meinem Material.

107. IJSLP ½, 42.

108. Brozović 1991, 421, 451.

109. Tešić 1977; Tešić 1978; Đurović 1980; Đurović 1991.

110. Aus rezeptiv-phonetischer Sichtweise stellt sich der Sachverhalt folgendermaßen dar: die ijekavischen Zuwanderer hören in ihrer neuen Heimat einen Monophthong, den sie versuchen nachzuahmen. Dabei ersetzen sie das Phonem /ę/ durch das sehr ähnlich klingende /e/ und reduzieren die bisyllabische Phonemfolge /i+j+e/ auf den unsilbischen Anteil /ij/ + /e/, wodurch sie einen Diphthong realisieren /ije/.

111. Gleichwohl ist häufig mindestens eine der möglichen Formen markiert, sei es in geographischer oder sozialer Hinsicht.

112. Brozović 1991,444-452. Vgl. auch die Arbeiten des gleichen Autors 1964, 1967, 1972 sowie Gvozdanović 1981.

113. Obwohl von den meisten Autoren das zweite Schema bevorzugt wird, ist streng genommen die erste Anordnung die einzig richtige, da es sich bei den Diphthongen um eine grundsätzlich neue vokalische Klasse handelt.

114. Die Dicke und Richtung der Pfeile gibt die unterschiedlich starke Beeinflussung räumlich benachbarter Formen an.

115. Ivić 1956, 1958, 1959; Remetić 1981; B.Nikolić 1969; Hirt 1903; Moskovljević 1963/64; R.Simić 1982.

Literatur

D. Barjaktarević: Glas jat (ѣ) u novopazarsko-sjeničkoj zoni, KnjiJ 3,71-93, 1964

A. Belić: Dialektologičeskaja karta serbskago jazyka, St.Peterburg 1905

- O srpskim ili hrvatskim dijalektima, Glas SKA 78, 60-164, 1908

- Štokavski dijalekat, NESHS IV, 1064-1077, 1929

- Periodizacija srpskohrvatskog jezika, JF XXIII, 3-15, 1958

- Osnovi istorije srpskohrvatskog jezika I. Fonetika, Beograd 1960

D. Brozović: O strukturalnim i genetskim kriterijima u klasifikaciji hrvatskosrpskih dijalekata, ZbFL III, 68-88, 1960

- O jednom problemu naše istorijske dijalektologije, ZbFL IV/V, 51-57, 1961

- Vom Begriff der Richtung bei den phonologischen Oppositionen (über die phonologische Individualität des Reflexes des langen Jat im Standardijekavischen), WSlJb 11, 141-147, 1964

- O problemu ijekavskošćakavskog (istočnobosanskog) dijalekta, HDZb II, 119-208, 1966

- Some Remarks On Distinctive features especially in standard Serbocroatian, To Honor Roman Jakobson I, 412-426, Paris/The Hague 1967

- Dijalekatska slika hrvatskosrpskog jezičnog prostora, Radovi 8/9, 5-30, 1970

- O alofonskoj problematici u hrvatskoj ortoepiji, Radovi 10, 5-24, 1971/72

- Suvremeni standardni jezik, Enciklopedija Jugoslavije VI, 87-94, 1990

- Jezik, srpskohrvatski/hrvatskosrpski, hrvatski ili srpski: čakavsko narečje + kajkavsko narečje, EJ VI, 78-83, 83-87, 1990

- Fonemika, in: Povijesni pregled, glasovi i oblici hrvatskoga književnog jezika, Zagreb 1991

D. Ćupić: Pregled glavnijih osobina govora Zete, JF XXXIII, 265-284, 1977

M. Dešić: Zapadnobosanski ijekavski govori, SDZb XXI, 1976

M. Dešić, A.Peco, D.Vujičić, D.Brozović: Govori sjeverozapadne Bosne, BHDZb II, 1979

M. Dragičević: Refleksi jata u današnjim ličkim govorima, SDZb XXVI, 147-233, 1980

- Govor ličkih jekavaca, SDZb XXXII, 7-241, 1986

P. Đukanović: Govor sela Gornje Caparde (kod Zvornika), SDZb XXIX, 191-292, 1983

- Govor Dragačeva, SDZb XLI, 1-240, 1995

R. Đurović: Refleksi jata u okolini Priboja, SDZb XXVI, 235-319, 1980

- O nekim prozodijskim i glasovnim osobinama govora Ravni kod Titovog Užica, ZbFL XXX/1, 177-180, 1988

- Prelazni govori južne Bosne i visoke Hercegovina, SDZb XXXVIII, 9-378, 1992

B. Finka: Štokavski ijekavski govori u Gorskom kotaru, ZbFL XX/1, 145-172, 1977

- Glasovni i naglasni odnos u (srpskim) štokavskim ijekavskim govorima na području između Kupe i Velebita i u hrvatskom književnom jeziku, HDZb 7, 99-110, 1985

S. Georgijević: Jat (ě) u govoru Ličkog Polja, JF XIX, 134-149, 1951/52

J. Gvozdanović: Fonološka analiza ijekavske izgovorne norme u standardnom srpskohrvatskom jeziku, Naučni sastanak slavista u Vukove dane 10/1, 147-159, 1981

J. Hamm: Sekundarno ije na zapadnom hrvatskom području, Jezik 1, 39-45, 1952

H. Hirt: Der ikavische Dialekt im Königreich Serbien, Sitzungsberichte der Kais. Akademie d. Wissenschaften in Wien, Phil.-hist. Classe CXLVI, 1-56, Wien 1903

P. Ivić: O nekim problemima naše istorijske dijalektologije, JF XXI, 97-129, 1955/56

- Dijalektologija srpskohrvatskog jezika, Novi Sad 1956, 2.Aufl. 1985

- Jedna doskora nepoznata grupa štokavskih govora: govori sa nezamenjenim jatom, Godišnjak Filozofskog fakult. u Novom Sadu I, 146-160, 1956

- Osnovnye puti razvitija serbochorvatskogo vokalizma, Voprosy jazykoznanija VII, 3-20, 1958
- Die serbokroatischen Dialekte, s'Gravenhage 1958
- Der Vokal ě als lebendiges Phonem in den serbokroatischen Mundarten, Int. Journal of Slav.Linguistics and Poetics ½, 38-54, 1959
- Izveštaj o dijalektološkoj ekskurziji po užoj Srbiji, Godišnjak FF IV, 397-400, Novi Sad 1959
- Prilog rekonstrukciji predmigracione dijalekatske slike srpskohrvatske jezičke oblasti, ZbFL IV/V, 117-130, 1961/62
- Inventar fonetske problematike štokavskih govora, Godišnjak FF VII, 99-110, 1962/63
- O Vukovom Rječniku iz 1818.godine, Beograd 1966
- Srpski narod i njegov jezik, Beograd 1971
- Migracije i dijalekti Srba jekavaca, Novi ljetopis kulturnog društva Prosvjeta (Zagreb) 1, 29-41, 1971
- O stanju fonetskog i fonološkog ispitivanja srpskohrvatskog jezika, Vъprosi na strukturata na sъvremennija bъlgarski ezik, 305-329, Sofija 1975
- Jezik, srpskohrvatski/hrvatskosrpski, hrvatski ili srpski: štokavsko narječje, EJ VI, 67-78, 1990
P. Ivić (urednik) i grupa autora: Fonološki opisi srpskohrvatskih/hrvatskosrpskih, slovenačkih i makedonskih govora obuhvaćenih Opšteslovenskim lingvističkim atlasom, Posebna izdanja ANUBiH, knj.LV, Sarajevo 1981
Z. Kašić: Govor Konavala, SDZb XLI, 241-396, 1995
T. Maretić: Dali ie ili je ?, Nastavni vjesnik I, 148-156, 1892/93
B. Miletić: Osnovi fonetike srpskog jezika, Beograd 1952
E. Milovanović: Prilog poznavanju leksike Zlatibora, Prilozi proučavanju jezika 19, 15-70, 1983
A. Mladenović: Jezičke osobine Vukovog kraja iz 1861.godine, JF XXVI, 293-336, 1963/64
M. Moguš: Fonološki razvoj hrvatskog jezika, Zagreb 1971
M. Moskovljević: Današnja granica ekavskog i ijekavskog izgovora u Srbiji, Prilozi za književnost IX, 109-122, 1929
- Ikavski govor u SR Srbiji, JF XXVI, 471-509, 1963/64
B. M. Nikolić: Prilog proučavanju porekla šumadijsko-vojvođanskog dijalekta, Naš Jezik 11, 44-56, 1961
- Odnos današnjeg tršićkog govora prema Vukovom jeziku, JF XXVI, 151-176, 1963/64

- Sremski govor, SDZb XIV, 201-412, 1964

- Mačvanski govor, SDZb XVI, 179-314, 1966

- Tršićki govor, SDZb XVII, 367-472, 1968

- Kolubarski govor, SDZb XVIII, 1-71, 1969

M. B. Nikolić: Govor sela Gorobilja (kod Užičke Požege), SDZb XIX, 619-746, 1972

- Govori srbijanskog Polimlja, SDZb XXXVII, 1-548, 1991

M.Pavlović: Dubrovački izgovor i stabilizacija novog spskohrvatskog jezika, Anali FF u Beogradu VII, 141-147, 1967

A. Peco: Govor istočne Hercegovine, SDZb XIV, 1-200, 1964

- Refleksi ѣ u sjevernohercegovačkom govoru, ZbFL XI, 243-248, 1968

- Osnovi akcentologije srpskohrvatskog jezika, Beograd 1970

- Pregled srpskohrvatskih dijalekata, Beograd 1978

- Prilozi prijepoljskog kraja, Simpozijum Seoski dani Sretena Vukosavljevića VIII, 239-262, 1981

D. Petrović: Iz problematike severozapadnih ijekavsko-štokavskih govora, HDZb 7, 191-198, 1985

I.Popović: Istorija srpskohrvatskog jezika, Novi Sad 1955

- Geschichte der serbokroatischen Sprache, Wiesbaden 1960

S. Remetić: O nezamenjenom jatu i ikavizmima u govorima severozapadne Srbije, SDZb XXVII, 7-105, 1981

M. Rešetar: Zur Aussprache und Schreibung des ě im Serbokroatischen, AslPh XIII, 591-597, 1890

- Die serbokroatische Betonung südwestlicher Mundarten, Wien 1900

- Der štokavische Dialekt, Wien 1907

- Zur Frage der Gruppierung der serbokroatischen Dialekte, AslPh 30, 597-625, 1909

- Izgovor i pisanje prasl. vokala ě u dugim slogovima, Rad 273, 207-225, 1942

G. Ružičić: Akcenatski sistem pljevaljskog govora, SDZb III, 116-179, 1927

S. Sekereš: Klasifikacija slavonskih govora, ZbFL X, 133-145, 1967

- Areali ikavskog, ekavskog i ijekavskog govora u slavonskom dijalektu, HDZb 8, 135-144, 1989

M. Simić: Govor sela Obodi u bosanskom Podrinju, SDZb XXIV, 1-124, 1978

R. Simić: Skica za dijalektološku kartu severne Srbije, Jugoslovenski seminar za strane slaviste 31, 93-136, Beograd 1980

- O tzv. „nezamenjenom jatu" i okolo njega, JF XXXVIII, 131-151, 1982

M. Stevanović: Štokavski dijalekat, Enciklopedija Jugoslavije (1.izd.), 501-506, Zagreb 1960

- Savemeni srpskohrvatski jezik I + II, Beograd 1964 + 1969

M. Tešić: Govor Lještanskog, SDZb XXII, 161-328, 1977

- Fonetske osobine govora Azbukovičkog sela Uzovnice, JF XXXIV, 169-191, 1978

D. Vujičić, D. Brozović, A. Peco, J. Baotić: Govori sjeverne i sjeveroistočne Bosne, BHDZb V, Sarajevo 1985

D. Vujičić, A. Peco: Govori centralne, jugoistočne i jugozapadne Bosne, BHDZb VI, 7-247, 1990

J.Vuković: Govor Pive i Drobnjaka, JF XVII, 1-114, 1938/39

- Bosanski i hercegovački ijekavski govorni tipovi, Glasnik Zemaljskog muzeja u Sarajevu, Etnologija, n.s. XVIII, 17-28, 1963

D. Vušović: Dijalekat istočne Hercegovine, SDZb III, 1-71, 1927

Karakteristične osobine užičke govorne zone

Užice sa okolinom pripada velikoj masi novoštokavskih govora, u centru srps-kohrvatskog jezičnog područja, koji se odlikuju i novom akcentuacijom i novom deklinacijom. Leži na istočnoj periferiji ovog progresivnog areala koji se prema istoku i jugoistoku graniči sa kosovsko-resavskim i zetsko-južnosandžačkim dijalektima u kojima prenošenje akcenata nije konsekventno ostvareno ili je čak prenesen samo kratkosilazni akcenat sa ultime i tako je u stvari očuvano staro mesto akcenta u reči.

Unutar novoštokavske dijalekatske grupe razlikujemo tri dijalekte čija je najup-adljivija izoglosa različit refleks praslovenskog vokala jat. Na jadranskoj obali i u srednjem i zapadnijem delu Bosne dobili smo /i/ (dite, mliko), na severoza-padnoj periferiji , naime u Vojvodini i severnoj Srbiji imamo /e/ (dete, mleko), a u najvećem centralom delu /(i)je/ (dijete, mlijeko). U stručnoj literaturi ova područja su poznata kao mlađi ikavski dijalekat, šumadijsko-vojvođanski dijale-kat i istočnohercegovački dijalekat, kome pripada i Užice sa okolinom.

Jedna važnija izoglosa koja prolazi mimo užičkog dijalekatskog područja ujedno čini i granicu između ekavštine i jekavštine, znači reč je o refleksu jata. Ovu gra-nicu M. Milićević u svojoj knjizi „Kneževina Srbija", 1876.godine, ovako opisu-je:"Povucimo jednu brazdu od Drine na Vidojevicu pa pobiljem Cera i Vlašića na Medvednik, pa na Maljen, Suvobor..."[1] Istina, sam Milićević dodaje da nije pre-cizna granica zato što se u prograničnim predelima ukrštaju ekavski i ijekavski izgovor. Pola veka kasnije M. Moskovljević daje sledeće podatke: granica ide „planinskom bilom Gučevo – Boranja – Jagodnja – Sokolske planine – Medved-nik – Povlen – Maljen, zatim vododelnicom između reka Skrapeža i Kamenice..."[2] Neću ovde da diskutujem graničnu liniju.[3] Svakako je jasno da planinski masivi Povlena i Maljena predstavljaju severnu granicu naše dijalekatske zone, dok je prema zapadu Drina prirodna granica između bosanskih i srbijanskih govora. Na jugu i na istoku ne možemo dati preciznije razgraničenje zato što tu dijale-katski kontinuum deluje mnogo jače te je prelaz između užičkog govora i govorâ obližnjih tipova blaži.[4]

U užičkom kraju razlikujemo tri govorna tipa:
- na severozapadu podrinski ili sokolski;
- u centru užički ili zlatiborski;
- na jugoistoku moravički ili starovlaški.

Ovde nam najviše interesuje odnos između podrinskog i užičkog govornog tipa, a smatra se da glavne razvojne tendencije važe takođe za moravički govorni tip.[5]

Prozodija

U užičkom govoru, naravno, imamo četvoroakcenatski sistem sa dva silazna i dva uzlazna akcenta i sa distinktivnim dužinama posle akcenta.[6] Dva akcenta su kratka a dva su duga. Njihova distribucija u reči odgovara standardnom jeziku. Naime, oba silazna akcenta (ʺ ˆ) mogu stajati na prvom ili jedinom slogu, uzlazni akcenti na svakom osim na zadnjem:

slog	jedini	prvi	unutrašnji	zadnji
akcenti	ʺ ˆ	ʺˆ ´ˋ	´ˋ ‒	‒

Dužina posle akcenta može biti na unutrašnjim slogovima odn. na zadnjem a svaki slog, razume se, može biti i kratak. Stari silazni akcenti u unutrašnjosti reči ili na ultimi preneseni su u duhu novoštokavskog prenošenja akcenata, tako da uglavnom nemamo staro akcenatsko mesto van prvog sloga. U Gorobilju nalazimo, doduše vrlo retko, kanovačko duljenje tipa: bŕda, pólja (umesto očekivanog bȑda, pòlja), inače dobro poznato iz zapadne Šumadije.[7]
Kao što u skoro svim novoštokavskim govorima, nalazimo i na našem terenu reči sa silaznom intonacijom van prvog sloga, i to su internacionalizmi:
ađutȁnt, komunȉst, geomȅter;
u složenicama kao: poljoprȉvreda, dobrovȏljac
ili u ekspresivnim izrazima: tamȃn, sasvȉm, aȕ, alȁ. Čuo sam i: nazȃd.
Posebno treba podvući značaj rečenične intonacije za akcentuaciju pojedinih reči kao što vidimo iz sledećeg primera:

a) Pa tô ti je nȁjvažnije!
b) Nȁjvȁžnije je dȁnās pòsō![8]

Postakcenatske dužine se najbolje čuvaju na severozapadu i u centru, dok se na jugoistoku uglavnom skraćuju posle dugosilaznog akcenta (ne dosledno u G.pl.), up. beleške:

iz Lještanskog: pâlē, râdnīk, pôđemo, bránē, bránōm, žívīmo, ìdē, ìdēm, ràdōsti, dr̀žī, dr̀žīm, đèvōjka

iz Kosjerića: sprêmā, râdnīk, dôđemo, nádē, rúkōm, žívīmo, vìdī, vìdīš, pöšljēmo, dr̀žī, dr̀žīm, ùgāšen

iz Gorobilja: čûvă (čûvā), kûtnjăk (kûtnjāk), dôđemo, trávē, trávōm, kárlică, vŕšēmo, vìdī, kùvār, knjïgāma, ùčī, ùčīm, blàgājnĭk.

Vidi se da u govoru Gorobilja često dolazi do skraćivanja dužina posle dugosilaznog akcenta, a kad postoji više postakcenatskih dužina, gubi se poslednja u nekim kategorijama. Shematično to bi ovako izgledalo:

$$\hat{a}\bar{a} > \hat{a}a \qquad \hat{a}\bar{a}\bar{a} > \hat{a}aa \qquad \grave{a}\bar{a}\bar{a} > \grave{a}\bar{a}a$$
$$\hat{a}\bar{a}a > \hat{a}aa \qquad \grave{a}\bar{a}\bar{a} > \grave{a}\bar{a}a$$
$$\acute{a}\bar{a}\bar{a} > \acute{a}\bar{a}a$$

gde slovo /a/ predstavlja slogotvorni elemenat u reči.

S druge strane govor Gorobilja zna u nekim kategorijama za dužine kojih nema u prozodijskom sistemu ni kod Vuka ni kod Daničića:

knjïgāma, kràvāma, kùćāma

gàrāv, pr̀ljāv

dùguljās(t), plàvkās(t).

Iste dužine znaju i Ravni i Gostinica[9] a fakultativno i Kosjerić (moje beleške), ali ih nema u Lještanskom na zapadnoj periferiji.

Na celom užičkom prostoru uglavnom je došlo do redovnog duljenja sloga pred sonantima, kako u postakcenantskim slogovima tako i pod akcentom:

njègōv, òčēv, bàbīn, Bóžōv, Dràganōv, Stánīn,

komunìzām, Dùšān, Slobòdān,

kônci, mômci, stârci, zdrâvlje, jârca, klînca.

Ipak izostaje takvo duljenje u kategorijama: sinòvac / sinòvca, udòvca, òvca i strànka, tràvka a tip bostándžija, nišádžija imamo samo u Gorobilju i Kosjeriću, u Lještanskom ga nema.

Obavezno je duljenje kod imenica sr.r. na –je uz jotovanje krajnjeg konsonanta osnove:

zdrâvlje, gvôžđe, grôblje.

Duljenje starih silaznih akcenata jednosložnih reči u N sg. imenice m.r. je, uglavnom izvršeno, iako sa izvesnim odstupanjima:

bôg, brôd, dôm, môst - pred sonantom: krâj, krôv, rôg,
ali je sȍk / sôk pa redovno: bȉk, bȍk, rȍv, sȍj, grȍm, zmȁj.

Daljih dužina kojih Vuk i Daničić nemaju imamo
- u G ličnih zamenica: mènē, tèbē, njègā, kògā, čègā,
- kod komparativnih sufiksa priloga: bȍljē, vȉšē, gȍrē, jȁčē, bȑžē,
- kod priloga za vreme: dànās, nòćās, večèrās.

Prenošenje akcenta na proklitiku živa je pojava na celom užičkom arealu.[10]
Evo primera za staro prenošenje:
nȁ vodu, ȕ vōjsku, zȁ sⁱʲēno, prȅd nōć,
ȍd glādi, ȕ planinu, prȅko brda

Primeri za novo prenošenje:
ȕ vatru, prȅt kuću, ȉž njivē, kròž njivu,
nà ramenu, nà mjesēcu, ȕ cȓ kvu, okò kućē.

Osim sa imenica prenošenje srećemo i kod drugih vrsta reči:
- sa ličnih zamenica: ȍd menē, kȍd njega, ȉznad menē, spȍred menē, ná me, prȅdā me, kòd nās, zà nās, ȕ njī, zà njima,
- sa pridevskih zamenica: nȁ onāj, ȍd ovōg, zbȍg tōga, nà drugē strâne,
- sa brojeva: dvâ ȉ pō, mȅtār ȉ pō, šésēt ȉ dvije,
- sa glagola: nȅ znām, nè vidī, nè smīm, nè dajū, nè može.

Posebno novoštokavsko akcenatsko prenošenje obuhvata veliki broj tipova koji su poznati istočnijim i jugoistočnim govorima dok ih nema npr. u Kolubarskom govoru. Tako se mogu i brojevi ponašati i kao proklitike:
dvé godine, stó bānkī, pè dināra (Gorobilje sa skraćenjem druge dužine), tristà bānkī, četirì metra, dvaèz godīnā.
Karakteristični su i sledeći primeri iz okoline Kosjerića:
dobrò jitro, da si ȉ tī ȏvde, òn svīrā, ȉ ti ćuti, kȁko izgledā, ȉ ōn, dà vidīš tî.

Interesantno je da se može preneti akcenat i na uzvik odn. da ekspresivni akcenat uzvika može neutralizirati poseban naglasak imena i imenica:

ò Dragane ! ȍ Būlo ! aȕ brate !

o čemu nisam našao podatke u stručnoj literaturi. Očigledno se ne radi o prenošenju akcenta u pravom smislu te reči, nego smatram da morfem {o} funkcioniše kao pojačanje vokativne ekspresivnosti. Ipak je došlo do jedinstvene akcentuiranje sintagme odn. do fonetične reči.

Dobro su zastupljene prozodijske alternacije u deklinaciji reči:

a) Imenice m.r.: L sg.   grádu, zídu, zúbu, snⁱjégu,
                           na duváru, u običáju (u Lještanskom i: ȍbičāju),
                           u dòmu, u ròdu, nòsu, govòru, kamènu

             N pl.   dâni, zûbi,
                           zȉdovi, grȁdovi, sȉnovi,
                           délovi, stánovi, nóževi

             G pl.   dánā, zúbā, mjesécī, sinóvā, golubóvā, kurjakóvā,
                           délōvā, momákā, đavólā, prijatéljā, vȍlōvā, vrábācā

             DLI pl.   dánima, zúbima, prijatèljima, nòktima, gradòvima,
                           sinòvima, kraʲèvima, mòmcima, délima, pútovima.

Imamo u Lještanskom u DLI pl. pored kraʲèvima i krȁʲevima, a za Gorobilje M.Nikolić baš za krȁʲevima kaže, da ovu formu upotrebljavaju mlađi.[11]

b) Imenice sr.r.: L sg.   nȁ sⁱjēnu, nȁ ramenu (znači da nema pomeranja ak-
                           centa prema kraju)

             N pl.   zvòna, bȑda, sⁱjéna, rȅbra – ali i: zvȍna, mjȅsta,
                           sȅla/sèla; u Gorobilju vrlo retko: pólja, bȑda

             G pl.   dȑvā, zvónā, mjȇsta (Gorobilje), rȅbārā, drvétā

             DLI pl.   zvònima, bȑdima, dȑvima, sèlima/sȅlima, zvònima
                           (Gor.)

Konsonantske osnove GD sg.   đèteta, jàetu, jùnetu, čeljádeta
                     N pl.   nebèsa, čudèsa, dugmèta
                     G pl.   iménā, raménā, dugmétā
                     DLI pl. teládima (Lješt.), teládma (Gor.)[12]

c) Imenice ž.r.: A sg.   glâvu, rûku, kȍsu, mȁglu, grêdu, stijénu, dȁsku,
                           dužìnu, planìnu (u Lještanskom i: plȁninu),
                           ȕ visinu, ȕ planinu (u Lještanskom i: u planìnu)

             D sg.   glávi, đèci; u Gorobilju: rúci, vòdi;
                           a u Lještanskom ima: rûci, vȍdi

	NA pl.	glâve, rûke, rúže, klúpe, bȕre, ȉgle, dàske, visìne, planìne (u Lještanskom i: plànine)
	DLI pl.	rùkama, glàvama, òvcama
	G pl.	rùkū (odn. rùkū u Lještanskom), nȍgū, várnīca, večèrī
ĭ-osnove:	G pl.	nòćiū, tȅlādī, bȕrādī (no i: burádī u Lješt.)
	L sg.	kȓvi, nòći, na mȃsti, paméti, rijèči, žalòsti (u Gorobilju i: žȁlosti)
	DLI pl.	kòstima, kokòšima, teládima/teládma.

Kod prideva nema većih odstupanja na užičkom terenu. Jedino leksem /jednak/ glasi u Gorobilju: jȅdnāk, a u Lještanskom jèdnāk. Inače stanje je ovako:

mlâd – mláda – mládo	bôs – bòsa – bòso
nȍv – nȍva – nȍvo	gládan – gládna – gládno
kȑvāv – kȑvāva – kȑvāvo	vìsok – visòka – visòko
	dùbok – dubòka – dubòko

U određenom vidu pridevi sa silaznim akcentom često dobijaju kratkouzlazni akcenat:
nòvī, mèkā, mȑkī, màtorī, slàbā.
Inače imamo: vìsokī, dùbokī.

Važnija izoglosa koja prelazi preko užičkog terena je oblik D sg. ličnih zamenica:
- u Lještanskom: mèni, tèbi, sèbi
- u Kosjeriću: mèni, tèbi, sèbi i retko: mène, tèbe (Ševrljuge, Brajkovići; oba istočno od Kosj.)[13]
- u Gorobilju: mène, tèbe, sèbe.

To znači da je u Gorobilju distinktivna neakcentovana dužina, jer razlikuje formu genitiva odn. akuzativa od dativa odn. lokativa. Na istočnom pak terenu ista dužina u: mènē je redundantna, jer je već fonem /e/ morfološki markiran (=GA). Iz oblasti glagolske konjugacije ukazaću samo na sledeće važnije prozodijske oblike:
iako smo na celom terenu dobili dužinu na vokalu /o/ u glagolskom pridevu radnog posle sažimanja grupe –ao, ipak u Gorobilju ova dužina izostaje kad je osnova jednosložna: dȁo, trȅso, brȁo;
ženski rod glasi: dála, trésla, brála.

Alternacija u prezentu tipa: ìdēm : idémo opet predstavlja krupnu razliku između severozapada i jugoistoka užičkog areala. Imamo
- u Lještanskom: ìdēmo, pèčēmo, čìtāmo, plètēmo, sjèdīmo, bìžīmo, ìmāmo; retko: bižímo, imámo
- u Kosjeriću: idémo, zovémo, držímo, pečémo, imámo, śedímo
- u Gorobilju: idémo, pečémo, zovémo, čitámo, želímo, držímo.

Prezent glagola /znati/ glasi u Lještanskom i Kosjeriću: znâm/znâdēm, znâš/nâš/ znâdēš, dok su forme : znádēm/znádēmo u Gorobilju retko, pa redovno glase: známo.

Fonetika

Vokalski sistem odgovara inventaru standardnog jezika samo u centru i na jugoistoku užičkog regiona: tamo pored dva prednjih vokala /e, i/ postoje tri zadnja /a, o, u/. Fonetična realizacija jata nema statusa fonema, zato što je refleks dugosilaznog jata redovno dvosložan, a i refleks dugouzlaznog jata je „naročito kod starijih ljudi... izgovor sa neredukovanim i" (M.Nikolić, Govor sela Gorobilja, 653), što znači da je takođe dvosložan /i+j+e/.[14] Vokalski trokut pak ovako izgleda:

i   u
  e   o   +slogotvorni /r/
      a
/e/ i /o/ su otvorena izgovora.[15]

U Lještanskom realizacija dugog jata je redovno dala jednosložne diftonge /i̯jê/ i /i̯jé/ koje smatram predstavnicima posebnog fonema /i̯jē/. Nalazimo ga i u neakcentovanim slogovima.[16] Tako dobijamo vokalni sistem sa šest fonema (+ slogotvorni /r/):

i   u
  i̯jē
      e   o
          a

181

I konsonantskim sistemom se razlikuje severozpadni deo od jugoistočnog:

p t c ć č k
b d đ dž g
(f) s ś š (h)
z ź ž
v j
m n nj
l lj
r

Napomene: /f/ i /h/ ne možemo smatrati ravnopravnim elementima zbog veoma niske frekventnosti. Foneme /ś/ i /ź/ izostaju u Lještanskom, zato što tamo nisu obuhvaćene grupe /s+ě/ i /z+ě/ najnovijem jotovanjem.

Refleks jata. S punom opravdanošću P. Ivić u svojoj „Dijalektologiji srpskohrvatskog jezika" kaže, da „jekavska zamena jata najkomplikovanija je od svih štokavskih zamena ovoga glasa"(133). Situacija postaje još složenijom a) zbog povlačenja jekavizma u celoj zapadnoj Srbiji[17] pod uticajem škole i sredstava komunikacije, b) zbog pripadnosti severozapadnog dela užičkog regiona onim govorima, koje su H.Hirt i M. Moskovljević smatrali ikavskim.[18] Najpre daću primere sa terena pa ću posle objasniti svoje mišljenje o pitanju ikavštine u zapadnoj Srbiji odn. u užičkom Podrinju.

Lještansko:
Refleks starog dugosilaznog jata je jednosložan diftong /ijê/:[19]
bijêlī, vijêk, dị jêlīm, ždrijêbe – ali i: žljêb, snjêg sa jotovanjem.
Kaže se: dvê / dvije / dvî i prê / prije / prî.
Dugouzlazno jat je dalo diftong /ijé/: vrijéme, gnijézdo, dijéte, zvijézda – ali i: gnjézdo, mljéko.
Dugo neakcentovano jat daje /ijē/: zàmijēnīm, zapòvijēdā, ösijēče, ùvijēk.
Kratko jat daje /j/: kòljeno, ljêb, snjêgovi, vjêtar.
Kratko jat iza /r/ je dalo /re/: brêskāvā, bùbreg; /rje/: brjègovima, vrjêmena; /ri/: gòrila, òstarila
Često je izukrštan odnos prefiksa prě- i pri- međusobnim zamenjivanjima, npr. ‚prebaci' ili ‚pregovarati' mesto ‚prigovarati'.
Ekavizmi: Némci, naslédili, réšili, upotrébili, céla, dönēla, nàprēd.

Ikavizmi: bȉži, vȉdila, Brȉza, Jèlin, kùdilja, nèdilja, nè smĩ, sìkira, ùmĩ, vȉjē se, grȉⁱʲēm se i još desetak formi koje se „danas paralelno upotrebljavaju sa ekaviz-mima",[20] pa naravno analoški ikavizmi u izvesnim fleksionim nastavcima odn. fonetične asimilacije, što važi za ceo užički areal.

Kosjerić:
Dugosilazno jat: svⁱʲȇt, dvȉje, dȉjete/dȉjēte (V sg.), prȉje, slȉjepõg, lȉjēvo, sȉjēno, cȉjēlo, snȉjēg.[21]
Dugouzlazno jat: pⁱʲésak, zvⁱʲézda, mlⁱʲéko, pⁱʲévac, promⁱʲéniti, svⁱʲétlo, vrⁱʲédī, sⁱʲéču, Nⁱʲémci.
Dugo neakcentovano jat: òsⁱʲēčeš, ùmrije, ùvijek, pòdijēlimo.
Kratko jat: pjȅsma, pjȅvati, mjȅsēc, pòbjegõ, bjȅžāti, vjȅtar.
Ekavizmi: vréme, vrédan, pòslē(n), pòslednjī.
Ikavizmi: žèlio, nȉje, nísam, òstario, žíviti, smȉjēš se, nasmȉjati se.
Nema ukrštanja između pre- i prě-.

Gorobilje:
Dugosilazno jat daje ȉje/ȉjē, znači da je dvosložan refleks: vȉjeka, dvȉje, dȉjete, lȉjek/lȉjēk, prȉje, slȉjepõg, strȉjeljan, lȉjēpo, sȉjēno, snȉjēg; ponekad kod mlađih : vi̯ j ȇš, zi̯ j ȇva, li̯ j ȇpo.
Dugouzlazno jat daje ⁱʲé: dⁱʲéte, zv ⁱʲézda, mlⁱʲéko, p ⁱʲévac, lⁱʲépi, mⁱʲénjalo, podⁱʲéliti.
Dugo neakcentovano jat: ȍdnijēli, pòdijēlimo - ùvijek, njègovije.
Kratko jat: pjȅsma, vjȅrovati, vjȅnčati, vjȅtar, jȅsti.
Ekavizmi: vrédan, vréme, zȅnica, Némci, ȍzleda, pòslē(n), pòslednjī.
Ikavizmi: nísam, nȉje/nȉje, zrȉo, sàzrio, vȉje, grȉjati, ògrijati se, smȉjati se, bȉljega, bȉlježiti, razùmio, smȉo, vòlio.

Dva su pitanja od velikog značaja kad hoćemo objasniti očiglednu razliku između stanja u Lještanskom, s jedne strane, pa u Kosjeriću i Gorobilju, sa druge strane: 1) Je li ikada ranije egzistiralo ikavsko narečje na terenu zapadne Srbije? i 2) Jesu li refleksi jata u Lještanskom odn. fonološki status fonema u vezi sa istom vrednošću jata na terenu nezamenjenog jata u nekim susednim srbijanskim govorima šumadijsko-vojvođanskog dijalekta?

U dijalektološkoj nauci dobro je poznat ikavski govor zapadne Srbije, koji obuh-vata uglavnom Azbukovicu, Rađevinu, valjevsku Podgorinu pa užičko i bosansko Podrinje. Već na početku 20. veka H. Hirt je poklonio pažnju ovoj problematici, a skoro tri decenija kasnije M. Moskovljević.[22] Da je njegov postulat izvornog ikavskog narečja na srbijanskome terenu pogrešan bio, pokazuje prisustvo ikavizama na mnogo širem arealu nego u zapadnoj Srbiji. Inače, broj takvih ikavizama je ograničen na nekoliko leksema i izvesne morfološke i fonetičke kategorije. Ipak se u stručnoj literaturi često ponavlja potvrda mogućnosti da su „prvi doseljenici iz prve polovine XVII veka < ... > iz zapadnih krajeva Bosne i Hercegovine, pa čak i iz Dalmacije i njenih ostrva" došli te da su ti došljaci govorili „zapadnim dijalektom".[23] A.Peco vidi u spisku reči koje navodi Moskovljević tipičan vokabular koji upućuje na zapadnije ikavske govore.[24] S.Remetić upozorava na činjenicu da su možda i Hirt i Moskovljević nekad čuli zatvoreni fonem /ę/ kao /i/, pa su zbog toga postulirali takozvani ikavski govor.[25] I stvarno Moskovljević beleži brojne primere sa ę baš iz onih mesta, koja leže na zapadnoj i južnoj periferiji Azbukovice, i za koja kaže, da je u njima dobro sačuvan ikavski govor: Gunjaci, Carina, Komirić, Šljivova, Dragijevica, Lopatanj, Ostružanj, Suvodanj, a u užičkom Podrinju: Bačevci, Gvozdac, Lještansko i Crvica.[26]

Kao što vidimo, stanje nije nikako jednostavno. Ipak, mislim da su moguće sledeće pretpostavke:

1) Areal nezamenjenog jata ranije se prostirao preko današnje granice između ekavštine i jekavštine sve do Drine, i to na jugu do okoline Bajine Bašte. Na celom tom terenu izgovor fonema jata je imao vrednost između /i/ i /e/, znači /ę/. Na taj način jekavština na ovom terenu nije graničila nekad sa ekavštinom nego sa govorima nezamenjenog jata.

2) Ne možemo sasvim isključiti mogućnost da su manji talasi pridošlica pristizali u Podrinje sa zapadnih ikavskih krajeva. Tamo su veoma lako mogli da mešaju izgovor /ę/ i /i/, pošto razlike tih dvaju fonema prema artikulaciji i percepciji nisu velike.

3) Kasnije su jake ijekavske doseljeničke struje sa juga stigle te je počelo intenzivno jekaviziranje. Niko ne bi danas osporio govorima užičkog Podrinja status jekavštine. Ipak postoji nekoliko osobina kojima se odlikuje teren tzv. ikavskog govora: tip ȉdēmo, pèčēmo (a ne idémo, pečémo kao u obližnjim krajevima); jednosložna zamena jata sa statusom fonema; stare forme genitiva plurala bez nastavka a, možda, i leksički materijal prema Peci (Pregled 106). Najteže je danas objasniti stare oblike G pl. bez nastavka ako ne uzimamo u obzir doseljavanje sa zapada.[27]

4) Ja mislim da se današnje stanje u refleksima jata razvijalo u četiri etape:

a) stanje nezamenjenog jata: lêpo – mlḗko - ùvęk

b) posle naseljavanja ikavskih došljaka vladaju paralelne forme (ako je bilo takvih ikavaca!): lêpo/lîpo – mlḗko/mlíko - ùvęk/ùvik

c) intenzivno jekaviziranje sa juga dolazi do: lⁱ͡ʲêpo - mlⁱ͡ʲéko - ùvⁱ͡ʲēk

d) recentno ekaviziranje koje je još u toku i vodi stilskoj odn. generacijskoj diferencijaciji.[28]

5) Slobodnih ikavizama u pravom smislu reči nikad nije ni bilo. Ni Hirt ni Moskovljević nisu primetili razliku između fonema /i/ i vrednosti nezamenjenog jata /ę/ pa su zbog toga morali da dođu do zaključka da egzistira mnoštvo ikavizama.

No, Tešić je za Lještansko jasno pokazao da ne može biti reči o nekom većem broju tih ikavizama, a posle Remetićevih ispitivanja ostajemo pri utisku da je dokazana identičnost nezamenjenog jata sa Hirtovim i Moskovljevićevim „ikavizmima".

Dok novo jotovanje u Lještanskom uglavnom odgovara književnom jeziku (sȕtre, kokòšī, kokòšje, òrūžje, òvčī), u Kosjeriću i Gorobilju su zahvaćeni i /s,z/: pȁśī, kȍžljī, śȕtre, ìźutra, śutrèdān, prȍśāk.

Najnovijim jotovanjem zahvaćeni su sledeći konsonanti:

- u Lještanskom: / l , n , d , t /

kòljeno, ljȅbac, ljȅto, ljȅvšē, snjȅgovi, njȅdra; ali uvek: Nèmačkā, Némci, nèmačkī dèca, dèvōjka - dȅ (dȇ), nȅđe, nìđe – mèđed

ćȅrām, pòćerāj, ćȅō/šćȅō; ali: tjȅme, tȅrāj, pòterāj, óvde/vóde, ónde/nóde

Nisu zahvaćeni / s, z, c /, pa, normalno, ni / p, b, m, v /: sjȅme, sjèdīm, sjȅla, sjȅtio; ìzelica/ìzjelica, ìzesti/ìzjesti; cjèdilo, cjèpanica, cjȇpāmo; pjȅsma, tŕpiti; bìžati, pòbjegla; vjètar, žíviti; mjȅsēc, mjȅsto.

Govori se: svjèdok, a rȇđe: svìdok ili sjèdok.

– u Kosjeriću: / l, n, d, t, s, z, c /

ljȅbac, ljȅto, ljȅpšē – snjȇg – dèvōjka, dèvēr, dȅ, nìđe, mèđed

pòćerāj, ćȅrām, ćèrāj - ćȅō/śȅō, śȅme, śȅkira, śȅdite, śȅkō – śȅdok, ìźesti, ćȅpanica, ćȅpō

Retko se može čuti oblike sa jotovanjem usnim konsonantima: gŕmljeti, tŕpljeti, žívljeti.

185

-u Gorobilju: / n, l, d, t, s, z, c /

kòljeno, ljȅpšī, ljȅb, snjȅgovi – đȅca, đȅd, đȅvójka, đȅvēr, đȅ, nȉđe, mȅđed - ćȅrām, òćerati, šćȅla

šȅme, šȅdīte, šȅdīm, ižesti, šȅkira, išȅći, šȅdok – ćȅpanica, ćȅdilo

U nekim, najčešće infinitivnim oblicima došlo je do najnovijeg jotovanja usnenih suglasnika /p,b m,v/:

tŕpljeti, žívljeti, gŕmljeti, svŕbljeti

Što se tiče najnovijeg jotovanja, Lještanski govor se dobro uklapa u podrinske govore Srbije (Tršić, Uzovnica, Mačva) kao i Bosne (Obadi – iako Gornje Caparde znaju za /ś,ź/!). Centralni i jugoistočni pak delovi užičkog regiona se slažu sa istočnohercegovačkim odn. crnogorskim govorima.

Jasno je da je različitim domašajima najnovijeg jotovanja uslovljena razlika između inventara fonema dveju užičkih zona: /ś/ i /ź/, naravno, nedostaju u Lještanskom, dok egzistiraju u ostalom delu.

Karakteristične pojave na celom užičkom terenu predstavljaju redukcija ili ispadanje vokala odn. afereze, apokope, sinkope, elizije i kontrakcije. M. Nikolić kaže da „redukcija vokala nije tako karakteristična za gorobiljski govor"[29], no ipak navodi nekoliko primera. U Kosjeriću i okolini sam beležio sledeće forme:[30]

Redukcija/sinkopa: vȉdla, ìte, jȅte, kášte mi, tô ću ti kásti, òčō (= otišao), rȅcte, šȅte (= sjedite), köko/kölko, šȅnca, möš, pôjila, oć ì tī, nêš, promi͜jénla, òčla je, jȅz bȉo, đȅz bȉo, štä s ti vȉđō, Kǝšȅrić, grànca, bòlnca (grànica, bòlnica), nêm pôjma; kad se brže govori: dobȑče (= dobro veče), zùmēš li (= razumeš li), glȅām, kâēm, dôjēm (= gledam, kažem, dođem)[31]

Afereze: vâmo/vâm, vùdā, vàkī, volìkī/vòlikī, nèkcija/jèkcija, nàkī, nàkō

Apokopa: al ȅto ti, bȉž, vâm, ȍć il nêćeš, mèn se čìni (mèn s čìni = trosložna sintagma), jȅ si l ga vȉdeo

Elizija: jâ b ìšō, n ùmijem, d idémo, trȅba d ìmāš, d ìzumrēm, d ùvatīš, ȍće d ùmrē, trȅba d ìdēš, d ìzāđēš, d obúčēm, d òstanē, d ùvedēmo, d ùzmēš, d ùrādīš, p öndāj, jȅ l sùdāla, da s ùdā, jȅsi nō vȉđō, đȅ nō bílo

Kontrakcije: sónice – prema: zâova, dȁo, zvȁo, rȁonīk[32], bjȅžō, tȑčō, lȅgō, mögō, rȅkō, išō, pòšō, stȉgō, vúkō – pòginō, skȉnō, izō, pòsō, ko (=kao), òrō – no uvek se kaže: dòveo, plȅo, prȅo – zabòravio (zabòravjo), bȉo, pȉo

Fonem /x/: Zna se da je fonem /x/ veoma nestabilan u većini srpskih govora, što važi takođe za užički govor. Jedino u govoru mlađih se može čuti redovne primere kao:

hödnīk, hòtel, Hr̀vāt, Hr̀vātska (Hr̀vāska).

Na početku reči se redovno gubi, što može biti i u medijalnoj i u finalnoj poziciji:

ajdémo, àjdūk, àjde, òću, ìljada, vála, vätati, lâd, ládan, ladòvina, lëb/ljëb, rána, sàrana, snâ/snàa, sa snàōm, siròma, òraom, kòžuom, mánuti, o vr̀u, ùvatiti

Dok se u Gorobilju mesto /x/ na početku reči samo ponekad javlja /k/, u Kosjeriću i Lještanskom ova zamena je česta pojava:
- Gorobilje: krišćanin, kr̀išćāni, kr̀istos (samo crkveni pojmovi!)
- Kosjerić: kòtel, kr̀vāt, kr̀istos, ku̦ála, vr̀k, vàzdūk
- Lještansko:ködnīk, kòtel, kr̀vāt, kr̀istos, ktëla, po vazdúku, vr̀k, dùk.

U Gorobilju i Kosjeriću u finalnoj poziciji mesto /x/ fakultativno se javlja /g/ (kod prideva i zamenica) i /k/ (kod glagola), u Lještanskom se gubi /x/ bez traga:
- Gorobilje: tîg (= tîjeg)/tîje, òvīg (= òvije, mòīg (= mòijeg)/mòije, njîg, mlâdīg (= mlâdijeg)/mlâdije - dädok, ödok, príčak
- Kosjerić: tîg/tîje, njîg, dòbrīg/dòbrije - ödok, dädok
- Lještansko: mòī, mládī - vìđo, dädo

Kod nekih leksema fonem /x/ je zamenjen suglasnikom /v/: ùvo, bùva/bùa, mùva/ mùa, súva, glúva

Fonem /f/: Deli sudbinu suglasnika /x/, znači da nema ni on ravnopravan status u sistemu fonoloških jedinica. Supstituiše ga najčešće /v/: vàmilija, vàbrika, vár-bati, vlàša, jëvtin, kàva, vála, vîn, vijóka

U govoru mlađih se čuje i dubletne forme sa /f/, izgleda redovnije u centralnom i istočnom delu, dok se u Lještanskom ponekad javlja /p/ mesto /f/: Tr̀pūn, sèdep, ćèip[33]

Fonem /j/ je često nestabilne artikulacije, znači da se ili redukuje ili gubi. Naj-bolje se artikuliše na početku reči, ispred konsonanta i između vokala zadnjeg reda:

jâvlja, jädan, jèdan, jänje, Jòvānka – mâjka, àjde, nèmōjte – ùjutru, pògledajū, čùjū, tvòju

187

U ostalim pozicijama: čüēm, stòī, kòī, môe, pòznaēm (poznádēm), ràkiʲu, nè smiʲu, sùdiʲa

Čuo sam u Kosjeriću: kâēm ti (< kajem < kažem), da dôē ôn śùtre (< doje < dođe)
Fonem /l/: Može se čuti primere sa velarnim („tvrdim") /l/, što su beležili već i Hirt i Moskovljević, najčešće ispred zadnjih vokala: ałàł, vála, vòłovi, škòła, àlal věra, łûd

Što se tiče sudbine nekih konsonantskih grupa, opet postoji ne mala razlika između severozapadnog i jugoistočnog dela našeg terena. Navodim nekoliko primera:

konsonantska grupa	Lještansko	Gorobilje
-st, -št, -zd	kř̀st, vjȅšt, grôzd	př̀s, vjȅš, grôz
	bölēst, mlȁdōst	bölēs, kôs
pš-	šènica	pšènica
-pš-	ljȅvšī, övština	ljȅpšī, öpština
-ps-	lïvsala	lïpsalo
snj-	š njîm	s njîm (š njîm)

Na celom arealu karakteristične su i sledeće promene konsonantskih grupa:

pt-	tïca	mn-	mlȍgo	-štv-	drústvo
pč-	čèla	-mnj-	súmlja	-st-	bölesan
ht-	ćèla/šćèla/	-mt-	pântīm	-vlj-	zàbaljāmo
ht-	(stjèla)/ktèla,	-np-	jedàmpūt	zdr-	zrâvlje
ht-	tèla	znj-	ìž njivē	-tsk-	hř̀vāskī
-dn-	pȁnē	-ćn-	vötnjāk, no:vȍćka	-hv-	ùvatio
-tstv-	bogàstvo				

Morfologija

Veliku pažnju treba pokloniti oblicima plurala imenica bez nastavka u govoru starijih ljudi u Lještanskom.[34] M.Tešić kaže da po broju primera (ukupno 32) „lještanski govor predstavlja izuzetak u odnosu na druge govore istočnohercegovačkog dijalekatskog tipa" (Govor Lještanskog, 219), te računa sa uticajem onih ikavaca, koji su se (možda !) doselili u Podrinje sa teritorije današnjeg mlađeg ikavskog dijalekta:[35]

zèlēnjāk, komàdīć, kràstavac, mùrūz, glàvīc, jàbūk, jàgōd, krȕšāk, pàprīk, trèšānj
vòlōv, pràsāc, pȉlīć, ćùrīć, jànjāc, gòvēd, kȓmāk
krèvēt, òpanāk, àljīn, kòšūlj, čàrāp, čȉzām
mȇtār, nòvāc, gòdīn, ȉljād, stòtīn
žètovāc, rèžnjīć, čvȃrāk, rȅbār

Ali opet, kao već u slučaju zamene jata, nismo prinuđeni da postuliramo neka-dašnje doseljavanje ikavaca, mada je teza dosta primamljiva. No, sam Tešić primećuje, da ni u eventualnim zapadnim ikavskim krajevima toliko primera nema koliko ih imamo u današnjem govoru Lještanskog. Odakle je onda došlo mnoštvo oblika sa genitivom bez nastavka?

Prvo, ni nekim južnijim odn. jugozapadnim govorima nisu nepoznati oblici tipa „sto godin", što znači da su mogli infiltrirati sa moćnim strujama ijekavaca.[36] Istina, za najviše govora se kaže da je pojava genitiva bez nastavka nedosledna i sporadična. No stiče se utisak da su te forme u južnoj Bosni i visokoj Hercego-vini nešto frekventnije, pogotovo u ijekavsko-štakavskim bjelimićko-zagorskim govorima,[37] up.:

bȏrā, vòlōv, kȉlometār, lȉtār, mètār, ìz Dujmovīć, gȍd, ȉ govēd, jànjāc, jàrād, ùnučād, čèljād, gȍvēd, gȍdīn, stòtīn, jàbūk

Ispitivač tih govora, R.J.Đurović, misli da se radi o autohtonoj osobini, zašto onda da to negiramo za govor Lještanskog, što nije ni baš daleko od južnobo-sanske zone. Da navedenih oblika genitiva nema ni u selu Obadi u bosanskom Podrinju, ni u govorima srbijanskog Polimlja nikako ne mora da predstavi pre-preku za tu pretpostavku.[38]

Drugo, svi navedeni primeri iz govora Lještanskog daju se svesti na nekoliko prototipova koji su mogli da stvaraju osnove za analoške procese. Naime, u mno-gim govorima imamo tip: gòdīn (za meru količine, dužine, vremena), a i tipovi: krȕšāk i gòvēd (voćarstvo, povrtarstvo i stočarstvo) sretaju se katkad na jugu i jugoistoku istočnohercegovačkog dijalekta.

Iz svega izloženog može se zaključiti da nedostaju dokazi za donošenje oblika genitiva bez nastavka sa zapada. Oni su se mogli razvijati iz malog broja prototipova koje su uneli ijekavci sa juga i jugoistoka, pa moramo da uzmemo u obzir i susedstvo južnobosanskih govora.

Osim tih oblika bez nastavka kod starijih ljudi na celom užičkom terenu obične su forme na –ā odn. –ī, pa i nastavak starog duala –ijū.

Oblici imenica m.r.:
G.pl. vŏlōvā, sinóvā, đavólā, kurjakóvā (kùrjākā), zĕčēvā, dinárā, zúbā, korákā, árī, ljúdī, mjesécī, sátī, gòstijū, pr̀stijū, nòktijū
DLI pl. zidòvima, golubòvima, sinòvima, đavòlima, kurjakòvima, mȉševima, jéževima, zúbima, ljúdima, prijatèljima.

Kod pluralskog proširenja dobro je sačuvan odnos -ov- prema –ev-:
zȉdovi, dȁrovi, mrȁzovi, gȍlubovi, vȕkovi, snjȅgovi; mȉševi, nóževi, pútovi, òčevi, zĕčevi, jéževi.

No, dok je taj odnos uglavnom i u instrumentalu singulara produktivan u Lještanskom, došlo je u Gorobilju do uopštavanja nastavka –om:

-Lještansko: jêžom, mȉšem, zêcom, prȉjateljom – prema: nóžem, pútem, kólcem, právcem, kònjem, pùtićem
-Gorobilje: nóžom, kònjom, s jêžom, sa zêcom, pútom.

U Kosjeriću se čuje češće nastavak –om, no ni –em nije nepoznat: pútem, právcem, nóžem/nóžom

Razlika postoji takođe kod dvosložnih hipokoristika sa dugouzlaznim akcentom:[39]
Gorobilje i Kosjerić: Bóžo, G Bóža, prisvojni pridev Bóžōv
Lještansko: Téšo, Téšē, Téšīn

I u deklinaciji imenica srednjeg roda naša govorna zona ne predstavlja homogenu celinu u vezi sa instrumentalom singulara odn. DLI pl. zbirnih imenica na –ad:
Gorobilje: I sg. ima uopštavanje nastavka –om: grôžđom, kàmēnjom, lîšćom; DLI pl. burádma, piládma, prasádma, teládma

Lještansko: u I sg. ima –em kod mekih osnova: grôžđem, kàmēnjem, lîšćem; DLI pl. burádima, dugmádima/dùgmādima, piládima

U Lještanskom se često upotrebljava sufiks –īnje kod zbirnih imenica, npr.: zèčīnje, kùčīnje, mràvīnje, pàščīnje, tìčīnje

Nema bitnih razlika, naravno, osim starog genitiva plurala, kod imenica ženskog roda:
- dobro se čuva rezultat druge palatalizacije u DL sg.: đèvōjci, rúci, ćérci/ćérki, nòzi/nògi, zádruzi, mâjci, gùsci/gùski, Ràdōjki/Ràdōjci, Žîvki/Žîvci
- kod trosložnih ženskih (i muških) ličnih imenica na –ica vokativ sg. je jednak nominativu sg.: Ljùbica! Mìlica!
u G pl. su obični nastavci –ī, -ā, -ū: dèvojākā/đèvojāka, jàbūkā, ovácā, slúgā, gràbāljā, vŕstī, kârtī, màčkī, pàtkī, rùkū/rùkū, nògū
- konsonantske osnove imaju sledeće oblike: Instr.sg.: kȑvi, mâsti, sȍli, rȉječi/rⁱʲêči, šćȅri, kȍkoši, kȍsti (u Lještanskom paralelno i: kȓ vlju, mâšću, sôlju, glâđu), nȍću, dànju - G pl.: kòstiū, ùšī/ùšiū

Već smo zabeležili krupnu razliku u dativu ličnih zamenica „ja, ti, sebe", koje u Gorobilju glase: mène, tèbe, sèbe
dok u Kosjeriću i u Lještanskom imamo: mèni, tèbi, sèbi

Enklitički oblik 2.lica pl. glasi u Gorobilju i u Kosjeriću /vi/, a u Lještanskom / vam/. Primera radi navodim nekoliko interesantnih oblika:

jâ, mènē, mène/mèni, mènē, o mène/o mèni, sà mnōm
ôn, njègā, njèmu, njègā, o njèmu, sà njīm/š njîm/s njîm/s njíme
mî, kòd nās, nàma – nam, nâs – nas, nà nama, s nàma
òni, njî(g)/kòd njizī, njȉma, njî(g)/njȉzī – ig/ī, nà njima, sà njima/š njȉma/s njȉma

Različita je sudbina staroga jata uslovila takođe, da su se fleksioni nastavci pridevsko-zameničke promene odvojeno razvili:
dvosložan je nastavak u Gorobilju (ista situacija u Kosjeriću): Instr. sg., GDLI pl.: s tⁱʲem/s tîm, drùgije/drùgig, òvijem/òvīm
jednosložan nastavak u Lještanskom: tîm, òvīm, dòbrī, mládī, òvīm

Neki zanimljivi oblici brojeva: jedànēs, dvánēs, trínēs, četŕnēs, pètnēs, šèsnēs, sedàmnēs, osàmnēs, devètnēs, dvàēs/dvàdēs, dvàēz jèdan, trìēs, čètrēs, pedès(t), šezdès(t)/šésēt, sedamdèsēt, osamdèsēt, devedèsēt, stô

Ne možemo konstatovati da postaju bitne razlike u sistemu glagolske konjugacije. Najviše odudaranja između severozapadnog i jugoistočnog dela užičkog areala postalo je fonetskim ili analoškim putem, npr. jotovane forme na jugoistoku: ìźesti, śèsti, śēdū, vìđeti
prema nejotovanja na severozapadu: ìzesti/ìzjesti, sjèsti, sjēdnū, vìditi.

Takozvani ikavizmi odn. ikavizirani oblici: vìdiјo/vìđo, vìditi, vìdila/vìdla, bìžati, bìžō u Lještanskom , prema   vìđo (vìdio), vìđela, bjèžati, bježímo u Gorobilju.

Prvo lice aorista i imperfekta sa nastavkom –k (< h) u Gorobilju: dàdok, ödok, príčak; znàdijāk, ìmadijāk i bez njega u Lještanskom: dóđo, òdo, zapíta; znàdijā, imàdijā.

Neke važnije izoglose koje presecaju užički region:

	Lještansko	Gorobilje
1.sg.prez.	mògu/mòžēm/mòrem	mögu (mòžēm)
1.sg.imperf.	imàdijā	ìmadijāk
2.pl.prez.	ìdete	idéte
infinitiv	dònēti; ùmrijēti	donijéti/dònijēti; umrijéti/ùmrijeti

Evo još nekoliko markantnih oblika:
Prezent: tkati: tkêm, tkêš/čêm (Lješt.); biti: bìdēm, bìdnēm, bùdē, bùdnēm (samo Gorobilje); hteti: öću, 3.pl. òće/òćejū, nêće/nèćeju/nêćū; dati: dâm/dádēm; znati: znâm/znádēm

Imperfekat: Uglavnom je u procesu gubljenja pa se vrlo retko i samo od najfrekventnijih glagola upotrebljava: bìjāše/bijáše, bìjāsmo/bijásmo, zvàše, grìjaše, znàdijā, znàdijāsmo

Aorist: Često se čuje na celom terenu, ponekad se tvori i od nesvršenih glagola:[40]
dóđo/dóđok, dönese, rèče, dóđe, öbećā, zàkasnimo, òdoste, dóđoše

Nekoliko puta sam beležio u Kosjeriću oblik: ȍdok jâ odn. jâ ȍdok u funkciji futura „otićiću".[41]

Futur: U Lještanskom se upotrebljavaju oblici tipa: víkāćā, dȁćā, dóćā koji su nastali kontrakcijom sintagmatskih jedinica: vikaću ja, daću ja, doćiću ja.
Imperativ: Poznata je partikula -de kojom se ublažava zapovest: donèside, izíđide, kážidē (ē u Lješt.)

Istorijski razvitak užičke dijalektološke zone

Mislim da se može ukazati na tri etape u razvitku govora Užice i okoline odn. govora zapadnosrbijanskog Podrinja. Prva etapa predstavlja period pre dinarskih doseljavanja . Granica između ijekavštine na jugu i zone nezamenjenog jata je išla linijom otprilike Tara planina – Ponikve – Jelova Gora – Varda – Povlen – Maljen pa dalje prema Čačku i Kraljevu. Severno od te linije zamena starog jata je imala vrednost /ẹ/, znači zatvorenog vokala između /e/ i /i/, dok je na jugu vladao dvosložni refleks /ïje/ odn. /ijé/. Severno od linije Jagodnja – Vlašić planina izgovor jata je već rano bio otvoreniji, tako da se dobilo /e/, što verovatno važi i za region severno od Maljena i Suvobora (karta 1). Ta je granica presekla užički region na taj način, da je bio odvojen teren užičkog Podrinja, znači pravcem sever-jug, a na južnom delu zapad-istok. Na nekadašnji kompaktni severozapadni srbijanski teren ukazuju još neke dijalektološke crte, čije korene, naravno, moramo tražiti u uticaju starinačkog stanovništva:

-na severu postoje izvesne stare neakcentovane dužine, kojih nema ni kod Vuka ni kod Daničića niti su poznati južnom delu, up. npr. u Lještanskom, Tršiću i valjevskoj Kolubari:
vïdiō, dóbā/dôbā (nemam potvrde za Kolubaru), rȁdōsti, Máčvāni
prema: dȍba, Cïgani, vïdio u Gorobilju i južnijim govorima[42]

-ne ukrštaju se na jugu prefiksi prě- i pri- , dok je ta pojava na severnom terenu poznata.

Snažnim strujama dinarskog življa došlo je do bitnih promena, kojima su rezultirale nove zajedničke crte: četvoroakcenatski sistem sa izvesnim tipovima deklinacijske i konjugacijske alternacije; prenošenje akcenta na proklitiku u novoštokavskom duhu; nova deklinacija, a tokom vremena i gubljenje imperfekta. Najvažnija izoglosa je svakako bila zamena jata, jer je došlo i do jakog jekaviziranja u zapadnosrbijanskim govorima.

No, ukoliko nije teren ni pre dinarskog doseljavanja bio jedinstven što se tiče zamene starog jata, jekaviziranje je dosta komplikovalo situaciju (karta 2): na severu, u Tršiću, gde je vladala ekavština, došlo je do izvesne mešavine ekavskog i jekavskog izgovora. Ipak je jasno da je dugo jat pod uticajem ekavštine dalo jednosložan refleks /i͡ē/, što možemo, da ne kažem, moramo interpretirati posebnim fonemom. Smatram da nikad nije bio Tršić čist jekavski, na što upućuju i Vukovi raniji spisi,[43] jer je ekavska osnova bila dosta jaka.

Dalje prema jugu u Azbukovici i užičkom Podrinju jekavski substrat je naišao na nezamenjeni jat /ẹ/. Tu je jekavizacija uzela većeg maha, jer se ne može konstatovati mešavinu ekavštine i jekavštine kao u Tršiću. Ipak, ni u tom srednjepodrinskom pojasu nije refleks jata čist ijekavski. Pod uticajem šumadijsko-vojvođanskog dijalekta, ili tačnije rečeno, nekadašnje pripadnosti arealu nezamenjenog jata sasvim je logično, da mesto starog dugog jata nalazimo ili diftonški fonem /i͡ē/ ili, mestimično fakultativno /ẹ/,[44] koje redovno možemo čuti još danas u Kolubari, Tamnavi i Brankovini. Zato što postoji veoma malu artikulacionu razliku između /ẹ/ i /i/, lako je moglo doći do mešanja tih dvaju vokala, pogotovo što su i onako egzistirali fonetski i morfološki ikavizmi na većem srbijanskom terenu. U Tršiću, gde nije bilo fonema /ẹ/, nema ni toliko ikavizama nego u Lještanskom. Najnovije jotovanje takođe nije izvršeno u duhu istočnohercegovačkih rezultata, znači nisu jotovani /s, z, c + labiali/.

Neki akcenatski tipovi (pèčēmo, ȉdēmo) i pojava genitiva plurala bez nastavka daju Lještanskom odn. Azbukovici i užičkom Podrinju veoma specifičan status, koji treba diskutovati na kraju: tu može da deluje susedstvo bosanskih govora ili autohton razvitak sa analoškim procesima, a kod pojave genitiva plurala proširivanje nekoliko prototipova poreklom i sa juga i sa bosanske strane.[45]

Kad dodajemo da je govor Gorobilja na samom istočnom rubu istočnohercegovačkog dijalekta podlegao nekim skraćivanjima neakcentovanih dužina, i da mu nije sasvim nepoznato kanovačko duljenje[46], neće začuditi što je M.Tešić došao do zaključka, da je razlika između lještanskog i gorobiljskog govora mnogo veća nego između prvog i tršićkog ili mačvanskog govora. Jer, kako kaže Tešić, „u

okviru istočnohercegovačkog dijalekta postoje osobeniji podrinski zapadnosr-
bijanski govori, čije su veze sa ekavskim govorima Mačve, Pocerine i Kolubare
daleko jače nego njihova povezanost sa govorima matičnih krajeva severozapadne Crne Gore ili istočne Hercegovine."[47]

Videli smo da su veze jače i zato što su stare, a dobrim delom su predmigracione
izoglose razlog za takav odnos (karta 1).

U trećoj i recentnoj etapi je došlo do snažnog ekaviziranja na osnovi ekavskog
standarda srpskohrvatskog književnog jezika škole i sredstava informisanja sa
severoistoka. Pri tome se u Tršiću, u manjem stepenu, u Azbukovici i užičkom
Podrinju ponovio uticaj ekavštine od predinarske etape, dok je staro ijekavsko
područje prvi put bilo podvrgnuto ekaviziranjem.[48]

Da li je to predznak iščezanja starih dijalektoloških osnova, to će nam pokazati
budućnost. Radi se danas o stilskoj i generacijskoj diferencijaciji na osnovi socio-
loških obeležja, a to je opet drugi problem.

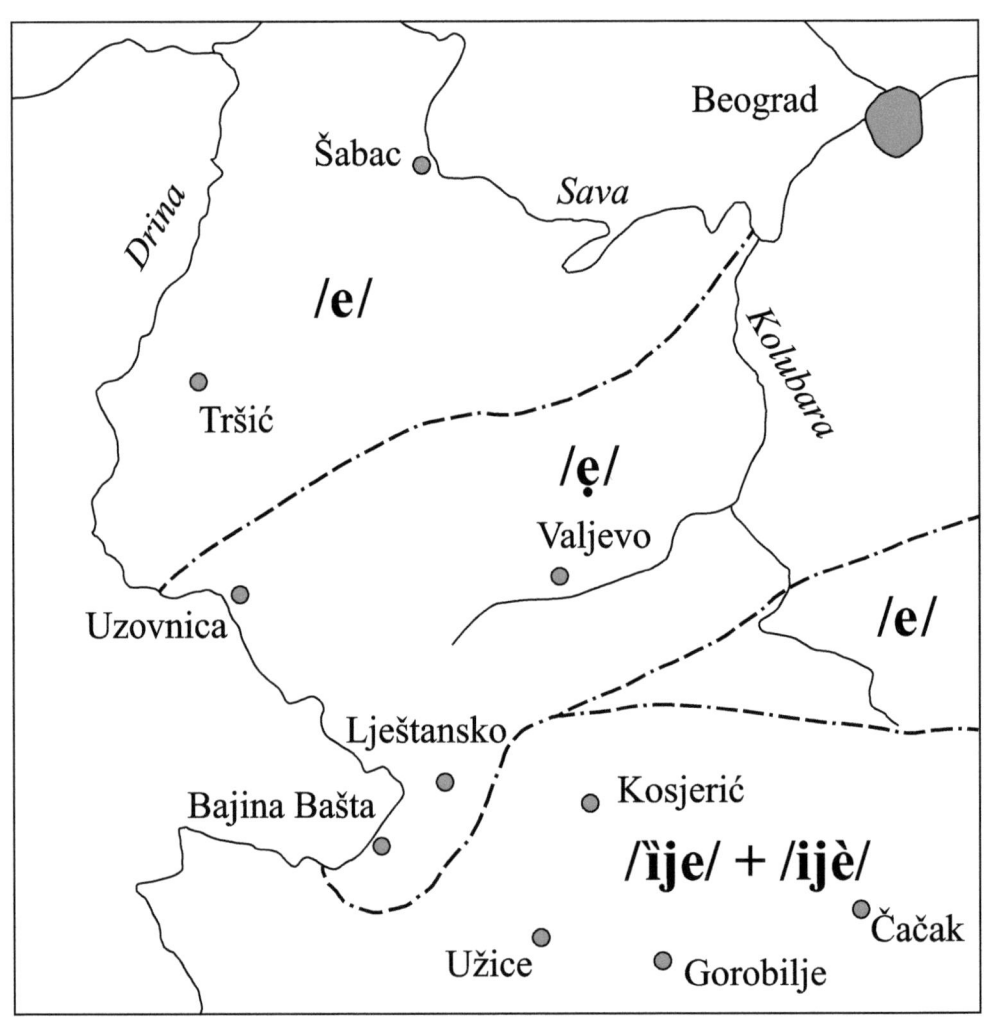

Karta 1

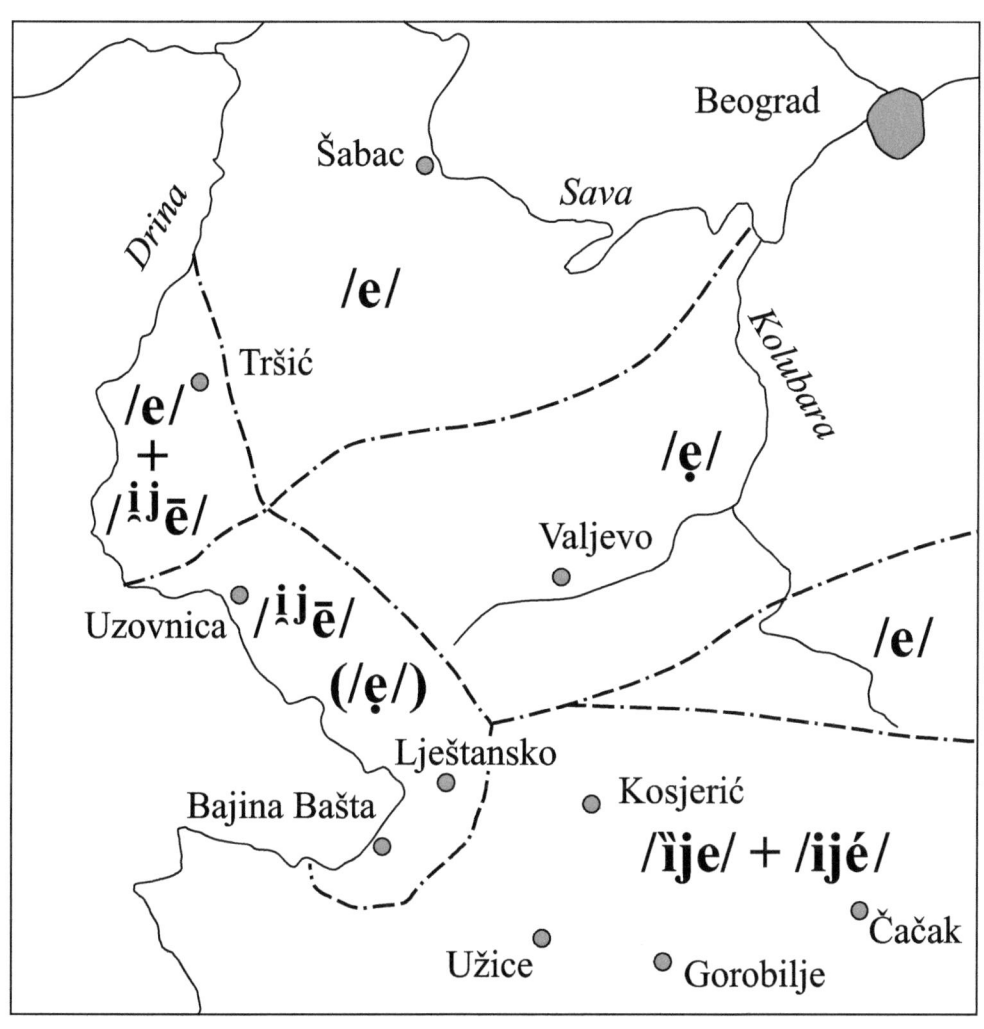

Karta 2

Stručne napomene:

1 M. Milićević: Kneževina Srbija, Beograd, 1876, 571

2 M. Moskovljević: Današnja granica izmedju ekavskog i jekavskog izgovora u Srbiji, Prilozi za književnost, jezik i folklor IX, 1929, 112

3 Up. P.Ivić: Dijalektologija srpskohrvatskog jezika, Beograd 1985, 68

4 Up. najvažnije radove o okolnim dijalekatskim zonama: B. M. Nikolić: Kolubarski govor, SDZb XVIII, 1-71, 1969; S.Remetić: O nezamenjenom jatu i ikavizmima u govorima severozapadne Srbije, SDZb XXVII, 7-105, 1981; M.Nikolić: Govori srbijanskog Polimlja, SDZb XXXVII, 1-548, 1991; R.Đurović: Refleksi jata u okolini Priboja, SDZb XXVI, 235-319, 1980; B.M.Nikolić: Tršićki govor, SDZb XVII, 367-472, 1968; S.Remetić: Govori centralne Šumadije, SDZb XXXI, 1985; B.M.Nikolić: Mačvanski govor, SDZb XVI, 179-314, 1966; M.Simić: Govor sela Obadi u bosanskom Podrinju, SDZb XXIV, 1-124, 1978; P.Đukanović: Govor sela Gornje Caparde (kod Zvornika), SDZb XXIX, 191-292, 1983

5 Up. V.Nikolić: Govor moravičkog kraja, doktorska disertacija u rukopisu, Beograd 1991

6 Stručna literatura o dijalektološkoj situaciji na užičkom terenu je relativno skromno. Pored nekoliko kratkih izveštaja od po nekoliko strana (J. Molović u Užičkom zborniku; R.Đurović 1984, 1988, 1993 u Užičkom zborniku i u Zborniku Matice Srpske za filologiju i lingvistiku; M.Pavlović 1952 u Glasniku SAN III; P.Ivić 1959 u Godišnjaku filozofskog fakulteta u Novom Sadu; D. Matić 1972 u časopisu Književnost i jezik; V.Nikolić u Istoriji Titovog Užica 1989) imamo dva veća rada: B.M.Nikolić:Govor sela Gorobilja, SDZb XIX, 619-746, 1972; M.Tešić:Govor Lještanskog, SDZb XXII, 161-328, 1977. Opširnije o akcentuaciji i leksici je pisao J. Molović u Užičkom zborniku, br.3, 1974: Naglasak užičkog govora, 379-418; br.5, 1976: Imena voćaka i životinja u užičkom kraju, 315-356. Problematici takozvanog ikavskog govora u Azbukovici (i užičkom Podrinju) posvetili su se H.Hirt u radu: Der ikavische Dialekt im Königreich Serbien, Beč i M. Moskovljević 1963/64 u Južnoslovenskom filologu XXVI, 471-509: Ikavski govor u SR Srbiji i S.Remetić u navedenom radu, SDZb XXVII.

7 Up. kartu kod Remetića 1985. Naravno, glavni areal na kojem je tipično kano-vačko duljenje predstavljaju centralna Šumadija i smederevsko-vršački dijalekat. Već ovde upućujem na izvesne, ponekad krupne, dijalekatske razlike između severozapadnog (Lještansko) i jugoistočnog dela (Gorobilje) užičkog areala, o čemu ću opširnije govoriti u daljnjem izlaganju. Uz podatke već pomenutih radova dodajem svoj material iz Kosjerića i okoline.

8 Moj material iz okoline Kosjerića.

9 R.Đurović: O nekim prozodijskim i glasovnim osobinama govora Ravni kod Titovog Užica, ZbFL XXXI/1, 1988, 179

10 M.Tešić za Lještansko čak kaže da je tamo prenošenje izvanredno živo, ali, ipak, ne sasvim dosledno.

11 M.Nikolić: Govor sela Gorobilja, 640. Razlike između starije i mlađe gener-acije postoje, naravno, u raznim kategorijama, kako u prozodiji, tako i u fonetici i morfologiji. Ova konstatacija važi i za Lještansko pa ćemo kasnije ovo pitanje detaljnije diskutovati. Uostalom, oba navedena rada su napisana pre otprilike dvadeset godina te je jasno da su neki procesi generacijske diferencijacije i dalje nadirali, dok drugi dijalekatski elementi skoro da su danas iščezli.

12 U okolini Kosjerića sam beležio: teládma, čeljádma i čeljádima.

13 Up. M.Nikolić: Govori srbijanskog Polimlja, 374-375, gde autor piše, da izo-glosa mène/mèni za dativ 1.lica sg. lične zamenice „prolazi negde između Bajine Bašte i Kosjerića (?)". Na žalost, ne znamo iz kojih su „dva-tri sela istočno od Kosjerića" njegovi podaci. Ali nećemo pogrešiti kad tražimo tu izoglosu malo istočnije od Kosjerića.

14 Dvosložne reflekse dugosilaznog jata imamo osim u Kosjeriću u Priboju (Đurović SDZb XXVI, 274), Biosci (Ivić Godišnjak 399), a rede u Tršiću (B.M. Nikolić SDZb XVII). Ovaj problem bi zahtevao posebnu raspravu.

15 Naravno, kao u standardnom jeziku tako i u užičkom govoru svaki slogot-vorni fonem može biti silazan ili uzlazan odn. dug ili kratak, može da stoji pod akcentom ili je neakcentovan. Na taj način dobijamo 36 vokalskih fonema: à â

á à ā ǎ i tako redom za /e i o u r/ odn. 39 fonema, kad smatramo zamenu jata posebnim fonemom u jednom delu terena.

16 Kratko o toj problematici: D.Brozović: Jezik, srpskohrvatski/hrvatskosrpski, hrvatski ili srpski; Enciklopedija Jugoslavije VI, 1990, 89.

17 Up. B.M.Nikolić, Tršićki govor. Autor smatra da je današnji govor mešavina između jekavskog i ekavskog govora. M.Tešić kaže da je govor Uzovnice ije-kavski govor „u dobroj meri preplavljen ekavizmima" (JF XXXIV, 189). R.Đu-rović za okolinu Priboja saopštava da se jekavski izgovor dobro drži u selu i kod starijih ljudi (SDZb XXVI, 245). A M.Nikolić za srbijansko Polimlje takođe kaže „da su ovi govori zahvaćeni postepenim procesom ekavizacije" (SDZb XXXVII, 225). Isto važi i za Ravni (R.Đurović, ZbFL XXX/1, 177). Uglavnom se danas radi o stilskoj varijanti ili o generacijskoj diferencijaciji. Ipak je za dijalektologiju veoma važno da se uz sinhrono stanje potvrdi i anahronizme kod starijih ljudi kao elemente autentične dijalekatske osnove.

18 Up. i A.Peco u knjizi „Pregled srpskohrvatskih dijalekata", 1978, 104-106 o ikavskom govoru zapadne Srbije – azbukovičkog tipa; P.Ivić u „Dijalektologiji", 183 (ikavski govor u Azbukovici).

19 Ispitivač M.Tešić kaže da je /i/ „zahvaćeno delimičnom redukcijom, neslogo-vno", Govor Lještanskog, 188

20 Isto, 190-193

21 Dugi refleks jata nije tipičan, svi ovi podaci sam čuo od nepismene starije žene u Ševrljugama, koja je ceo život provela u tom kraju.

22 H.Hirt: Der ikavische Dialekt im Königreich Serbien, Beč 1903; M. Moskov-ljević: Današnja granica izmedju ekavskog i jekavskog izgovora u Srbiji, Prilozi IX, 109-122, 1929; isti: Ikavski govor u SR Srbiji, JF XXVI, 471-509, 1963/64

23 Lj. Pavlović: Sokolska nahija, SEZb XLVI, Beograd 1930, 346. Up. i M.Ka-ranović: Pounje u Bosanskoj Krajini, o iseljavanju pravoslavnog stanovništva iz srednjeg Pounja, 363, gde konstatuje:"...najveće iseljavanje bilo ju u Srbiju ono,

koje spominje D-r Tihomir R.Đorđević. Zasnovali su celo naselje kod Loznice pod imenom Krajišnici.“

24 Pregled srpskohrvatskih dijalekata, 106.

25 Pitanje ikavizama šumadijsko-vojvođanskog dijalekta u svijetlu potvrde fono-loškog jata u nekim srbijanskim govorima, Naučni sastanak u Vukove dane 10/1, 107 i SDZb XXVII.

26 U samom centru Azbukovice je čuo samo /i/. Već u prošlom veku je M.Đ. Milićević čuo u Pepelju, Ovčini, Ljuboviđi, Orahovici i svojdruškom zaseoku Ceranići /lipo, sino, dite/ „i sve druge osobine zapadnoga govora“, 1876, 631. A. J.Cvijić je čak i poznavao ikavske porodice u Badanji, Sipulji i Siminom Brdu (Metanastazička kretanja, njihovi uzroci i posledice, SEZb XXIV, 12). Iz Gvosca daje mnogo primera S.Remetić (SDZb XXVII, 57-58).

27 I u azbukovičkom selu Uzovnici M.Tešić je čuo takav oblik u primeru (ìz Drlāč/, Govor Lještanskog, 222, fusnota.

28 Up. i konstatovanje St.Ignjića da „ni u jednoj pokrajini Srbije nije bilo toliko seoba i etnografskih pomeranja stanovništva kao na graničnom užičkom području tokom XIX veka“, Užice i okolina 1862-1914, Titovo Užice 1967, 51.

29 Govor Gorobilja, 656.

30 U međusobnoj komunikaciji stariji ljudi kažu: u Kəśėrićima, a mlađi: u Kəśėriću. U kontaktu sa stranim ljudima kažu ili: Kośėrić ili čak: Kosjėrić.

31 Čini mi se da se redukcije odn. ispadanje vokala u Kosjeriću nešto češće sreću nego u Gorobilju i Lještanskom. Up. Govor Gorobilja, 656-659; Govor Lještans-kog, 196-199.

32 U Lještanskom imamo rânīk.

33 Moglo bi se uzeti primere kao još jedan dokaz za došljake sa zapada, gde je ova supstitucija dobro poznata (Lika, Banija i Kordun, Bukovica, zapadna Hercegovina, južna Dalmacija). No i susedni govori znaju za pokoji primer ovog

tipa: S.Remetić, Govori centralne Šumadije, 157; M.Nikolić, Govori srbijanskog Polimlja, 262.

34 Iste forme sretamo i u drugim mestima, koja je ispitivao M. Moskovljević, no izgleda, ne tako često. Ipak, od šest navedenih primera, tri su baš iz užičkog Podrinja (Ovčina) odn. iz neposredne blizine preko Drine (Skelani u bosanskom Podrinju), Ikavski govor u SR Srbiji, 493.

35 Ipak S.Remetić, u vezi sa ikavizama u šumadijsko-vojvođanskom dijalektu, misli „da na terenu današnje Srbije nikada nije egzistiralo ikavsko narječje u pravom smislu te riječi" i nikako ne računa sa doseljenicima „iz sjeveroistočne Bosne, zapadne Bosne ili Dalmacije", Pitanje ikavizama, 106.

36 Up. D.Barjaktarević, Novopazarsko-sjenički govori, SDZb XVI, 1966, 86; J.Vuković, Govor Pive i Drobnjaka, JF XVII, 1938/39, 57; A.Peco, Govor istočne Hercegovine, SDZb XIV, 1964, 119, 126; M.Stanić, Uskočki govor I, SDZb XX, 1974, 205.

37 R.J.Đurović: Prelazni govori južne Bosne i visoke Hercegovine, SDZb XXX-VIII, 1992, 260-274.

38 M.Simić: Govor sela Obadi u bosanskom Podrinju, SDZb XXIV, 1978, 70-74; M.Nikolić: Govori srbijanskog Polimlja, SDZb XXXVII, 1991, 357.

39 Ova važnija izoglosa odvaja jugoistočnu granu istočnohercegovačkog dijalekta (sa Gorobiljem i Kosjerićem) od severozapadne grupe, uključujući i podrinske govore sa Lještanskim.

40 Govor Lještanskog, 227; Govor sela Gorobilja, 681.

41 M.Stevanović: Savremeni srpskohrvatski jezik II, Beograd 1969, 626, taj oblik zove „aoristom za budućnost", kojim se označava „stav govornog lica, kao namera, kao sigurnost, kao uverenost da će se doista desiti ono što se tim oblikom kazuje".

42 Sasvim drugačiji pravac imaju izoglose starih neakcentovanih dužina tipova krȕškāma (Kolubara, Piva i Drobnjak, Gorobilje) i gȁrāv, cȑvenkāst (Kolubara,

Piva i Drobnjak, Pljevlja, Gorobilje), koje se pružaju sever – jug.
43 Npr. Pismenica serbskog iezika, Beč 1814.

44 Up. Moskovljevićeve primere sa užičkog Podrinja: Bačevci: bȅžāla, dvȅsta, dḗte, lȅb, lȅvše, lȇpo, sȇno, sȇčē; Gvozdac: dȅcē, kùdȩlja, lȅvšē, Srȅdoje; Lještansko: mȅsēc, na mȅsta, pòtȩrāj, sȇno; Okletac: prȇ; Rogačica: òtȩrali, ùtȩrājte; Sijerač: pòvȩsmo, ùcȩna; Crvica: dönȩla, ždrȇbe, òbȩsī, sȅdio. Hirt je za Gvozdac beležio (neakcentovane) „poluikavizme“: bȩži, dvȩsta, dȩte, lȩb, lȩvše, lȩpo, sȩno.

45 Up. R.J.Đurović: Prelazni govori južne Bosne i visoke Hercegovine, 238-239 (pȅčēmo) odn. 260, 268, 273 (G pl.); M.Simić: Govor sela Obadi u bosanskom Podrinju, 37; D.Brozović: O problemu ijekavskošćakavskog (istočnobosanskog) dijalekta, 157 (G pl.), no tamo ima: tresèmo/trēsémo/tresémo.

46 M.B.Nikolić: Govor sela Gorobilja, 634-636, 632.

47 M.Tešić: Govor Lještanskog, 323.

48 Up. npr. M.Nikolić, Gorobilje 651; isti, Srbijansko Polimlje 309-310; R.Đurović, Ravni 177.

L i t e r a t u r a

D. Barjaktarević: Novopazarsko-sjenički govori, SDZb XVI, 1-179, 1966

D. Brozović: O problemu ijekavskošćakavskog (istočnobosanskog) dijalekta, HDZb II, 119-208, 1966

- Suvremeni standardni jezik, u: Enciklopediji Jugoslavije VI, 87-94, 1990

R. Cijetić: O poreklu imena Priboj, Užički zbornik 13, 419-422, 1984

J. Cvijić: Metanastazička kretanja, njihovi uzroci i posledice, SEZb XXIV, Beograd 1922

R. Đurović: Dosadašnja proučavanja govora donjeg Polimlja i njegove fonetske karakteristike, Užički zbornik 8, 519-530, 1979

- Refleksi jata u odričnim formama glagola jesam u govoru Priboja i okolini, Književnost i jezik XXVII/1, 73-79, 1980

- Refleksi jata u okolini Priboja, SDZb XXVI, 235-319, 1980

- Neka zapažanja o jeziku Miladina Radovića, Užički zbornik 13, 441-451, 1984

- O nekim prozodijskim i glasovnim osobinama govora Ravni kod Titovog Užica, Užički zbornik 16, 475-481, 1987

- O nekim prozodijskim i glasovnim osobinama govora Ravni kod Titovog Užica, ZbFL XXX/1, 177-180, 1988

- Prelazni govori južne Bosne i visoke Hercegovine, SDZb XXXVIII, 9-378, 1992

- Užički govori, ZbFL XXXVI/1, 143-152, 1993

H. Hirt: Der ikavische Dialekt im Königreich Serbien, Sitzungsberichte der Kaiserlichen Akademie der Wissenschaften in Wien, Phil.-hist. Classe CXLVI, 1-56, Beč 1903

St. Ignjić: Užice i okolina 1862-1914, Titovo Užice 1967

P. Ivić: Dijalektologija srpskohrvatskog jezika, Beograd 1956 (2.izd. 1985)

- Izveštaj o dijalektološkoj ekskurziji po užoj Srbiji, Godišnjak filozofskog fakulteta IV, 397-400, Novi Sad 1959

M. Karanović: Pounje u Bosanskoj Krajini, SEZb XXXV, 281-655, 1925

D. Matić: Odstupanja od ekavske književno-jezičke norme u govoru sela okoline Titovog Užica, Književnost i jezik XIX, 61-73, 1972

M. Milićević: Kneževina Srbija, Beograd 1876

A. Mladenović: Jezičke osobine Vukovog kraja iz 1861.godine, JF XXVI, 293-336, 1963/64

J. Molović: Beleške o užičkom govoru, Užički zbornik 2, 285-303, 1973

- Naglasak užičkog govora, Užički zbornik 3, 379-418, 1974
- Imena voćaka i životinja u užičkom kraju, Užički zbornik 5, 315-358, 1976
- Iz užičke leksike, Užički zbornik 7, 313-350, 1978
M. Moskovljević: Akcenti imenica i prideva u pocerskom govoru, SDZb II, 307-359, 1911
- Akcenti pocerskog govora, JF VII, 5-68, 1927/28
- Akcenatski sistem pocerskog govora, Beograd 1928
- Današnja granica između ekavskog i jekavskog izgovora u Srbiji, Prilozi IX, 109-122, 1929
- Ikavski govor u SR Srbiji, JF XXVI, 471-509, 1963/64
B. M. Nikolić: Izveštaj o ispitivanju govora valjevske Kolubare i valjevske Tamnave, Glasnik SAN XI, 452, 1959
- Dužina sufiksovog vokala kod prisvojnih prideva na –in, -ov (-ev) u Vuka i u današnjem tršićkom govoru, Kovčežić III, 183-185, 1960
- Akcenatski rečnik šabačkog govora, ZbFL IV/V, 225-234, 1961/62
- Odnos jezika Milovana Glišića prema govoru valjevskog kraja, Književnost i jezik IX, 402-406, 1962
- Odnos današnjeg tršićkog govora prema Vukovom jeziku, JF XXVI, 151-176, 1963/64
- Prilog proučavanja porekla jadarskog govora, Glasnik Etnografskog Muzeja iz Beograda 27, 45-50, 1964
- Glavnije akcenatske osobine u govoru valjevske Kolubare, ZbFL IX, 77-95, 1966
- Metanastasičeskie sloi v govore Valjevskoj Kolubary, To Honor Roman Jakobson (Essays on the occasion of his seventieth birthday), Vol.II, 1430-1435, The Hage, Paris 1967
- Tršićki govor, SDZb XVII, 367-472, 1968
- Kolubarski govor, SDZb XVIII, 1-71, 1969
- Ka poznavanju govora valjevske Kolubare (I), ZbFL XIII/1, 205-215, 1970
- Dijalekatske osnove Vukove akcentuacije, JF XXX, 469-473, 1973
M. B. Nikolić: Govor sela Gorobilja (kod užičke Požege), SDZb XIX, 619-746, 1972
- Govori srbijanskog Polimlja, SDZb XXXVII, 1-548, 1991
V.Nikolić: Govor užičkog kraja, Istorija Titovog Užica (do 1918) I, 752-757 i 981-984, Titovo Užice 1989
- Govor moravičkog kraja, doktorska disertacija u rukopisu, Beograd 1991
Lj. Pavlović: Sokolska nahija, SEZb XLVI, Beograd 1930

M. Pavlović: Dijalekatska ispitivanja u Kosjeriću, Sječoj Rijeci (i srednjoj Bosni), Glasnik SAN III za 1951, 276-277, Beograd 1952

A. Peco: Govor istočne Hercegovine, SDZb XIV, 1-200, 1964

- Neke specifičnosti govora Vukosavljevićeva zavičaja, Simpozijum o naučnom delu Sretena Vukosavljevića I, 77-92, Prijepolje 1973

- Pregled srpskohrvatskih dijalekata, Beograd 1978

- Prilozi o govoru prijepoljskog kraja, Simpozijum seoski dani Sretena Vukosavljevića VIII, 239-262, Prijepolje 1981

- Neka zapažanja o jeziku dviju narodnih pjesama, Simpozijum seoski dani Sretena Vukosavljevića IX, 101-115, Prijepolje 1981

S. Remetić: O nezamenjenom jatu i ikavizmima u govorima severozapadne Srbije, SDZb XXVII, 7-105, 1981

- Pitanje ikavizama šumadijsko-vojvođanskog dijalekta u svjetlu potvrde fonološkog jata u nekim srbijanskim govorima, Naučni sastanak slavista u Vukove dane X/1, 103-108, Beograd 1981

- Govori centralne Šumadije, SDZb XXXI, 1985

R. Simić: Skica za dijalektološku kartu severne Srbije, Jugoslovenski seminar za strane slaviste 31, 93-136, Beograd 1980

M. Stanić: Uskočki govor I + II, SDZb XX + XXII (1-159), 1974, 1977

M. Stevanović: Savremeni srpskohrvatski jezik I + II, Beograd 1964 + 1969

M. Tešić: Govor Lještanskog, SDZb XXII, 161-328, 1977

- Fonetske osobine govora Azbukovačkog sela Uzovnice, JF XXXIV, 169-191, 1978

J.Vuković: Govor Pive i Drobnjaka, JF XVII, 1-114, 1938/39